快乐教育之旅

成艳春◎著

南海出版公司
2023·海口

图书在版编目（CIP）数据

快乐教育之旅 / 成艳春著. -- 海口 : 南海出版公司, 2023.12
ISBN 978-7-5735-0628-3

Ⅰ. ①快… Ⅱ. ①成… Ⅲ. ①小学教育—教育研究 Ⅳ. ①G622.0

中国国家版本馆CIP数据核字(2023)第222664号

KUAILE JIAOYU ZHI LÜ

快乐教育之旅

作　　者	成艳春
责任编辑	余　靖　邱靖雯
美术设计	清　风
出版发行	南海出版公司　电话：（0898）66568511（出版） （0898）65350227（发行）
社　　址	海南省海口市海秀中路51号星华大厦5楼　邮编：570206
电子信箱	nhpublishing@163.com
经　　销	新华书店
印　　刷	河北赛文印刷有限公司
开　　本	710 毫米 × 1000 毫米 1/16
印　　张	18
字　　数	300千
版　　次	2023年12月第1版　2024年1月第1次印刷
书　　号	ISBN 978-7-5735-0628-3
定　　价	88.00 元

前 言

时光荏苒，光阴如梭。不知不觉我已在教育这条战线上奋斗了整整三十个年头。回首这三十年的教育时光，凝聚着我对教育事业的执着和热爱，镌刻着对教育梦想的追求和付出。一路有艰辛也有一路风景，无论是荆棘或是鲜花，从来没有动摇我坚守教育战线的初心，随着时光的流逝，反而愈加热爱与留恋这份职业。我与智者为伍，与善者同行，心无旁骛地用心做着教育，孜孜以求地肩负着自己的教育使命。

学校是我激情常在的地方，是体现我生之价值和快乐的地方。三十年前初登讲台，每一个寒来暑往与我爱的学生朝夕相伴，分享他们的一点点进步、体味他们的一天天成长、聆听他们的一句句问候，于我而言教书育人、诲人不倦就是“快乐”。十五年前，我成为吉林市船营区双语实验小学的校长，这是一所城乡接合部的小学，一些孩子眼中的丝丝怯懦和一些家长为生活所困的点点无奈，让我对“快乐”有了新的定义。我叩问自己的良心：“教育的快乐是什么？”答案是肯定的：“我要让每一个孩子都享受公平且有质量的教育，每一个孩子都有体会成长的幸福与快乐的权利。”我不仅要让孩子们拥有小学六年的快乐校园生活，更要让他们学会用努力与进取去创造属于自己的幸福人生。就这样，在传承学校原有“孝心教育”德育精品工程的基础上，“实施快乐教育　奠基幸福人生”的办学理念渐渐清晰，探索逐渐深入，成果逐渐凸显，以“爱”为核心的“快乐教育”我一直坚持了十四年，其中凝练办学智慧、师生共同成长、提高办学品质的过程，是我最引以为傲的成功与快乐。

三十年的教育经历，二十年的校长生涯，更坚定了我作为一位教育人的理想和情怀。作为学校工作的领导者、管理者、服务者，要在管理上有细中见精的功夫、小中见大的智慧、伟大与平凡的胸怀；作为教育家园的守望者，我拒绝平庸，追求卓越，坚守教育理想，锐意进取。用先进的教育思想引领团队不断拓展视野，构建了多元育人的校园文化，打造了快乐品质的育人学校。坚持德育引领，强调文化育人，构建快乐和谐校园。

校长，是一所学校的引领者、实践者、示范者。一名好校长，应该具有开阔的教育视野、美好的教育愿景以及高屋建瓴的教育理念，更应具有高尚的教育情怀、浓郁的教育情节、饱满的教育情谊。爱教育事业、爱师生家长、爱校园草木……无限爱心，教育大爱！我坚守梦想，终身学习，特色办学，用勤劳、奉献、智慧和努力做着平凡而伟大的事业，真正让教育情怀落地、教育美好发生，开创双语实验小学辉煌的今天。

二十年的校长生涯，既有风尘仆仆的艰辛，也有收获幸福的喜悦。当我回顾和反思自己这一路走来的旅途，萦绕于心的不是赞美、褒奖或荣誉，而是这一路走来深深浅浅的足迹，是我校长之路上真挚而朴实的印记，是我教育的所有价值所在。深情在左，热爱在右，走在生命的两旁，育人于无痕间。校园里最美的风景是师生美好的心灵、优雅的举止和积极向上的正能量，是大家流露出的书香气质和儒雅风范。今后的岁月，我一定会不忘初心，怀揣梦想，砥砺前行，做一个快乐教育的领跑人！

花开了，结果了，那一树树的桃李芬芳，是教育的生命与人生的诗意。陶醉的徜徉在桃李树下，聆听一树的欢声笑语，那是人生最美的感受和最惬意的情怀。

春天来了，一路花开，芳香醉人。而我，越度阡陌，播撒阳光，自会收获最明媚、最灿烂的春天。

本书在写作过程中，参考和借鉴了国内外有关专家、学者的研究成果和文献资料，在此表示诚挚的谢意！

目录

Contents

第一部分

智慧规划办学蓝图

引 言

2013 年教育部印发的《义务教育学校校长专业标准》中提到的校长六项专业职责的第一条就是规划学校发展，可见这是身为一名校长最重要的工作职责。规划学校发展是一个立足于学校发展，以提高教育教学质量，促进学生综合发展，改善办学条件，提高管理水平为目的的综合性计划，是一种先进的学校管理理念和工具。这个规划在实行之前要通过自下而上的方式，广泛征求各层面成员的意见，分析、研究并确定学校发展的需求，寻找学校发展中存在的主要问题，展望学校发展的前景和目标，并提出实现这些目标优先需要解决的问题、办法、行动计划和措施。因此，在规划学校发展的制定与实施过程中，作为一名校长，要明确自己所发挥的作用和担任的角色，使学校的整体工作朝着既定的学校发展目标推进。

我深知身为教育工作者，需要持有一颗虔诚的事业心去对待这份职业，改变“忙、盲、茫”的工作状态，克服“泛、烦、凡”的心理状态，主动发展，自觉成长，才能在“忙”中受益，做最好的自己。因为一个知名的教育品牌是长期积淀的结果，是一个持续不断的努力过程，更是一个综合各种因素的整体推进的过程。因此，要打造学校品牌，需要切合本校的实际情况进行调整和创新，精心做好学校发展规划，从而实现学校的实效性发展和跨越式发展。

陶行知先生说过，“做一个学校的校长，谈何容易！说得小些，他关系千百人的学业前途。说得大些，他关系国家与学术之兴衰”。校长作为一所学校的“领跑者”，对学校的发展既起着至关重要的引领作用，又肩负着责无旁贷的多重责任。然而，近些年大家都有共识，如陀螺般的工作模式，使现在的校长要干的小事太多太多，应该干大事的时间则少之又少。

校长看上去只是一种职业，但背后承载着的却是一份沉甸甸的教育责任，一份执着的教育追求，一份强烈的教育使命。规划学校发展，有效落实学校发展规划，是校长领导力的重要体现，是管理学校的重要工具，是将办学理念转化为办学实践的桥梁，是全体师生行动的纲领，对教师行为具有导向作用、规范作用和激励作用，对家长具有凝聚作用。同时，学校发展规划有利于提升校长的管理能力，有利于将学校发展的共同愿景与现实发展目标有机结合起来，增强学校管理改革的连贯性。可见，学校发展中校长的作用是至关重要的，而制定对学校前景具有指导意义的发展规划则更需要校长的运筹帷幄和优化组合。校长要提升格局、拓宽视野，要突破事务主义的藩篱，明确自己的角色定位，既适应学校现状，又立足长远谋划，力求实现学校可持续发展，努力让规划学校发展成为提高学校管理效能和教育质量的重要依据，进而激发学校的办学活力。在学校治理这条路上，超越自我，砥砺前行，让学习、信仰、改革、担当成为我们共同的价值选择和价值追求，成为新时代教育战线展现给全社会的亮丽名片。

关于“校长如何规划学校发展”的理论与研究积简充栋，以下两方面的具体做法值得推敲。

第一章

加强相关理论学习　提升制订规划能力

经过实践发现，在学校规划制订推进过程当中，存在着两大问题：一是对规划学校发展的概念和内涵知识把握不全面不准确；二是对学校发展规划的发展起点、制定程序和具体实施的保障措施定位不够清晰。因此，想要制定出切实可行、操作性强的学校发展规划，真正指导并促进学校快乐多元发展，作为规划制订的“领路人”，校长加强相关知识的学习是十分必要的。

一、对制订学校发展规划本质的认识

（一）关于相关概念的解读

规划是计划的一种，是指较全面或较长远的计划。一般时间跨度五年至二十年的计划叫规划，如五年规划、中长期规划等；三年以下的一般直接叫计划，亦可成为规划。

褚宏启教授曾说，制定发展规划的工作表面是写出规划文本——“成文”，实质上是“成事”“成人”，即关注为了人全面发展而需要做的重要的事。所以学校发展规划制订要紧紧围绕“培养什么样的人”“怎样培养人”“为谁培养人”的核心理念进行。在制订规划时，我们首先要明确，人既是教育的出发点，亦是终点，在教育中，最基础的人应当是学生，也就是学习者，教育最重要的赋能，是让每个人的潜能得到激发和释放，这无疑就是“以人为本”的思想在教育中的诠释。因此，我们制订学校发展规划要以实现学生的全面发展为目标。

学校发展规划是在国家和地区教育发展战略规划为标准的基础上，结合现有的基础及所处的环境，确定学校“规划年”（指规划执行的起止年月）内要实现的主要发展目标和实现目标所采取的途径。实现目标的过程中，学校里的每一名

成员要协同努力，最大化地利用自身潜在资源，最终达到学校办学水平和教育质量的可持续发展，学校发展规划应以文本体系形式呈现。

学校发展规划概念既是一种学校管理方式的更新，又是通过学校共同体成员来制订和实施学校发展综合性方案的过程，是为学校发展提供支持能力，并不断探索学校发展的策略，是持续改进教育教学质量而进行的管理行动。

长期以来，关于学校发展规划的定义学术界并没有形成统一的观点和认知，从规划应关注的重心、所包含的内容、参与者、呈现形式等方面，不同学者存在不同的观点和表述。个人认为可将学校发展规划的概念划分为两类：一是偏重策略，认为学校发展规划是为实现学校发展目标而设计的适合学校发展的综合性方案；二是侧重行动，认为学校发展规划不仅是学校发展的方案，更需要设计出学校发展过程中的具体活动。

（二）学校发展规划的特点

1. 学校发展规划是管理思想和理念的更新，是延续与创新的系统呈现。

2. 学校发展规划是民主集中成果的体现，是集思广益的最优结论。

3. 学校发展规划是周期内持续行动的过程。

（三）制订与实施学校发展规划的意义

一份好的学校发展规划是办学的行动指南，对于学校组织的有效变革和发展具有重要的意义。

1. 学校发展需要合法依规，学校发展规划的制定为规范学校的办学行为奠定了坚实的基础。

2. 学校发展需要稳中求变，学校发展规划的制定能促进教师观念的转变，促进学校教师自主发展。

3. 学校发展需要以人为本，学校发展规划的制定能调动师生参与学校管理的积极性，形成管理合力。

4. 学校发展需要有效指导，学校发展规划的制定能让教育行政部门了解学校工作，更好地指导和服务学校。

5. 学校发展需要社会认同，学校发展规划的制定能提高家长和社会对学校的认识，有助于构建家校社教育共同体。

的现实发展水平，明确在同类学校中所处的位置。

2. 充分设定目标愿景，循序渐进分层规划。要结合学校实际，确定学校在周期内不同时段要达成的目标，目标的确定要经过广泛认同，形成长效机制，成为师生共同的努力方向。

3. 详细制定发展措施，全面考虑便于操作。如何实现既定目标是学校发展规划的重中之重，在制定具体发展措施的时候要做细做实，将责任落实到人，详细制订各部门的工作计划，针对不同的工作性质，确立行之有效的活动措施，为目标达成服务。

4. 合理确定成功标志，细化标准方便界定。怎样让师生知道是否已到达某一目标，就需要确立合理的成功标准，同时明确内容和时限，明确奖罚措施。

5. 有效构建自评机制，无为而治自我管理。要建立不同层级的自评体系，教师个体、教研组集体等可根据自评体系有序做好自我任务完成度的监控和评价。

这样的思考步骤体现的是“文本建构”与“行动落实”之间相互依存与制约的关系。

三、学校发展规划的制订方法

（一）制订前的准备工作

1. 成立学校发展管理委员会

2. 宣传动员及培训（社区、学校两个层面）

3. 拟定行动日程表

（二）背景、现状分析

1. 社区及校内征询意见（重要性、相关技术方法；访谈、倾听、提问、头脑风暴、社区图等）

2. 环境扫描与分析（外部环境扫描、内部环境分析，相关技术方法有：事件优先矩阵法、环境结构分析法、SWOT 分析法等

3. 问题汇总、归类及排序（问题归类相关技术方法有：问题树、排序法等）

（三）学校发展规划文本内容包括的基本要素

版本一：

规划名称（其中应含全称校名、学校代码、学校类型、校长姓名、执行的起止年月［即“规划年”］）

封页

目录

学校发展管理委员会组成人员名单

第一部分：学区（社区）概况及变化

第二部分：学校概况

第三部分：现状分析（学校发展的自我评估或背景分析）

第四部分：学校未来三（五）年发展愿景

第五部分：学校发展的主要目标与具体活动

第六部分：学校发展规划的监测与评估

第七部分：学校月（周）历表

第八部分：校长工作计划表

第九部分：年级（学科）工作计划表

第十部分：教师工作计划表

版本二：

总纲正文的内容

第一部分：发展背景与现状

（1）学校发展概况

（2）学校办学优势

（3）学校面临的挑战

第二部分：指导思想与办学理念

（4）办学指导思想

（5）学校办学理念升华

第三部分：学校发展目标

（6）学校发展总目标

（7）具体措施

第四部分：重点发展项目

（8）年度重点完成项目分解

解析：在以上八条中，（1）（2）（3）是对学校发展现状的客观分析，是规划制订的基础。（4）和（5）是学校的办学理念，决定着学校长期稳定的发展主线，是规划制订的方向。（6）是学校发展的既定目标，也是制订规划后我们要达成的最终目标。（7）是学校发展的分解目标和实现这些目标的具体实施方法和途径，是未来的工作任务，也是规划制订中可操作性最强，能为目标达成服务的核心部分，更是愿景实现的策略保证。（8）是对规划周期内各年度工作的细化，为任务过程中的自评提供目标，以便达成标准。

第二章

智慧规划学校发展　注重制定实践反思

一、反思中汲取——学校“十三五”规划的思考

2008 年 3 月，我任职吉林市船营区双语实验小学的校长，2015 年组织并完成学校“十三五”规划的制定，当时初次尝试采用的制定程序是“自上而下”的。遵循学校已初步形成的“快乐教育”办学特色基础，作为校长，我首先学习了国家和地方的教育政策作为理论依据，结合学校当时的实际，完成学校发展规划的初稿；接着提请相关领导专家帮助论证修改后，又在领导班子中反复研讨，各部门根据总体规划细化制订各自的规划，形成复稿；然后将规划复稿提交教代会研讨，最终确定学校“十三五”发展规划，并按照规划推进实施。

在学校“十三五”规划制定实施过程中，虽然对学校现状进行了简单的分析，但浅尝辄止，对“办学特色凝练、校园文化建设、课程建设开发、学生德育发展、教师队伍建设”等方面的优势与不足没有深入剖析。同时，实施过程缺乏制度约束，出现问题没能及时修正，推进过程也相对单一，缺乏灵活的措施保障，致使出现以下问题。

（一）出现问题

1. 规划制订中校长唱“独角戏”，其他人有参与但热情不高，存在“事不关己”心态。

2. 文本目标过多且表述模糊，交叉重叠，指向性不清，导致教师在实践中无法依规而行，目标成为“口号”。

3. 目标实施一成不变，缺乏与时俱进的动态管理和科学创新保障。

（二）解析原因

“本位思想”根深蒂固，认为规划是领导层面该去思考的，导致学校发展利益相关者没有很好地参与制定并深刻理解学校的发展规划，所以出现学校发展利益相关者对规划“置之不理”的情况。同时，尽管规划的思路、方向没问题，但因为真正的目标执行者没有参与其中，发展目标自然欠缺可操作性，成为“口号”和“摆设”也就不足为奇了。“规划”不是“规定”，动态调整做得不到位，教师们又是按实际情况开展工作，自然就会“两层皮”，产生“规划规划，笔下划划，墙上挂挂”的笑话。基于学校“十三五”规划制定实施过程的反思，2019 年在吉林省教育学院中小学校长培训中心第三批专家型校长学习班系统的办学思想凝练和全国 87 期骨干校长培训系列专题学习的厚重收获基础上，我又和学校相关人员开启了对学校“十四五”发展规划的思考，制定 2021 年—2025 年的 5 年规划。

二、实践中超越——学校“十四五”发展规划制定与实施

学校“十三五”规划期间，教育均衡方落地，学校“十四五”规划则要在均衡的基础上更加突出优质发展，学校要以多样化特色优势发展为目标，面向教育现代化，秉持家国情怀，开拓国际视野，培养全面发展的人。

基于以上思考，学校“十四五”发展规划制定中，重点把握 3 个关键阶段：前期准备阶段、制订规划阶段、宣传推进阶段。

（一）前期准备阶段：立足校情、建瓴高屋

在这个阶段，作为校长要注意以下两点：

一是厚重自身理论储备，做好亲力亲为全程参与的思想准备。

二是把握规划的方向和站位高度，做好不同层面的背景分析（包括国家层面、地方层面、学校层面），为目标和任务确定提供依据。

“凡事预则立，不预则废”，校长要把握好与学校发展相关的世界教育发展趋势、国家教育改革和发展的总体战略、学校所在区域的发展背景，这决定着学校发展的方向、规划站位的高度及规划的生命力。

首先，对学校“十四五”发展规划制定的大背景做出宏观思考。

国家层面上看，《中华人民共和国国民经济和社会发展第十四个五年规划和2035年远景目标纲要》提出，全面贯彻党的教育方针，坚持优先发展教育事业，坚持立德树人，增强学生文明素养、社会责任意识、实践本领，培养德智体美劳全面发展的社会主义建设者和接班人。

“十四五”时期，我国教育进入高质量发展阶段，教育改革发展的外部环境和宏观政策环境已发生深刻变化，面临着新形势、新阶段、新理念、新格局、新目标、新要求。

（新形势：人民群众对公平优质教育的需求日益强烈，确定了今后教育发展的主要内容；世界百年未有之大变局加速演变的趋势，确定了今后中国教育走向世界、教育对外开放的主要任务；在全球治理和国际规则制定中，主要矛盾的表现形式确定了今后参与教育国际治理的突破方向。

新阶段：迈向第二个百年新征程中，我们的主要任务是构建高质量发展教育体系，目标是建成教育强国、实现教育现代化。从“富起来”到“强起来”，主要解决好不好、强不强的问题，要补齐短板、攻克短板。

新理念：“十四五”规划建议从根本上讲是新发展理念的“规划版”，教育系统要把新发展理念具体化，从内涵、外延、工作措施等方面全面落实，重新书写教育高质量发展的生产函数。

新格局：教育要主动服从于、服务于以国内大循环为主体、国内国际双循环相互促进的新格局，自觉成为新发展格局中的内生变量，深入研究教育与社会的循环、教育与经济的循环、教育自身国内循环和国际循环等。

新目标：《中国教育现代化2035》指出，新时代中国教育发展的目标是要到2035年，总体实现教育现代化，迈入教育强国行列，推动我国成为学习大国、人力资源强国和人才强国。

新要求：新形势新任务给教育提出了政治需求、量的需求、质的需求、文化需求、结构需求五方面需求。）

教育发展必须落实习近平总书记在全国教育大会的重要讲话精神，以更高远的历史站位，更广阔的国际视野，更深邃的战略眼光，对加快推进教育现代化，不断让教育同党和国家事业发展要求相适应，同人民群众期待相契合，同我国综合国力和国际地位相匹配。

我校学生“爱党爱国、快乐有爱、健康向上、知行合一”培养目标的确立，就是在对教育发展宏观背景综合判断与思考后得出的结论。

2019 年初，中共中央、国务院印发了《中国教育现代化 2035》，进一步提出我国教育现代化的总体目标是“到 2035 年，总体实现教育现代化，迈入教育强国行列，推动我国成为学习大国、人力资源强国和人才强国，为到本世纪中叶建成富强民主文明和谐美丽的社会主义现代化强国奠定坚实基础”。全国教育大会的召开和《中国教育现代化 2035》的颁布实施，标志着我国教育现代化建设，从基本现代化开始向总体现代化迈进，对于新时代我国教育现代化建设具有重大指导意义，更是我国编制“十四五”教育规划的主要依据。

地方层面，《吉林省“十四五”教育发展规划》发展目标是“到 2025 年，基本建成具有吉林特色的制度更加完备、结构更加优化、保障更加全面、服务更加高效的高质量教育体系，教育整体实力全面增强，优质教育资源更加丰富，教育改革发展成果更公平地惠及人民群众，人才培养水平和教育服务全面振兴全方位振兴能力大幅度提高，技能型社会、学习型社会加快推进，为总体实现教育现代化、建成教育强省奠定坚实基础”。

学校层面，应对校情进行全方位多角度的分析。

1. 学校多元环境分析

学校现状：以“爱”为核心的“快乐教育”办学特色得到师生、家长高度认可；校园文化建设有特色，“五大主题”教育形成体系；吉林市科技创新中心在学校落成，为学校科技特色教育奠定基础；作为城乡接合部学校，各级领导给予更多关爱与关注。

教师现状：校级领导班子与时俱进、和谐创新、求真务实、善于学习；中层干部队伍凝心聚力、勇于创新、乐于奉献、以校为家；广大教职员工朴实肯干、团结一心、出谋划策、努力奋进。

学生现状：城乡接合部的学生身体素质较好；思想相对简单；学习目的不够明确；有特长的学生很少。

家长现状：家长高度认可学校的办学理念；积极参与到学校的各项活动中，

见证学生成长；对家庭教育缺乏了解；工作相对稳定的较少。

周边现状：周边教育资源丰富，已经形成较为固定的教育共同体；与东北电力大学、部队互通有无；水师营、满族文化博物馆定位学校的教育基地；吉林市福利院、周边社区为学生实践活动开设绿色通道。

2. 学校“十四五”发展规划总目标

（1）深化“快乐红色智慧 +”党建引领体系。

（2）构建指向深度学习的课程教学体系。

（3）建设“快乐智能 +”的校园信息化网络体系。

（4）打造具有核心胜任力的教师队伍培养体系。

（5）完善家校社共治共育的学校治理格局体系。

（6）持续优化五育并举的“快乐 + 生态”育人体系，最终实现学校特色品质发展。

3. 学校“十四五”发展规划具体措施

学校发展——坚持以人为本、全面发展的快乐教育。学校坚持党的领导；关注人的发展；注重内涵发展；着力品质发展。

文化创建——打造团结奋进、和谐美丽的快乐校园。守望精神家园，用快乐生态浸染心灵；打造七彩校园，用优质环境陶怡情操；完善管理制度，用人文管理助力发展；夯实行为文化，让快乐师生尽展风采。

管理优化——践行规范自律、现代创新的快乐管理。提升依法科学管理能力；建立健全民主管理制度；构建和谐的家庭、社区合作关系。

教师培养——成就善思乐学、内外兼修的快乐教师队伍、干部队伍建设。

学生成长——培养快乐有爱、身心双健的快乐学子。构建全员育人环境，培养良好品质；健全综合评价机制，形成优良学风。

课程建设——构建减负增效、五育融合的快乐课程；实施以学生发展为本的教学；建设适合学生发展的课程。

（二）制定阶段：广纳群言，有效沟通

与已往的规划制订过程相比，本次学校“十四五”发展规划的制订有明显的不同，主要表现在：

1. 制订规划的程序不同。

从原来的“自上而下”模式变为“自上而下”“自下而上”两种模式有机结合，以“自下而上”为主导，特定环节“自上而下”做辅助（政策背景分析、专家指导和培训宣传等）。在充分收集并深入分析基层数据的基础上，提炼出主要问题与建议作为规划发展目标。

2. 制订规划的人员不同。

由原来的仅局限于校长引领的学校管理团队，扩展为所有与学校发展利益相关者，教师、学生、家长乃至社区群众都成为规划制订的一员，全员参与其中。

3. 规划文本目标明晰、简洁易懂、操作性强，在实践中动态完善。

规划制订主体和模式的改变让我们找到了发展目标达成的关键领域，同时确定了行之有效的目标（学校育人目标：培养爱党爱国、快乐有爱、健康向上、知行合一的有创新精神、国际视野、中国情怀、面向未来的德智体美劳全面发展的社会主义建设者和接班人）。

教育是面向未来的事业，现在学校里的学生到 2035 年 2049 年刚好 30、40 岁左右，正是社会建设的中流砥柱，“十四五”期间完成教育现代化，实现第二个百年目标需要培养什么样的人？我们可以肯定地说，是创新人才，是德智体美劳全面发展的社会主义合格的建设者和可靠的接班人。在这样的框架之下，审视我校育人目标就显得恰当合理了。

但在实际制定的过程中，仍发现两大难点问题。

一是学校发展利益相关者没有实现真正意义上的参与。

二是难以简洁、准确地表达具体目标，无法让目标具有适切性、创新性、时代性。

下面剖析难点。

难点一：学校发展利益相关者没有实现真正意义上的参与。

首先，学校发展利益相关者的理念不会马上转变。

多数相关者仍习惯性地认为规划制定是学校领导层的事。例如，2020 年上半年疫情来临，抗疫工作分散了老师的部分精力，抗疫精神的凝练也难以调整他们的心态，他们认为分身乏术的自己没有时间去思考学校的发展，再说领导把握教育方向总比教师强，领导制定，教师执行就是了。家长、社区群众、相关领导、周边单位同样认为教育还是学校专业，自己何必“班门弄斧”，适当参与即可。

其次，规划的制定事关学校的发展，利益相关者认为自己能力有限。

部分有参与管理、制定规划意识的利益相关者想参与，但能力有限，他们不明确应该从哪些问题入手进行思考，很少能提出有实际意义的建议，从他们那里得到的可用资源少之又少，他们的状态只能算“关注”，“参与”就更谈不上了。

难点一的解决策略如下。

首先，培训强化“民主管理”意识。

在市、区教育局的支持，省教育学院中小学校长培训中心专家的指导和相关同仁的帮助下，我们从更新理念、强化意识入手，围绕“什么是学校发展规划、为什么制定、哪些人可以参与、如何参与”等主题进行规划制定前的培训，学校师生员工全员参加，并向相关利益群体广泛宣传，让学校发展利益相关者对规划的概念及“参与式”发展规划制定的意义有了深入了解，同时对管理的内涵与方法、规划制定的基本程序等也进行了渗透。

其次，执行“参与式”规划制定程序，让学校发展利益相关者进入角色。

学校将领导层分成不同的征求建议组，分别深入到教师、学生、家长、社区、周边单位等，下发调查问卷，广泛征集各类人群对学校发展的意见与建议，再从对教育大背景进行宏观思考的基础上，把征集到的意见和建议进行初步分类整理，建立规划建议储备库以备规划制定委员会选用。

再次，学校成立规划制定委员会。

教育学家佐藤学说：“所谓‘好学校’，绝不是‘没有问题的学校’，而是学生、教师和家长共同面对‘问题’、齐心合力致力于问题解决的学校。”

新理念指导下的学校发展规划是一个科学的发展，发现问题、研究问题、解决问题、反思改善的管理过程。

学校成立学校规划制定委员会，召开会议，邀请利益相关者代表参会，展望表述学校发展图景。通过访谈、倾听、提问、头脑风暴、画社区环境图等多种方法，发放系列调查问卷，调研社区发展现状和未来发展需求，调查学生和家长对学校的需求；

二、对制定学校发展规划模式原则的认识

（一）制定学校发展规划的基本模式有两种，自上而下和自下而上

自上而下的模式是由集中到民主的过程，制定学校发展规划时，由对学校的发展理念和方向比较了解的中层管理团队和教育教学理论专家结合学校的发展现状，提出学校发展规划草案，然后通过征求修改建议的方式汇总教职工的意见，对最初的规划草案进行建设性调整，最终形成学校发展规划。

自下而上的模式是由民主到集中的过程，制定学校发展规划时，先利用下发问卷、召开座谈会等形式征集教职工对学校发展的建议，结合学校实际采纳有效建议形成学校发展规划草案，再由学校管理团队会同权威专家进行集中讨论，对学校发展规划草案进行建设性或者颠覆性的调整与完善，形成最终的学校发展规划。

（二）制定学校发展规划的基本原则和思考步骤

基本原则：

1. 可持续原则（利于长远）
2. 求实性原则（实事求是）
3. 适切性原则（适时更改）
4. 层次性原则（循序渐进）
5. 创新性原则（与时俱进）
6. 多元性原则（全面发展）

编制学校发展规划的思路大致可以遵循以下五个步骤：

1. 明确当前发展现状
2. 充分设定目标愿景
3. 详细制定发展措施
4. 合理确定成功标志
5. 有效构建自评机制

步骤解析：

1. 明确当前发展现状，因校制宜确定规划。要认真分析学校目前的人力、物力、周边环境、地属关系等现状，从校情出发进行全方位的梳理，准确把握学校

借助SWOT分析法全面多角度分析，提出学校发展中存在的问题。

层面一：学校

S（优势）：

办学理念清晰，育人目标明确；教风严谨，学风正；办学特色鲜明，成果斐然。

W（劣势）：

部分学生既有成绩的压力，又有其他特长学习的要求，学习比较吃力。

O（机会）：

坚持特色教育，有一定的经验和成绩积累，便于扩大知名度和进一步拓展成果。

T（威胁）：

学校各方面的要求较多，教师、学生压力都较大。

层面二：教师

S（优势）：

教师具有高度的集体荣誉感，教学态度认真。

W（劣势）：

师资不足，工作压力大；老教师占比较大，学习能力有待提高。

O（机会）：

学校优秀传统多，集体意识强，团队合作能力好。

T（威胁）：

社会、家长对教育的要求高，教师工作压力大；课程内容更迭快，少数教师成长意愿不强，缺乏创新力。

层面三：学生

S（优势）：

大多数学生学习目标明确；生源面广，信息广泛；学生身体素质较好。

W（劣势）：

独生子女较多，大多习惯自我本位思考；学生综合习惯欠佳。

O（机会）：

学生朴实，可塑性高。

T（威胁）：

学生自我要求动机较薄弱；家长对学生要求高但又缺乏指导。

层面四：家长

S（优势）：

家长关心学校，配合度高；接受且认同学校办学理念和办学特色。

W（劣势）：

家长缺乏家庭教育方法；家庭环境复杂，单亲家庭、留守儿童、随迁子女等特殊家庭占比大。

O（机会）：

家委会形式多样，参与学校教育；开设家长课堂，建立共识，增强亲子关系，利于有效形成家校共育。

T（威胁）：

个别父母以自我为中心，对学生的责任感不强；对教育盲目要求，对老师、学校要求多样。

层面五：社区资源

S（优势）：

周边教育资源丰富，形成了良好的共建关系，为学生提供丰富的社会实践教学资源。

O（机会）：

进一步加大合作力度，形成一体化教育。

T（威胁）：

社区人员的素质有待提高。

同时，把征求来的意见与建议进行归纳、分类、整理和排序。

家长对学校培养目标调研结果。

学校家长意见征集组通过访谈、倾听、问卷等方法，对650名家长进行了学校培养目标需求的调查，数据整理组教师把征求来的意见与建议进行归纳、分类、整理和排序。发现家长对劳动教育的需求最为迫切，高达618人。家长多数认为，劳动能力的培养决定着一个人今后是否有能力面对生活，学生发展得好为实现伟大复兴的中国梦贡献力量，同时也具备自己生活、生存的基本素养。除此之外，家长们结合自己的需求和学校的办学特色，对学生减负、阅读习惯、家校共育、科技梦想、思政教育和心理健康方面也提出了要求，占比分 别为90%、89%、70%、58%、52%和42%，对学习成绩的需求并没有我们想象的那样高。由此可见，大到国家育人方向，小到家长育儿需求，都指向培育核心素养。

结合育人目标衍生的“五大主题教育”与“学校系列特色工程”相关领域研讨等相关问题，对学校发展水平做细致的自我评估，在快乐教育理念指导下，进一步完善学校的办学愿景。

我们的学校——以爱育爱，为每一位学生搭建人生出彩的舞台，培育全面发展的健康快乐双语人。

我们的教师——体会教书育人的幸福，享受自我提升的快乐，教孩子六年，想孩子一生。

我们的学生——体验成长的快乐，全面发展，培塑个性，阳光自信，快乐有爱，长大后随时为党和国家奉献所有！

我们的家长——孩子入校，家长“入学”，家校合力，协作育人，共话成长。

进一步明确人才培养细化目标，共同讨论学校发展规划的基本内容。

注意利用个别访谈法关注与尊重少部分人的意见，力求做到真正意义上的民主。可见，制定学校发展规划的结果固然重要，过程更是决定结果的重中之重，需要各个层面的学校发展利益相关者全程参与，反复论证，充分协商。其实这个过程就是广纳群言、集中智慧的过程，就是立足校情、明确目标的过程，就是统一思想、凝聚力量的过程。就像李希贵校长说的：“这个过程就是让大家‘入股’，让大家感受到在学校规划的‘蛋糕’里，有你的面，有他的盐，有我的糖，包含着你的创造，他的坎坷，我的辛苦。”当教师和发展利益相关者成了学校发展规划真正的“股东”，认同感、归属感、向心力自然也就产生了。在这种情况下，学校发展规划才不再是“虚无缥缈”的“空中楼阁”，而是真正成为大家共同为之努力奋斗的目标方向，成为学校每一个生命成长的动力。

难点二：如何真正让目标具有适切性、创新性、时代性。

在制订规划的过程中，我们边做边反思，边反思边改进，认真研究两个问题：

第一，我们希望发展目标的表达符合哪些条件?

第二，对学生、教师、家长，各要衡量什么，用什么衡量?

我们经过集体研讨后认为，目标表达要符合 4 个要求：

一是让学校发展利益相关者都有自己发展的目标。

二是让学校发展利益相关者能很快记住目标。

三是让目标能接受检验，在实施过程中就能加以评估。

四是让学校发展利益相关者可以对照目标分析自己的实践，并以此提高办学成果。

为了真正让目标具有适切性、创新性、时代性，增加认同度，我们做了两方面的工作：

一是，我们认为，影响学生发展的关键因素是教师、家长。我们设计“学生发展目标”的同时，设计“教师发展目标”以及“家长发展目标”。

二是，发展目标要简洁概括，同时加入特色创新元素，例如教育现代化、课堂教学、多元评价、五育并举、劳动教育等。

寻找目标创新点：

1.“小课堂大研究！”

把课堂教学放在首位，40 分钟课堂教学要质量、要成果。其中，规划一定要把改进课堂教学方式、提升课堂教学质量作为最重要的优先事项。我们要把精力和资源用在课堂教学的改进上。

2.“五育互育！”

站在全面育人的高度上强调德智体美劳五育并举的系统推进，呈现五育并举到跨界融合视角下的五育融合，再到“五育互育”的实践探索。

3.“一个都不能少！”

坚持多元化发展，打造高品质有暖意的快乐学校。每个学生的生命都是独特的，一切从学生的发展出发，面向每一名学生的个性化发展，让每个学生在每一阶段都能活出精彩。提倡素质教育、提倡面向人人。教育应按照个体发展的一般规律和阶段性特征进行科学设计，以彰显不同对象和不同阶段的独特性，使每个学生在每一阶段都能活出精彩。

注意，我们要允许有不同的声音。例如，对教育现代化目标由不认同到认同。校长在讨论中不要怕不一致的声音，要把听到不同的意见看作是与大家有效沟通、统一思想的良机。不奢望一次报告就能解决，例如细节讨论中有些教师基于校情对“教育现代化”这个目标不很认同，认为“大而空”，学校硬件支撑不到位……再次解读时，我将《中国教育现代化 2035》精神讲解，明确学校发展规划的制定必须紧扣“教育现代化”这个主题词展开，落实到办学和教育教学实践中。要有更高的站位，提升素质，让教师成为具有现代精神的现代教师，进而推进教育教学的现代化，培养学生的核心思想，把学生培养成为具有科学理性精神、民主法治精神、创新开拓精神的有中国情怀、国际视野的现代人，为建设现代国家做出积极贡献。很快地，教师就打消了对这个目标的抵制情绪。现在，这一目标在我校已深入人心。

（三）宣传阶段：抓住契机，扩大宣传

规划相对完备之际，正是学校获得新发展之时，学校不断反思完善规划，更是实现学校超越自我之历史时刻。学校“十四五”规划制定前前后后共用了 1 年多时间。在此期间，几易其稿，边定、边做、边反思、边修改、边落实，规划与工作同步螺旋式上升。

教师们兴奋地说：“这份规划，我们参与其中，乐在其中！”校领导们激动地说：“制定过程，真是把教育教学各个微观环节都涉猎一遍，受益匪浅！”作为校长，略感欣慰的是，我们不仅制定出了规划，寻找到了切合实际需要的学校发展方向，而且使整个过程成了推进学校民主管理与学校文化建构的过程，成了学校发展利益相关者共同为学生发展助力的过程，成了学习型组织建立的过程，成了不断提高教学质量和建构学校特色的过程，成为教职工明确目标、树立和实现职业理想的自主发展过程。

让规划的核心深入人心是落实的前提，我校把宣传规划视为规划制定的重要过程，坚持不失时机地宣传规划。通过各种途径向教师宣传规划，让学生家长了解学校发展规划，向相关领导、来访同仁介绍学校发展规划。

三、实施中改进———螺旋上升中更加完善学校规划

独行快、众行远，不断超越自我！定规划是为了干得更好。为了科学有效地干出成绩，学校要始终把方便干和易于落实置于规划制定的中心位置。在这个过程中，校长与副校长，副校长与处室主任、教研组长，处室主任与员工，教研组长与教师的沟通与交换意见十分重要。在实施规划的过程中，我们边做边反思，边反思边改进。

在学校发展规划的引领下，一所学校达到校长无为而治、师生自主管理、学校自主创新的美好境界是完全可能实现的。

抬头有清晰的远方，低头有坚定的步伐，校长带头规划学校发展，明确了学校办学的起点、路径和目标，以务实深入的方式实践，以反思创新的思维再升华，使校长规划学校的发展更加深邃。前者是仰望星空，构筑发展愿景，后者是脚踏实地，努力实现教育理想，让学校的教育教学发展之路走得更加平实、更加从容。

第二部分

凝练快乐办学特色

引　言

特色是指格外突出的风格或特点。所谓学校的办学特色，就是一所学校在全面贯彻国家教育方针的前提下，结合自身的传统和优势，在长期的办学实践中逐步形成的教育思想、育人目标、课程建设以及学校文化等多方面综合的独特的办学风格和特征，这个特征优于其他学校且具有稳定性。它是学校集体意志的体现，是学校文化的积淀，更是学校持之以恒的坚守。

“办什么样的学校、怎样办学校、学校办得怎么样”是一校之长必须去思考和探索的三连问，我们还要明确办学特色的形成不是一蹴而就的，是要在反复的论证与实践中不断完善。“快乐教育”的最终确定，就先后经历了“孝心教育——爱的教育——快乐教育”的传承与变革，这种变革具有延续性，但更重要的是适应性和创新性。“快乐生态教育”就是我们为适应高质量发展的现代化教育而进行的更深入的尝试。

总之，学校的办学特色切忌一成不变，与时俱进才是办学特色实现可持续发展的必要条件。因此，根据学校已有的特色建设的基础，深耕学校文化建设的内涵，拓展学校发展前景的外延，精准确定不同阶段的发展目标和任务，只有在目标达成和任务推进中日趋完善，才是真正意义上的学校特色品质发展。

第三章

“尊校情、基于爱、生为本”的快乐教育思想凝练

一、快乐教育的提出

（一）办学理念的确定

吉林市船营区双语实验小学位于船营区西部，由三所学校合并而成，是一所地处城乡接合部，规模并不大的普通小学。学校建于 2000 年，占地面积 8647 平方米，校舍面积 6065 平方米，学校 2008 年有学生 1000 人左右，30 个教学班，最大班额 45 人。学校现有教师 71 人，其中专任教师 64 人，行政人员 1 人。高级职称 20 人，一级职称 40 人，二级职称 11 人。具有专科以上学历 68 人，占总人数的 98.4%，学历达标率 100%，在校教师全部取得相应教师资格，专业对口率 100%。

2008 年初到双语实验小学，我面对的是极落后的办学条件，下雨天泥泞的操场、破洞如盆的班级门、具有多处安全隐患的校舍，文化水平不高的家长，一大半是农民工子女、留守儿童、残疾儿童的学生……面对因相对贫穷一周一交饭钱的窘迫与辛酸，我叩问自己的良心：“办什么样的教育，才能为每个孩子撑起均衡普惠的无雨天空，让他们享受生活的幸福，感受到学习的快乐，真正展露笑颜呢？”

我们的教育本应该追求的是“一日看尽满桃李，春风得意马蹄疾”的快乐，但不知从何时起，教育却让有些孩子们“抽刀断水水更流，提笔消愁愁更愁”了。面对以上教育之惑，我一直在思考、寻找更科学、系统、多元适切的办学理念。

首先，我带领学校的领导团队发放多张问卷，利用 SWOT 分析法进行多次座谈，对学校的优势与劣势进行了科学分析。

1. 学校内部优势：

（1）在前一任校长的带领下，学校有一支德艺双馨的教师队伍，团队意识、奉献意识较强。

（2）学校的德育建设成绩突出，“孝心工程”成效显著，被评为德育精品工程。

（3）双语实验小学特色明显，有良好的社会效应。

2. 学校内部劣势：

（1）有近 40% 是农民工及农民子女，家庭相对贫困，家庭教育不到位。

（2）师生有一定的读书量，但素养和底蕴不深，反思能力不强，效率不高。

（3）教师教法、学生学法相对传统，学习的趣味性不强。

3. 学校外部优势：

（1）上级领导重视引领到位，学校多次得到关照。

（2）家长淳朴善良较易沟通，非常支持学校的各项工作。

（3）同行校际间相互支持交流，大学区内的互动较有效。

4. 学校外部劣势：

（1）教师家长更多关注的是学生的成绩，而非学生的身心健康。

（2）家长文化素质不太高，学校、家庭、社会的结合有一定难度。

（3）周边环境较复杂，不利于学生健康安全成长。

基于以上分析结果，我又带领学校研究团队，进行多方面多层次的座谈交流，加大理论学习，博采众长。孔子的“寓教于乐”是世界上最早的快乐教育，中国教育学会原会长顾明远教授对快乐教育的阐述是：“关于快乐教育，它的本质、目的就是让学生生动、活泼、主动地发展。”现代英国著名的哲学家、教育家斯宾塞可以说是快乐教育理念的倡导者，他认为“教育的目的是让孩子成为一个快乐的人，教育的手段和方法也应该是快乐的”。可见，快乐教育是古今中外教育家们都认同且提倡的一种教育。

结合学校师情生情，秉承孝心教育和双语特色教育的精华，以“尊校情、基于爱、生为本”为核心思想，最后确定了学校的办学理念是“实施快乐教育，奠基幸福人生”；校训是“悦人、悦己、快乐一生”；校风是“快乐、和谐、创新”；教风是“严谨、博爱、笃学”；学风是“乐学、善思、求知”。快乐宣言是“每天进步一点点，每天快乐一点点！”核心价值观有两个层面，学生层面是“爱国、文明、健康、乐学”；教师层面是“爱国、敬业、健康、笃学”。办学愿景是“让每一位教师享受到教书的幸福；让每一个学生感受到成长的快乐；让每一名家长都对学校的教育满意”。

（二）“三风一训”的解读

“悦人、悦己、快乐一生”，短短八个字的校训，彰显了双语人的人生观、世界观，悦己容易悦人难，悦己是一种智慧，悦人是一种良善，带给别人快乐，自己才会更快乐，这样才能收获一生的快乐。

“快乐、和谐、创新”的校风，让学校的每一名师生都在感受快乐，构筑和谐，引领创新。校长们带头露出灿烂优雅帅气的笑容，一个人快乐，一个团队就快乐；一个团队快乐，一个集体就快乐！快乐像香气般在学校的每一个角落间弥漫。每一位走进双语实验小学的领导脸上露出的快乐笑容，就是对双语人最好的赞誉，家长脸上开心的笑容就是对快乐教育最好的认可。

为人师者的快乐是教书育人之乐，博学与仁爱是教书育人的前提，“严谨、博爱、笃学”的教风，让老师们走进了孩子们中间，蹲下来和孩子们一起思考，和孩子们一起微笑，和孩子们一起真心相拥，为孩子们高高举起的双手和脸上绽放的笑容感到快乐，感到自豪！

孔子云：“知之者不如好之者，好之者不如乐知者。”“乐学、善思、求知”的学风，让双语实验小学的每一个孩子感受到了学之快乐。读书漂流岛旁、快乐生本课堂上都有孩子们因为学习而露出的会心的笑容！他们很淳朴，他们的家庭不富裕，但他们的快乐同样真实，他们的笑容同样美丽！

“每天进步一点点，每天快乐一点点”的快乐宣言尊重了孩子的个性，做到了人文发展，自己和自己比，“天天小进步，长足大发展”，让成长的路上没有遗憾，让成长的路上充满进步的欣喜。

（三）多层面的快乐宣言

习近平总书记的教育观是“努力让每个人都有人生出彩的机会”，学校努力搭建展示平台，让快乐双语的师生尽展风采。

“立德树人”是习近平总书记教育思想的核心理念，他用“扣好人生第一粒扣子”比喻思想品德教育对于学生发展的重要性，他还强调教师要“学高为师，德高为范”“用好课堂讲坛，用好校园阵地”。学校将师生思想道德建设放在发展的首位，在校训与快乐宣言的基础上分别确立了校长、教师、学生的快乐宣言，让“立德树人”浸润每一个快乐双语人的心灵。

校长的快乐宣言是树立理想信念，培育家国情怀。立德树人，努力让每名师生享有人生出彩的机会，提升每名师生的核心素养。努力让每个孩子享有公平而有意义的教育，达到人人做最好的自己的快乐教育育人目标。

教师的快乐宣言是不忘初心，做有理想信念、有道德情操、有扎实知识、有仁爱之心的快乐教师。严于律己，清廉从教，勤勉敬业，乐于奉献，为学生点燃更灿烂的梦想，做社会主义核心价值观的践行者和传播者。

学生的快乐宣言是用进取书写成长，用快乐记录时光。传承经典、爱国明礼、自信乐观，在运动中锻炼身体素质，在活动中提高艺术素养，在实践中增加生活本领，做德智体美劳全面发展的新时代快乐小学生。

将“每天进步一点点，每天快乐一点点”的快乐宣言又延展为“学最好的他人，做最好的自己”，成为快乐双语新时代育人的最强音。

二、快乐教育的实施

社会主义核心价值观引领发展的中国梦，成就了双语实验小学的“快乐教育”梦。习近平总书记提出要做“四有”好老师，“有理想信念、有道德情操、有扎实学识、有仁爱之心”。抱着这样的理想和信念，本着不变的教育情怀，快乐双语人“与智慧者为伍，与良善者同行”，心无旁骛地践行着“快乐教育”理念。

（一）快乐学习，引领教师专业成长

“善于思考、大胆实践、勤于笔耕、不断反思”是学校对教师终身学习提出的基本要求。领导先行，教师学习，领导作为“嘉宾”走进课堂，作为“专家”参加备课，作为“学者”引领学习，一次次倾力“双语讲坛”，现身讲学；一次次走进教师课堂，亲身教研；一次次助力年轻教师，谈心说教，真正做到“校长带头的榜样效应”。校长及校领导用实际行动在引领教师们成长，且思且行中，厚积薄发，形成《快乐论文集》《快乐教案集》《快乐反思集》《快乐说课集》

等文集，教师们所撰写的多篇教育教学文章在国家、省、市刊物上公开发表。

终身学习，促进了教师的专业成长，教师们在教学中树立全人观念，素质教育成为教学工作的主线，以“361式快乐生本课堂模式”为核心，通过开展课堂教学展示周、捆绑协作共发展、骨干教师快乐杯、青年教师成长杯、基地校开放日、进修学校听课日等活动异彩纷呈地呈现快乐教学理念。在双语实验小学，每一位教师都在享受着教书育人的快乐！

（二）快乐关爱，传递爱心溢满校园。

“工作在双语实验小学，我幸福，我快乐”，一个“幸福”，一句“快乐”，道出全体教师的心声，而这都源于学校对老师们的关爱。学校的领导们快乐有爱、乐于奉献，包保学年领导走进教师当中，共同倾听基层的声音，解决教师的问题。为了缓解教师的精神压力，克服职业倦怠，聘请心理专家进行心理讲座、医学专家进行健康辅导，定期不定期的进行教师“快乐恳谈会”“双语教师意见、建议会”“快乐萌老团队”的周末出游，疏导教师的心理压力，给予教师各种人文关怀。

从老教师的兢兢业业，到年轻教师的无私奉献，都诠释了“悦人、悦己、快乐一生”校训的内涵，达到了德艺双馨快乐教师的标准。温暖有爱的“快乐七个一”更是让教师们感动不已，每天早午餐加一道营养小菜，为过生日的老师送上一张生日贺卡、一份生日礼物，每人在微信群里为过生日的老师送上一句温馨祝福，早上送上一碗生日面，期末为过生日的老师们举办一个集体的生日派对，每周周末为老师送上一次餐后水果，学校用心关爱教师，实行人文化管理，让双语实验小学的每一名师生都在感受快乐，构筑和谐，引领创新。

（三）快乐活动，培养素质立德树人。

《义务教育学校管理标准》中要求学校要坚持立德树人，统筹德育资源，创新德育形式，探索课程育人、文化育人、活动育人、实践育人、管理育人、协同育人等多种途径，努力形成全员育人、全程育人、全方位育人的德育工作格局。

因此，学校注重对学生思想道德的培养，德育工作从班主任队伍建设抓起，不定期召开班主任培训学习会，进行班主任经验介绍交流会，达到资源共享。2012年，学校申报了国家级课题《传统节日德育资源的开掘与教育实践探究》，通过五年的学习、探索、研究、实践，全体师生受益匪浅，创新性地开展“弘扬传统节日文化”系列主题活动，如“传统文化记心中”新年创意福字展、“端午聚校园　放飞粽动员”端午节系列活动、“清明活动承传统　家校联谊同祭扫”清明节系列活动和“我为家人添道菜”中秋节活动等。活动中，不仅让学生了解了节日背后的故事，而且进一步促进了家校共建工作，让家长参与其中，和孩子共同学习、共同成长、共同进步！

为培养学生爱祖国、爱学习、爱劳动的情感，学校结合国庆节开展丰富多彩的“我和国旗合个影”活动，如学校号召学生寻找校园快乐小明星，和国旗合影；鼓励学生走出校园，和身边“最可爱的人”一起和国旗合影；带领快乐宣讲员走进社区，向周边人士宣讲“国旗法”和“船厂文化”。结合党的十九大，认真组织开展“向习爷爷说句心里话”和“红领巾相约中国梦”活动，并将优秀作品粘贴在各班级的素质教育展台，将“三爱”教育落到实处。

为了让快乐双语人更加热爱家乡，热爱祖国，学校开展“弘扬船厂文化　我爱船营　我爱我家”系列活动，走进爱国主义教育基地吉林市水师营博物馆，让师生、家长了解吉林历史；编写《快乐船营梦》校本教材，让师生、家长知晓船营的前世今生；走入社区、来到广场把船营的历史文化，传播出去。开展“知家乡　晓风情”手抄报展、“小镜头　大发展”新旧照片展、“小画笔　绘家园”儿童画创作、“创诗歌　赞船营”自创诗歌赛、“吉林美　书画棒”书画评比，“我看到听到的水师营”征文等丰富多彩活动，让孩子们用自己喜爱的方式描绘出吉林的美和对船营的热爱。

德育活动中个个显精彩，个个有特色，个个促成长，为学生一生的发展奠定基础。还有红色国防课堂、橙色益智课堂、粉色艺术课堂、绿色科技课堂、青色梦想课堂、蓝色国学课堂和紫色孝心课堂“七色课堂”以及近40个各具特色的“乡村学校少年宫”活动社团，让快乐教育真正成了一种习惯，一种常态，更成了一种品牌，一种特色。

三、快乐教育的重构

（一）新一轮的办学思考

习近平总书记在十九大报告中指出，要推进教育公平，“努力让每一个孩子都能享有公平而有质量的教育”。这与双语人一直在追求的让城乡接合部的孩子享受到普惠均衡的快乐教育的理念不谋而合，于是我又带领双语人进一步拓展了“快乐教育”的内涵与外延。

有眼界就有境界，有境界就有思考，有思考就有行动，有行动就有改变。学校多年来追求的快乐教育特色更加鲜明、亮丽，在十九大精神的感召下，在相关理论的引领下，我又进行了新一轮的办学思考，如何在传承中发展？如何赋予更多灵魂？如何浸润孩子心灵？如何结合时代的精神？如何让快乐评价更实效？

我带领双语人凝聚集体智慧，重新扩展育人目标，凝练核心理念，共同制定新时期课程发展的愿景——重构独具特色的、有爱的“快乐＋生态”快乐课程文化体系，进一步达成“学最好的他人、做最好的自己”的快乐育人目标。旨在对每一个灵动的生命负责，帮助每一个学生攀上自己的峰尖。确立全新的学校办学思想体系，以“办有爱的快乐教育　做有情怀的教育人”为办学目标，培养“分享快乐的美丽人，传承文明的中国人，走向世界的国际人，开创未来的现代人，最终遇到最好的自己”。

努力在双语实验小学营造出一个健康的生态环境，以快乐生态课程为土地，快乐有爱教师为阳光，有效管理评价为雨露，呵护如种子般的学生健康成长，让师生浸润在如空气般的快乐生态文化之中。

（二）“五大主题”楼层育人文化

为了给每个人都创造人生出彩的机会，快乐双语努力为师生搭建展示舞台，重新确立了融汇古今，放眼世界的生态文明教育、科技梦想教育、传统文化教育、快乐童年教育和家国情怀教育的“五大主题”教育，让快乐双语的师生乐学畅玩，尽展风采。

走进双语实验小学，结合“五大主题”教育打造的楼层快乐多元育人文化让人耳目一新。

一楼为绿色“生态文明”长廊，将“主题活动展示墙＋生态文明达人秀＋快乐生态角”有机结合，诠释了人与自然，人与社会，人与人的和谐发展，让学生从小就努力做一个保护环境的践行者。

二楼为蓝色“科技梦想”长廊，是“科技星空棚＋娃娃科技主题墙＋前沿科

技知识展 + 学生科技作品区”，以吉林市船营区青少年科技创新中心为载体，从小培养学生热爱科技，探索科技梦想的美好愿望。

三楼为米色“传统文化”长廊，是“儒家文化棚 + 传统道德主题墙 + 孝心教育成果展 + 传统书画作品区”，浓浓的传统文化教育氛围，让学生从小树立民族自尊心、自信心、自豪感，从中国传统文化中挖掘和寻求熠熠生辉的精神瑰宝。

四楼为橙色“快乐教育”长廊，是“快乐笑脸棚 + 核心素养主题墙 + 校园快乐精彩瞬间照 + 学生个性发展作品区”，教育学生积极投入德智体美劳各项活动中，努力提升六大核心素养，争做担当民族复兴大任的时代新人。

五楼为红色“家国情怀”长廊，是“童心向党棚 +‘家国情’主题墙 +‘我爱船营　我爱我家’展示墙 + 国际视野文化墙”，紧紧围绕“爱党爱国”展开设计，让学生从小就能够懂得有国才有家的道理，立志为祖国的繁荣和富强而努力学习。

（三）科研助推办学特色完善

2019 年，学校在特色学校创建课题研究的基础上申报了《基于核心素养理念下品质学校建设的研究》的区域性课题，快乐教育特色发展又实现了向品质发展的延伸。在课题研究过程中，学校从实际出发，坚持立德树人、德育为先的办学理念，彰显学校文化潜移默化的隐性教育功能，提升教师的教育素养，构建包括家庭、学校、社会等结构要素在内的多层次、多维度、健康向上、快乐多元的育人文化体系。确立了新的学校精神为“爱党爱国　快乐有爱　健康向上　知行合一”。全新的办学目标为“办有爱的快乐教育　做有情怀的教育人”。

多年来，学校坚持“快乐教育”办学特色，经过吉林省第三批中小学专家型校长《如何凝练办学思想、提升办学品质》等专项系列培训学习后，我重新凝练了办学智慧，深化为以“爱”为核心的“快乐教育”，并且以文化建设为突破口，加大品质学校的建设。

第四章

“深层次、多维度、重育人”的快乐育人文化构建

作为校长，我深刻认识到文化建设对学校发展的重要意义。“一流的学校靠文化管理，二流的学校靠制度管理，三流的学校靠权力管理”。

辽源市原多寿路小学张洁校长也说“学校文化就是师生在学校如何过日子的，是学校教育教学的一切行为方式”。

随着对“十四五”的办学思考，扎根中国大地办教育，又从学校文化建设的实际出发，坚持立德树人、德育为先的办学理念，彰显学校文化潜移转化的隐性教育功能，提升老师的教育素养，构建包括家庭、学校、社会等结构要素在内的多层次、多维度、健康向上、快乐多元的育人文化体系，对“快乐教育”进行了新的诠释和延展。

一、关于学校文化建设的理解

《义务教育学校校长专业标准》（基本内容：规划学校发展；营造育人文化；领导课程教学；引领教师成长；优化内部环境；调适外部环境。）对学校文化也有具体的要求，校长要积极营造促进学生全面发展的学校文化。

《吉林市中小学校（幼儿园）学校文化建设指标框架》中将学校文化建设分为四个方面，分别是精神文化、制度文化、行为文化和物质文化。其中，行为文化中的行为方式又包括校长行为方式、教师行为方式、学生行为方式、家长行为方式。

精神建设的助推器，是使学校充满凝聚力、生命力、智慧力、创造力的内燃机，是促进学校可持续发展的动力之源。学校文化能在学校塑造一种理念，能开创一种传统，能形成一种风格，能提升一种品味，能升华一种境界，能培养一种

修养，能促成一种特色，能树立一种形象，最终能成就一种品牌。但是作为校长我深刻地认识到，学校文化不是建设出来的，而是营造和培育出来的，不是一个校长指出来，提出来即可，而是几任校长、几千名师生家长长期的历史积淀与浸润过程，在不知不觉中形成的，像种树一样，一天天浇灌生长起来的。

文化建设要遵循八个原则，分别是创新性原则、全员性原则、激励性原则、传承性原则、反思性原则、品牌性原则、多元性原则、发展性原则。

二、营造育人文化的具体做法

（一）精神文化构建

精神文化是学校文化最核心的体现，反映了一所学校师生共同的价值追求。我们从学校历史、育人氛围、课堂教学、德育实践等多方面综合概括学校的精神文化特质为“爱”与“快乐”，同时对学校原有的精神文化元素也进行了适当调整。

办学理念以“爱”为核心的“快乐教育”延展为以“爱”为核心的“快乐+生态教育”为孩子一生奠定坚实的基础、涂上亮丽的底色。

校训“悦人　悦己　快乐一生”延展为“阅己、悦己、越己！遇见最好的自己”。

校色由原来的五彩色升级为七色（赤橙黄绿青蓝紫）。

新的校徽色彩与七色教学楼体完全吻合，中心的图形是“双语”首字母S与Y的变形。飞鸟代表学校要给每一名学生播撒爱的阳光、注入包容的空气、配好课程的水土，让每一个具有“独立精神，自由思想”的“小鸟”自由呼吸，快乐成长，拥抱阳光；船帆代表快乐双语全体教师共同托起孩子的美好明天，承载梦想驶向成功彼岸；三环相扣的外圈，代表着学校、家庭和社会三方联动，为学生健康成长成才营造良好环境，真正实现“全员育人”“全程育人”“全方位育人”。

校花为向日葵花，体现团队的作用“朵朵葵花向太阳”。

吉祥物快快、乐乐是在近百名同学的设计作品中诞生的。色彩鲜艳，童趣十足的设计，赋予以向阳花为核心的男孩、女孩们快乐的旋律，同时寓意着在“快乐教育”的理念下，像向阳花一样的孩子们，永远跟党走，永远朝向目标努力，做最好的自己。

（二）制度文化构建

经过多年的实践，我们的“快乐教育”初具特色，快乐管理制度人文，温暖有爱。

1. 相关概念解读

制度是校园文化建设初级阶段的产物，是为了达到无意境界而采取的一种有意识手段，是为了保障学校教育的有章、有序和有效。目的是先用制度来强化，而后用情境来内化。俗话说“不以规矩，无以成方圆”。学校应遵循教育规律，依据教育方针和教育法规，建立健全各种规章制度。在制度的建立过程中，应充分发扬民主，经过师生充分酝酿和讨论，最后才以文本的形式定下来。

2. 组织结构：机构设置合理，权责明确，运行顺畅。校长核心作用明显，管理团队领导力、执行力强，管理效率高。

3. 管理制度：学校制度健全，形成科学体系。讲求民主，议事制度规范。强化执行，通过制度性安排体现个性化管理和人性化管理。

（1）快乐有爱的“1+X+Y”双语制度

学校建立了科学严谨与温暖有爱的“1+X+Y”快乐双语制度。

“1”即教育教学正常开展的常规制度160多个。（常规制度）

“X”即结合学校办学特色，有自己的创新思想，助力学校品质发展的快乐特色制度，解决一些学校实际问题。（特色制度）

“Y”即制度层面组织文化中的非正式制度也就是一以贯之的约定俗成的规矩与现象，不会因为校长的变化而改变。（俗成规矩）

例如，哈佛通过“三顿饭”构建关系；李镇西主张“校长要少听课，多谈心！”；李希贵的“你说呢”三字法；某校校长手写贺卡构建关系……我校的非正式制度有6:30学校领导站在校门口迎接学生；家长每天6:50在路口站岗护学；给每位退休教师送鲜花买礼物，举行隆重的退休仪式；教师生日当天会收到校长、同事的生日祝福，一季度集体过次隆重的生日；年过七旬的退休校长邢奶奶发挥余热，每节课间带领工友看护学生活动安全。

十四年，在这样有人性、有温度的制度的管理下，我也收获了一群重感情、懂感恩的快乐家人，在我与新任校长交接，就任于实验小学的前一天，全体双语人在我全不知情的情况下，为我准备了一场一生难忘的欢送大礼——“致我们一起走过的14年”，短短五分钟的小视频里有我带病监工校园装修，记录了校园文化的美丽蜕变；有我与学生同台演绎，见证了快乐学子的茁壮成长；有我与老师的温情时刻，定格携手创造双语实验小学辉煌。

（2）案例解析：《高级职称女教师工作制度》

每一所学校都有这样一个群体，55岁以上具有高级职称的女教师，她们当中的很多人或是因为个人原因，或是因为学校的工作需要，选择了延迟退休。但问题也随之而来，年龄的特点，身体上的不适，导致她们不能适应教学一线的工作。如何帮助她们克服这些困难，调动她们的工作热情，成为我们亟待解决的问题。在我们快乐双语就有近10名延迟退休的55岁以上的女教师，她们都克服了年龄和心理上的压力，在各自的岗位上发挥着余热，实现自我价值，这缘于快乐双语制度人文化的管理策略。

完善的制度体系约束是我们的解决策略之一，《快乐双语高级职称女教师工作制度》应运而生，并严格执行《快乐双语请假制度》。

在制度的约束下，老教师们依规而行，在工作岗位上兢兢业业完成着本职工作，其他的老师看到老教师们都如此严格要求自己，工作的积极性也就自然被调动起来了。

我们的策略之二是人文关怀。心理上的愉悦是保持身体健康的重要因素，为了让这些老教师们在快乐双语感受到为师者的职业幸福感和如沐春风般的家庭温暖，我们将这些老教师组织到一起，成立了“快乐萌老团队”。学校领导和她们一次次快乐谈心，化解她们心头的力不从心；带领她们共读书同研讨，解决她们工作中的难题；一次次的登山共游，强健体魄；一声声浓浓的生日祝福，让她们因感动而泪流满面；当老教师退休时，送上暖心的小礼物，感谢她们为教育事业奉献一生，快乐和幸福在这一刻成为永恒！桑榆虽晚仍苍绿，在岭夕阳更散霞。如今这些老教师每人每周在承担18节的满课时工作量，又有少年宫活动、课后服务等任务，每人每周工作量25节左右，在这样的情况下她们不言苦累，在教育这片沃土上完成着新老传承。

我们用智慧和温情并存的管理模式实现了学校里老教师们的“老骥伏枥，志在千里”，可见学校管理不仅是制度的约束，更要有温度，有阔度。“快乐教育”的终极目标是让学校的每一名师生都感受到身心的愉悦与快乐，孔子说：“仁者无忧。”学校管理更需要“仁爱之心”而为之，让制度与人文并存，刚柔并济，方能实现学校管理的理想境界。

（三）行为文化构建

1. 行为文化的理解

行为文化包括行为方式、教育模式、各类仪式、特色活动。

行为方式有多种，如学校的教育方式、工作方式、活动方式、交际方式等体现学校精神，信、实、雅、活，知行一致。

其中，行为方式又包括教师行为方式、学生行为方式、校长行为方式、家长行为方式。

教育模式可理解为素质教育全面实施，立德树人目标全面贯彻；德育模式、教学模式富有文化个性；课程建设符合新课改、新考改要求；发展学生核心素养得到全面有效落实；综合素质评价科学有效；中华优秀传统文化教育课程化。

各类仪式让校园生活具有仪式感，如升旗仪式、校庆典礼、开学仪式、毕业典礼、入队（团）仪式等大小仪式。

特色活动丰富多彩，如主题教育活动、社团活动、兴趣小组活动、社区公益活动等特色鲜明，教育性强，学生参与面广并有充分的获得感。

2. 教师行为方式

习近平总书记说：“一个人遇到好老师是人生的幸运，一个学校拥有好老师是学校的光荣，一个民族源源不断涌现一批又一批好老师则是民族的希望。”

我们要全面贯彻党的教育方针，坚持社会主义办学方向，落实立德树人根本任务，遵循教育规律，发展素质教育，做好学生锤炼品格的引路人、学习知识的引路人、创新思维的引路人、奉献祖国的引路人，努力培养担当民族复兴大任的时代新人，争当新时代“四有”好老师。

习近平总书记在 2021 年 4 月 19 日考察清华大学时发表重要讲话，提出“教师要成为大先生，做学生为学、为事、为人的示范，促进学生成长为全面发展的人”，充分表达了对教师的尊重，也是对教师的更高要求，意味着教师肩负着重大责任。个人认为小学教师也要有做大先生的生命阔度。教师要做大先生，要有坚定的理想信念，不断提高思想政治修养，关心世界大事、国家大事，心怀祖国，坚定党的领导和走中国特色社会主义道路，为实现中华民族伟大复兴做出贡献。

（1）关于“四有”好老师的理解：

“理想信念”：为党育人，为国育才。“理想信念”是好老师的人格基石，也是每一名教师的灵魂之钙。教育作为百年大计之本，教师作为教育之本，首先要在理想信念上下功夫，不忘立德树人初心，牢记为党育人、为国育才使命。坚持党对教育事业的全面领导，把立德树人作为教育的根本任务，自觉做先进思想文化的传播者、党执政的坚定支持者，更好担起学生健康成长指导者和引路人的责任。

“道德情操”：师德师风，做好老师的第一标准。师德师风是新时代教师评价的第一标准。教师作为一种特殊的职业，从事的是以心育心、以德育德、以人格育人格的伟大事业。在教师自身生涯成长和发展的关键环节，要把师德师风表现作为首要的评价标准，推动更多的教师把职业道德要求内化于心、外化于行，成为一种思想自觉和行动自觉。

“扎实学识”：做学生学习知识的引路人。有扎实知识是教师的专业标准，体现知识育人的导向，扎实的知识是一个与时俱进的概念。

“学高为师”：在前沿理论、专业素养、学习能力等方面对教师提出了更新的要求。

“仁爱之心”：打造有温度、有情怀、充满爱的教育。“没有爱的教育是苍白的！”仁爱之心是师德之源。也是快乐品质学校的精神内核。爱是教育永远的主题，教育有爱才有灵魂，教育有爱才有希望，我们要真诚地去尊重学生，用心地去理解学生，宽容地去对待学生，细心地去关爱学生。以仁爱之心对待每一名学生，促进学生的成长进步；以仁爱之心开启每一名学生的心灵之门，成为学生的良师益友；以仁爱之心展现教育魅力，赢得社会的尊重与赞誉。

3. 学生行为方式

习近平总书记对培养什么样的人做出了明确指示，要“培养德智体美劳全面发展的社会主义建设者和接班人”。

毛泽东曾提出“身体好、工作好、学习好”的“三好学生”内容和现在教育专家提出的“健康身、温暖心、聪明脑”内涵一致。

我们在培养人上要做好六个下功夫，在坚定理想信念上下功夫；在厚植爱国主义情怀上下功夫；在加强品德修养上下功夫；在增长知识见识上下功夫；在培养奋斗精神上下功夫；在增强综合素质上下功夫。结合学校实际，培养具有“中国情怀，国际视野”的全面发展人才。

以学校“快乐教育”的理念为指导，结合学校“五八同成”的德育体系“快乐八大节”和“五大主题教育”，根据学生实际情况，彰显快乐教育的办学特色。在“爱党爱国　快乐有爱　健康向上　知行合一”的快乐双语精神的引领下，鼓励学生“阅己、悦己、越己，努力遇到更好的自己！”力争做到“在这里，每个人都不一样，每个人都很棒！”把学生放在学校的中央，真正以生为本，给孩子的人生涂上快乐幸福的底色。旨在培养学生人文底蕴、科学精神、学会学习、健康生活、责任担当、实践创新六大核心素养，促进“五育融合”，培养出合格的社会主义建设者和接班人。

制定多元的《快乐学生评价手册》，重点体现的理念有四点，第一用发展眼光看待学生，密切关注学生的成长过程，促进学生全面发展，激励学生从小立志，努力学习，参加各项活动，努力锻炼自我，培养个性特长。第二用多元视角评价学生，1000 名孩子就要有 1000 把测量的尺子，量出每个孩子的特有美好与珍贵存在。评价中关注学生全面发展和个性差异，关注学习成绩的同时，重点关注学生道德品质的养成、终身学习的愿望和能力，健壮的体魄，良好的心理素质，健康的审美情趣，主动的劳动意识，对学生进行客观评价。第三用多方合力成就学生，教师、学生、家长共同参与学生综合素质评价，积极选用自评和他评的方式，进行多项信息交流。第四用激励语言引导学生，在发现问题、解决问题中，激励学生向更好的方向发展。以总结和激励为主，关注学生成功感的体验，自信心的树立。

总之，全面贯彻党的教育方针，从德、智、体、美、劳全面评价学生，促进学生的全面成长，发挥评价的教育功能。

4. 校长行为方式

“一个好校长，就是一所好学校”，可见校长的行为方式真的很重要。美国著名成功心理学大师拿破仑·希尔曾说“真正领导能力来自让人钦佩的人格”。“做一个有温度、有情怀、终身学习的校长，办一所让平民家庭暖心的学校，带领师生家长幸福地过着自己学校的快乐小日子”是我矢志不移的追求目标。为此校长要修专业之道，努力做到用思想引领发展，用品德凝聚人心，用智慧做好管理，用学识带动成长，用愿景激发动力。

高能校长要具备 10 个好习惯，分别为树理念，以先进理念为指导，创建优质一流学校。巧管理，抓大放小巧管理，游刃有余靠智慧。会用人，知人善任有慧眼，用其“长”取其“短”。生为本，一切为了学生的终身发展，把学生立在学校中央。抓科研，以校本科研为抓手，促进教学上台阶。重课堂，进教室掌握师生情学情，督促引导，质量提升。明赏罚，组织制度管理有温度，让赏罚都令人心悦诚服。会理财，开源节流，两手抓，严格遵循“三重一大”。谋创新，思路领出路，创新促高效。常充电，紧跟学术潮流，充电增长后劲。

我做了多年校长，关于校长行为有以下几点个人思考。

第一，校长只有底盘稳，工作才能游刃有余。日本教育家佐藤学说：“每个情绪稳定的人的背后，都是高情商和大格局。”可见教育实践工作者最重要的是境界和格局，境界是高度，格局是广度。

第二，赓续百年初心使命，牢记为党责任担当。吉林省教育学院夏斌老师曾说，“2021 年是建党一百周年，是‘十四五’开局年，亦是宣布第一个百年目标实现、迈向第二个百年目标的奋进之年”。现在入学的幼儿园、小学的学生，将是实现这一伟大目标最重要的绝对中坚力量。作为这些未来的建设者和接班人的领路人，我们不妨想想，我们是否已经具备了足够的知识、能力、经验来通过我们的教育管理工作，为这些学生做出应有的贡献，为他们获得幸福的人生打下坚实的基础呢？我们常说教育是面向未来的工作，可空泛谈“未来”二字并不足以指导我们的工作和学习，也不足以激发我们的使命感和责任感。我想，只有当我们真切地认识到我们的工作对象是活生生的人，是会成长的人，是要为了人民的幸福和民族复兴做出应有贡献的人的时候，我们才会对自身工作的使命以及终身学习的使命，有更直观更深入的理解。就像窦桂梅校长曾经说过“我们日渐老去，而孩子日渐成长”。

第三，终身学习，厚重榜样效应。教育的本质是一棵树摇动另一棵树，一朵云推动另一朵云，一个灵魂唤醒另一个灵魂。正如陶行知所言：“校长是一个学校的灵魂，要想评论一个学校先要评论他的校长。”校长学习的程度决定着学校发展的高度，高学习力的校长是学校发展的时代呼唤。如何带领学校“创全面发展之优、示个性发展之范、奠自主发展之基、铸多样发展之态”是校长自我提升超越、引领学校前行的主旋律。

校长应该树立终身学习的理念，以多元的方式汲取教育教学知识，厚重自己。主动参加各类研修，静心聆听、温馨静默、思想旅行、见贤思齐，谋划实干，植根学校实际，借鉴能借鉴的，改变能改变的。厚重自己，引领教师们走上学习之旅。

第四，扎根课堂，成为教育名家。教育家是从课堂走出来的。专家型校长班班长、东北师大附中邵志豪校长提出“教育家是上课上出来的”。于漪教授曾说“站上讲台就是生命在歌唱”。

第五，多元之眼，调试内外环境。教育的世界是一个多层次复合而成的动态世界，对教育世界的观看可以有不同视野，可以使用不同的眼睛。如蚂蚁之眼，所见有限，放大细节；蜻蜓之眼，视角跳跃，勾连关系；飞鸟之眼，高瞻远瞩，建立背板；儿童之眼，鬼马行空，出乎意料。

第六，顶层设计，不断反思创新。每名校长都是学校发展长河的一瞬，每名校长都应充分认识学校文化的教育力和凝聚力，学校是师生学习的场域，校长要有大格局，大视野，要有面向未来的思维超越，教孩子六年，想孩子六十年，关注学生的全时段，全人生，全领域！未来的世界需要真实的学习，真实的学校，真实的课堂，真实的活动，真实的研究。带领师生家长，带领着学校跨越发展。学校文化建设中，要把不符合学校办学主旨、不利于学校发展因素进行改变或重新选择，让学校顶层文化建设与时俱进，把握时代教育的最强音，让战略思考逐步实施。

5. 家长行为方式

习近平总书记曾说：“家庭是人生的第一个课堂，父母是孩子的第一任老师。”每一个家庭，都应承担起“帮助孩子扣好人生的第一粒扣子，迈好人生的第一个台阶”的重担。

为了发扬中华民族重视家庭教育的优良传统，引领全社会注重家庭、家风、家教，增进家庭幸福与社会和谐，培养德智体美劳全面发展的社会主义建设者和接班人，家庭教育以立德树人为根本，未成年人的父母或者其他监护人负责实施家庭教育，国家和社会为家庭教育提供指导、支持和服务。

《中华人民共和国家庭教育促进法》自2022年1月1日起已正式实施，家长须依法带娃，家庭教育由传统“家事”上升为重要“国事”，呼应“双减”。

（1）家庭教育的总体要求：

①尊重未成年人身心发展规律和个体差异；

②尊重未成年人人格尊严，保护未成年人隐私权和个人信息，保障未成年人合法权益；

③遵循家庭教育特点，贯彻科学的家庭教育理念和方法；家庭教育、学校教育、社会教育紧密结合、协调一致；

④结合实际情况采取灵活多样的措施。

（2）父母（监护人）承担的责任：

①承担对未成年人实施家庭教育的主体责任；

②注重家庭建设，为未成年人健康成长营造良好的家庭环境；

③关注未成年人的生理、心理、智力发展状况，尊重其参与相关家庭事务和发表意见的权利；

④掌握科学的家庭教育方法，提高家庭教育的能力；积极参加学校、社区提供的公益性家庭教育指导和实践活动。

（3）父母相互配合履行家庭教育责任：

①依法委托他人代为照护未成年人时，要定期了解未成年人学习、生活情况和心理状况；

②合理安排未成年人的学习、休息、娱乐和体育锻炼时间。

（4）父母（监护人）的义务：

①教育未成年人树立维护国家统一的观念，铸牢中华民族共同体意识，培养

家国情怀；

②培养未成年人良好社会公德、家庭美德、个人品德意识和法治意识；

③帮助未成年人树立正确的成才观，培养广泛兴趣爱好、健康审美追求和良好学习习惯，增强科学探索精神、创新意识和能力；

④引导未成年人养成良好生活习惯和行为习惯，促进其身心健康发展；

⑤关注未成年人心理健康，帮助其掌握安全知识和技能，增强其自我保护的意识和能力；

⑥帮助未成年人树立正确的劳动观念，养成吃苦耐劳的优秀品格和热爱劳动的良好习惯。

（5）家庭教育要合理应用九种方式方法：

①亲自养育，加强亲子陪伴；

②共同参与，发挥父母双方的作用；

③相机而教，寓教于日常生活之中；

④潜移默化，言传与身教相结合；

⑤严慈相济，关心爱护与严格要求并重；

⑥尊重差异，根据年龄和个性特点进行科学引导；

⑦平等交流，予以尊重、理解和鼓励；

⑧相互促进，父母与子女共同成长；

⑨其他有益于未成年人全面发展、健康成长的方式方法。

家校共育的要求，由来已久，但是落实很难。难在家长不主动，学校既要“抛绣球”，又要“察言观色”，事倍功半。家长“教无能”现象突出，不会教、不敢教甚至撒手不管，让老师大呼“吃不消”。孩子已经难教，家长一旦放手，老师怎么管得过来？

本法的落地，从法理上明确了家长的主体责任，指出了学校的权责。

家庭教育与学校教育对接策略有及时宣讲，让“法”的意识深入人心；主动对接，让“法”的行动立竿见影；评价激励，让“法”的效果迁移放大。

具体做法为将家庭教育指导服务纳入工作计划，作为教师业务培训的内容；建立家长学校，定期组织公益性家庭教育指导服务和实践活动；根据家长的需求，组织开展相关活动，促进家庭与学校共同教育；为严重违反校规校纪的未成年人家长及监护人提供有针对性的家庭教育指导服务。

家庭和学校本是育人共同体，彼此同心同行，同频共振，彼此滋养，共同见证生命的成长，让爱的陪伴更有力量。

（四）物质文化构建

物质文化是一种直观性的文化，它直接呈现出师生所处的文化氛围，有较强的直观性，如校园布局、建筑装饰、教学设施、环境卫生等。

教育家夸美纽斯说："校园应该安排的美观，成为一个快乐的场所和学生富有吸引力的地方。"

学校是一个教书育人的地方，校园环境是校园文化最直接的体现。校园中的每一座建筑，每一处景点，是一种思想理念的传递，一种文化品位的表达，更是以一种"无声胜有声"的育人效果熏陶，感染着师生的情操，丰富净化着师生的灵魂。学校的环境文化建设中，要以核心文化统领，深深地植根本校实际而富有灵魂和气息，也是其他学校无法复制的。

学校高度重视校园物质文化的建设，发挥师生在校园文化建设中的主体作用，构建师生、家长全员共建的校园文化体系。树立校园文化全员共建意识，上至学校领导，下至每一位老师、员工、学生、家长都重视、都参与校园文化的建设。

生态文明、科技梦想、传统文化、快乐童年、家国情怀"五大主题"教育，以"精心组织设计、逐步深入完善、打造品质学校、彰显快乐教育"为建设目标，努力把学校建设成为校园环境优美、学习氛围浓厚、民主管理高效、文化底蕴丰富、有自己特色的人民满意学校。

校园物质文化建设对学生的潜移默化教育作用，不是一本书、一堂课所能比拟的。为加强师生思想政治教育，推进思政一体化建设，学校延伸了五大主题教育之"家国情怀"建设、拓宽了"海报文化"的教育作用。在原有的"家国情怀"主题长廊基础上，通过与时俱进的"建党百年"对外宣传板、"致敬最美英雄"正能量宣传墙、"寻找身边英雄"海报文化、"红色宣讲舞台"楼层同频电视和"尽展红色风采"多功能演播厅等一系列红色文化，让爱党、爱国情怀"润物无声"。结合"党史"学习，设计了由"党的知识""烽火岁月""建国伟业""走进新时代”四大版块组成的“党路之旅”文化长廊，在展一展、讲一讲、观一观、做一做的多彩活动中，形成“红色磁场”，激活“红色基因”。

丰富“‘双减’落地，快乐加倍”系列校园文化。如“快乐双减号”极速列车、主题校园宣传展板、易拉得图文展台、主题活动海报文化、楼层优秀作品展板、墙面学生分层作业展示等，每一个楼层、每一层棚顶、每一面墙壁、每一个角落都奏响“减负”交响曲。为每名学生的人生涂上靓丽的底色，让学生乘坐“快乐双减号”快乐地奔向星辰大海！

为了提升师生、家长乃至周边居民的整体素质，学校将物质文化建设拓展到校园周边。如“祖国，我爱您！”“不忘初心　牢记使命”“向祖国70华诞献礼”“建党百年”等与时俱进的巨幅宣传板，激发部队官兵、电院大学生、周边群众的爱党爱国热情、内核提升。

现在，学校的每一个景观，每一面墙壁，每一个角落，每一个细节都充分挖掘育人功能，都是学校核心理念的诠释和呈现。

第五章

“重融合、提素养、促发展”的五育互育课程模式

一、明确教育“为党育人、为国育才”的使命

教育是立国之本，教育强则国强。众所周知，学校的教育，既承载着塑造灵魂的时代重任，更承载着中华民族伟大复兴的重要使命。习近平总书记曾强调“我国是中国共产党领导的社会主义国家，这就决定了我们的教育必须把培养社会主义建设者和接班人作为根本任务，培养一代又一代拥护中国共产党领导和我国社会主义制度，立志为中国特色社会主义奋斗终生的有用人才”，真正做到“为党育人、为国育才！”

杨培明说，“‘五育’之间若无实现相互渗透、相互贯穿、相互滋养、相互融合，全面育人的效果就会大打折扣”。

作为校长，我们要站在整体育人全面育人的高度，充分考虑五育的各个要素和每个育人要素的各方面，有效整合，系统谋划，将德智体美劳互相融通，从而促进每一个人全面而有个性的发展。

学校既要坚持五育并举的整体育人思路，又要发掘自身办学特色，促进教育实践中的五育融合，推动学校育人模式的转变。

二、构建五育互育的快乐多元课程体系

学校多年来大力实施快乐教育，从“一切为了学生发展需要”的视角出发，从儿童的立场思考。总有人问我，“什么是儿童立场？”我的回答是：“离儿童近一点，再近一点，看得见孩子的模样，捧得起孩子的欢唱，接得住孩子的忧伤。”真心爱孩子，才是真正站在儿童立场思考。

学校注重学生核心素养的培养，不断探索基于五育并举的课程表达，充分发挥课程建设在五育并举当中的重要性。形成了具有学校特色的“快乐课程体系”——基础性课程 + 拓展性课程（必修 + 选修）+ 综合性课程。

（一）思政课程——突出德育实效

习近平总书记强调，“思想政治理论课是落实立德树人根本任务的关键课程”。思政教师是实现立德树人教育根本任务、贯穿落实党管一切思想的关键者。因此，学校组建了思政先行队，实行一把校长亲抓亲管亲授课，副校长配合落实兼课，思政教师具体开展实施，全体教师协同重视的团队模式，让思政课堂牢牢把握在党性最强、思想最新、素质最高、业务最强的党员教师手中。

基于思政课教材的基础之上，将思政教育融入全学科教学中，做到时时思想引领、处处政治教育。践行以社会主义核心价值观为理念的《快乐梦想》课程，用一个个生动鲜活的小故事让孩子们明德知礼；《快乐船营梦》课程让孩子们知晓家乡船厂的前世今生，培植家国情怀；《红色之旅》党史课程，传承革命精神，让孩子们从了解党和祖国的发展历程开始，在潜移默化中树立爱党爱国的情怀；传承“雷锋精神”“致敬英雄”“送别袁爷爷”“同庆建党百年”师生观看庆典等特色活动课程，引导学生坚定红色信仰。

2021 年秋季学期开始，《习近平新时代中国特色社会主义思想学生读本》进课堂、进学生头脑，有效落实立德树人根本任务，让学生不断深化对习近平新时代中国特色社会主义思想的系统认识，逐步形成对拥护党的领导和社会主义制度、坚持和发展中国特色社会主义的认同、自信和自觉。

习近平总书记曾指出“推动中华优秀传统文化创造性转化、创新性发展，不断提高人民思想觉悟、道德水平、文明素养，不断铸就中华文化新辉煌”。

《珠玑必累》课程让孩子们领略传统诗词的魅力；非物质文化遗产课程《二十四节气》，将富有科学内涵、民风习俗、诗情画意的二十四节气，系统性地带领学生去学习、体验、感悟、传承；传统节日课程，挖掘节日文化内涵，弘扬中华优秀传统文化。

（二）科技课程——提升智育水平

学校以乡村学校少年宫为载体，开发了《娃娃科技》课程，培养实践创新素养。科技活动课程采用师父带徒弟的形式，充分发挥“传帮带”作用，在学习、讲解、操作过程中，内化科学知识。结合神舟飞船发射成功、世界地球日、校园科技艺术节等节点，将科技梦想课堂、生态文明课堂、科技体验课堂等有机融为一体，帮助学生插上科技梦想的翅膀。

科技主题活动，激发了学生动手动脑能力，提升了创新意识；科技艺术节，主题科技宣讲，为德育活动增添光彩；科技解说员遴选，培养了竞争意识，学会了在合作中共赢；科技小制作展，互学互鉴，体验成功的收获与喜悦；场馆对外开放，社区居民走进科技馆，共享科技资源；科技研学，带孩子们感受前沿科技成果。

（三）运动课程——强化体育锻炼

学校严格按照国家标准开足的体育课，每天阳光运动大课间，每周网红律动操，每月一项大型体育活动，每学期一次的阳光体育节，让学生在运动中，增强体质。

足球训练课、田径运动课、炫彩轮滑课、冰雪体验课给学生搭建了更高的展示舞台，从校级联赛到区域运动会、从市级运动场馆到央视 CCTV5 荧屏大舞台，让学生遇见了不起的自己。

（四）艺术课程——增强美育熏陶

我们根据学生年龄特点和认知水平，开设了国画、扇面画、扇子画、绳编、手指画、沙画等艺术课程，内容包含了优秀传统文化、爱党爱国情怀、社会主义核心价值观、快乐童年等，在增强审美情趣、培养创新意识的同时，渗透思政教育。

“以爱育爱”是学校以爱为核心的“快乐教育”的育人目标，结合学校实际生情，我们格外关注学生的心理美。“心灵之约”课程，充分发挥心灵小屋的育人功能，建立小档案、定期心理团建与针对性的个体疏导相结合；“多彩体验”课程，带领学生出去，通过“实践体验”让其感受大美吉林的魅力，激发“家”的归属感；“亲子风采”课程，为家长和孩子提供亲情交流的机会，教育家长懂得孩子的成长需要家长的陪伴。另外，面向全员开放的快乐涂鸦墙，让喜爱绘画的孩子，随时可以拿起画笔，快乐创作，让心情有波动的孩子，多一方释放压力、调节心情的乐园。

（五）体验课程——加强劳动教育

以校园“快乐种植园”为基地，让师生、家长参与其中，从春播、夏长、秋收、冬藏中体验劳动的快乐。

食物搭配特色课堂、户外种植体验课堂、观察绘画美术课堂、成长日记写作课堂、丰收果实分享课堂、节约粮食舞蹈课堂、家务劳动拓展课堂等，让“劳动最光荣、劳动最崇高、劳动最伟大、劳动最美丽”根植孩子内心。

劳动课程的开发，只是学校劳动教育推进的一个层面，随着《中共中央国务院关于全面加强新时代大中小学劳动教育的意见》和《大中小学劳动教育指导纲要（试行）》的出台，可以看出劳动和教育既关系到我们党的执政基础，也关系到孩子奋斗精神和正确价值观念的培养，还关系到人的全面发展，具有高度重要性。在“两个一百年”奋斗目标的历史交汇期，为深入贯彻习近平总书记关于劳动教育的重要论述，全面贯彻党的教育方针，完成立德树人的根本任务、结合《意见》和《纲要（试行）》具体要求，在以“爱”为核心的快乐教育及“爱党爱国、快乐有爱、健康向上、知行合一”快乐双语精神引领下，紧密结合学校育人目标“为党育人、为国育才——培养德智体美劳（心）全面发展的快乐有爱、有为担当的社会主义建设者和接班人”凝聚师生、家长、社区的集体智慧，围绕学校发展愿景。在“十四五”开局之年，结合《学校十四五发展规划》中关于劳动教育的顶层设计，2021年在原有五大主题教育的基础上，制定《“以劳育人、报效祖国”劳动教育实施方案》，坚持走“以劳树德、以劳启智、以劳健体、以劳育美”之路，结合具体要求，初步构建了富有双语特色的劳动教育教育体系。利用海报文化，在学生中弘扬劳动精神，教育引导学生崇尚劳动、尊重劳动；构建起学校、家庭、社会“三位一体”的劳动教育大环境，从“自我服务”“校务劳动”“家务劳动”和“公益活动”四方面培养学生劳动教育观念，让学生争做“三有”学生，在劳动体验中养成劳动习惯，让学生在真实的实践体验中引导学生树立正确的劳动观，培养劳动精神。

营造良好的劳动育人文化、创设校园热爱劳动的环境氛围。让学生在社会化、人性化和科学化的校园环境中潜移默化地受到劳动教育。如在校园环境建设中注重营造劳动教育氛围，精心设计“劳动教育”长廊，使校园形成潜移默化和具有导向性的学习教育场所；聘请劳动模范、普通劳动者到学校讲他们自己的先进故事；利用思政课、红领巾广播站、班会等形式讲述钟南山、邓稼先、王进喜等一些重大事件中涌现出来的典型人物与事迹；鼓励和支持创作更多以歌颂劳动者为主题的优秀作品，大力宣传辛勤劳动、诚实劳动、创造性劳动的典型人物和事迹，弘扬工匠精神、劳动光荣、创造性伟大的主旋律。

加大劳动教育与其他学科的紧密联系，以学校快乐种植园为劳动实践基地，实践第一，体验育人，使学生在出力流汗、绘画吟诗、快乐劳动日记宣讲等中体会劳动的快乐，让小小种植园成为五育并举、五育融合的立体空间站，真正做到打破学科边界，创新课程形态，提高学生综合素养。同时，在"多彩少年宫"自选课堂中开设职业体验课堂，让学生感受教师、警察、医生、设计师、科学家等各种职业的体验，使学生学会珍惜他人劳动成果，从小树立良好的社会主义建设者和接班人的劳动精神面貌、劳动价值取向和劳动技能水平。

结合全国家庭教育示范区具体工作，倡导家校合力、共促劳动教育，提倡"自己的事情自己做，家里的事情帮着做"，让学生在劳动实践中掌握劳动技能，感受劳动幸福；在学校开展一些有关劳动的活动或比赛，如开展"整理书包我最棒""系鞋带我最快"等比赛，以"劳动最光荣"为主题的班会，开展"学习身边人，评点身边事"的演讲、评选"班级劳动小达人"等；在家中做一些力所能及的家务劳动和体验劳动，如"我的房间我做主""我和爸爸去耕地""我帮妈妈洗洗碗"等；在社区积极参加劳动实践，如"我和局长伯伯去植树""我为小区清广告"等。种种实践活动，使我们的"小皇帝""小公主"们不再娇气了，成了爱父母、爱班级、爱学校、爱劳动的好少年。

利用我国传统节日以及寒暑假，为每个年级设计有梯度的"假日自选"劳动实践作业。

低年级以个人生活起居为主要内容，开展劳动教育，注重培养劳动意识和劳动安全意识，使学生懂得人人都要劳动，感知劳动乐趣，爱惜劳动成果。指导学生完成个人物品整理、清洗，进行简单的家庭清扫和垃圾分类等，树立自己的事情自己做的意识，提高生活自理能力；进行简单手工制作，照顾身边的动植物，关爱生命，热爱自然。

中高年级以校园劳动和家庭劳动为主要内容开展劳动教育，体会劳动光荣，尊重普通劳动者，初步养成热爱劳动、热爱生活的态度。指导学生参与家居清洁、收纳整理，制作简单的家常餐等，每年学会1–2项生活技能，增强生活自理能力和勤俭节约意识，培养家庭责任感；参加垃圾分类处理、绿化美化等，适当参加社区环保、公共卫生等力所能及的公益劳动，增强公共服务意识；初步体验种植、养殖、手工制作等简单的生产劳动，初步学会与他人合作，懂得生活用品、食品来之不易，珍惜劳动成果。

树立“长大后能够辛勤劳动、诚实劳动、创造性劳动的”人生目标。总之，我们在推进劳动教育的过程中，坚持把劳动教育与“德智体美”融合并进，通过行思结合实现以劳树德、以劳增智、以劳强体、以劳育美，让劳动教育承载新的使命与诉求，最大限度地彰显劳动教育的综合育人价值。为“十四五”关于构建劳动课程体系、劳动素养的科学多元评价、开展劳动教育课题研究，助推学校内涵发展奠定了坚实的基础，让劳动教育真正撬动孩子的成长。2022年4月，教育部正式印发《义务教育课程方案》，其中将劳动从原来的综合实践活动课程中完全独立出来，指出义务教育劳动课程以丰富开放的劳动项目为载体，重点是有目的、有计划地组织学生参加日常生活劳动、生产劳动和服务性劳动，让学生动手实践、出力流汗，接受锻炼、磨炼意志，培养学生正确的劳动价值观和良好的劳动品质。

三、基于学科核心素养的教学体系

学校一直在不断尝试探索推进基于学科核心素养的五育并举的育人转型，通过“一育带动”“教材融合”和“活动融合”的形式，真正做到让五育之间“你中有我、我中有你”。

“一育带动”即“一育引领，诸育融合”，以德育为切入点，以思政课堂为突破口，在各学科教学中，达成“五育”的全面渗透、全面贯通。

“教材融合”即以“教材”为载体，挖掘教材内容中的“五育育人点”。在原有的“361式”教学模式的基础之上，进行学科之间的有机融合，打破学科壁垒，实现学科知识之间的贯通、学习与生活经验的连通、知识与学生成长的相融，以提升学生核心素养，促进学生全面发展。

“活动融合”即以活动作为载体，促进“实践创新”能力，丰富“情感体验”。

四、教师发展体系

学校的教师发展体系是以优秀校长为引领、名优教师为榜样、团队建设为途径，建立由校级领导主抓、中层干部分管、团队组长落实的领导小组。创建“领导干部奉献队”“思政教师先行队”“青年教师追梦队”“党员教师示范队”“骨干教师骄阳队”“老年教师桑榆队”“班主任核心队”“快乐家长助学队”八支队伍。

紧紧围绕“快乐红色智慧＋党建”工作中心，以“党课”为基础课程、“党路之旅”为特色课程，以丰富多彩的主题活动为实践课程，力求打造出一支快乐的“四有教师”队伍。

创新型的活动，融师德建设、业务提升、个人发展为一体，让教师在共同学习与交流中，实现思想素养、业务水平、管理能力等的进一步提升。

五、教育合力体系

学校健全和完善了三级家长委员会制度，让家长共同参与到打造“快乐教育”的特色教育之中，形成“学校＋社会＋家庭＋教师＋学生”五位一体的教育培养新模式，在体验共同成长，在成长中收获快乐！

替学校发展着想，配合老师教育，帮助学校解决问题已成为双语家长的己任。献礼建党百年，亲子原创诗朗诵、少年宫活动、家长快乐义工、家长特色课堂等，学校到处可见家长的身影。

学校还充分挖掘社会优秀资源，请部队官兵进校园、请轮滑冠军进课堂、请周边居民进展馆；带学生走进周边部队、走进电力大学校园、走进社会福利院、走进吉林市博物馆等。在“请进来　走出去”中，进一步探索教育合力。

第六章

“固根基、抓统筹、重实效”的红色党建工作模式

毛泽东有一句名言：“人是要有一点精神的。”作为教育工作者，我们每天的工作就是教授知识、传播文化、塑造品行，构筑学生的精神世界。学生需要什么精神，老师需要什么精神，乃至我们的家长需要什么精神，我想没有比中国共产党的红色精神更合适，更能够让我们从中汲取养分和力量的了。

红色精神是最具凝聚力、向心力、战斗力、执行力的精神，“可上九天揽月，可下五洋捉鳖，谈笑凯歌还”“为有牺牲多壮志，敢教日月换新天”“红军不怕远征难，万水千山只等闲”的红色精神是我们的“传家宝”。但目前我们处在一个多元价值观并存的时代，从纵向看，出现了传统、现代的时间性的冲突；从横向看，中外尤其是东西方之间的空间性的冲突；从社会结构上看，经济、文化等不同领域又存在着结构性的冲突。学校不是脱离社会而存在的乌托邦，所以作为校长，我始终坚持让“红色”成为每个双语人的生命底色，让我们的教育始终在党的教育方针的引领下，以社会主义核心价值观为导向，让红色基因在代际间传递。如何为每个双语人打上“红色”的生命底色？我紧紧把握建党百年契机，从中汲取智慧力量，我着手进行了多方学习、探索求变、实践创新。

2021 年是中国共产党的百年华诞。从 1921 到 2021，从石库门到天安门，从兴业路到复兴路，百年征程波澜壮阔，百年初心历久弥坚。能够见证党的百年华诞是处在这个时代的我们的一种幸运，生逢盛世，更当不负盛世。我们要肩负起时代赋予我们的历史责任，发扬红色传统、传承红色基因，赓续共产党人的精神血脉。度之往事，验之来事。党的历史是最好的营养剂、最有说服力的教科书。习近平总书记在党史学习教育动员大会上的重要讲话精神为我们指明了方向、提

振了干劲。了解一百年来党是如何矢志践行初心使命，如何筚路蓝缕奠基立业，如何创造辉煌开辟未来，这些都需要我们在党史中寻找答案，需要从党史中汲取前进智慧和力量，引导师生、家长弄清楚中国共产党为什么“能”、马克思主义为什么“行”、中国特色社会主义为什么“好”等基本道理。

一、以党史教育为主线，赓续红色血脉，凝聚奋进力量

（一）立足专题党课，掀起学习热潮

历史长河向前奔腾不息，世纪回望心潮澎湃不已。红船精神、长征精神、抗战精神……革命理想高于天的追求永不停歇，为人民服务的宗旨坚定不移，艰苦奋斗、开拓进取的优良作风接续相传。百年奋斗历程中，一代又一代中国共产党人顽强拼搏、不懈奋斗，涌现了一大批英雄人物和先进模范，形成了一系列伟大精神，构筑起了中国共产党人的精神谱系。

学校党支部以“让红船精神永放时代光芒”为题的党课拉开了“党史百年”系列学习的大幕。在这次党课学习上，作为党支部书记，我从红船精神的内涵、红船精神对党的重要意义及让红船精神永放时代光芒三个方面对红船精神进行了讲解。作为党员教师要以党史培根铸魂，努力使自己成为一名政治素质过硬、业务能力精湛的高素质教师，助推学校教育工作的高质量发展。在“推进党史学习 赓续百年初心　担当育人使命”主题党课学习中，我从“一个主题贯穿始终”“庄严宣告掷地有声”“建党精神首次提出”“九个‘必须’指引未来”“发出号召振奋人心”五个方面对习近平总书记七一重要讲话精神进行了讲解。在党课的最后，我向全体党员发出了号召：“初心不改，弦歌不辍，奋斗不止，脚步不停，以史为鉴，开创未来。”在向第二个百年奋斗目标迈进的新征程上，我们教育人要积极响应总书记和党中央发出的号召，要有“女高校长”张桂梅爱生如子的“素心托高洁”；有“英子姐姐”刘发英无私奉献的爱心传递；有“全国师德楷模”郑琦忠诚党的教育事业的决心和行动，从党史学习中汲取奋进力量，以昂扬奋斗姿态开创新局面，赓续百年初心，担当育人使命。专题党课立足于精，立足于活，立足于实，一开讲迅速掀起了学习党史的热潮，大家学出了味道，学出了信仰，学出了干劲。

（二）发挥阵地优势，扩大辐射范围

党史学习不仅是党员要学，全体教师都要参与其中，在浓浓的学习氛围中，共同提升政治修养，得到思想的洗礼，精神的升华。观看《中国共产党百年述职报告》的视频后，掀起了全校老师学习党史的热忱与激情，教师们纷纷发表自己的感想，展开了讨论交流。道德与法治学科教师张洪洁表示要进一步钻研如何把红色基因更好地传承下去，如何把党史故事讲给孩子们听，在潜移默化、耳濡目染中让孩子们得到精神洗礼，接受教育熏陶。

党员班主任杨宏梅老师认为入党是她这一生中最大的光荣，她为自己是一名共产党员而感到无比自豪，她要身体力行地让红色基因代代相传，让红色文化源远流长。

道德与法治学科教师黄慧敏感叹在百年峥嵘岁月里，无数共产党员用无私奉献，谱写出一曲曲可歌可泣的时代赞歌，希望自己培养的学生将来都能够为中国贡献自己的一分力量。

班主任李艳霞老师想起了革命先驱李大钊掷地有声的话语——“铁肩担道义，妙手著文章”，她感慨，正是一代又一代中国共产党人肩负起时代重任，接续奋斗，中华民族才迎来了从站起来、富起来到强起来的伟大飞跃，新时代，我们更要奋发有为，肩负起我们这一代人的使命和责任，努力培养德智体美劳全面发展的社会主义建设者和接班人。

教导主任刘胜梅表示这部《中国共产党百年述职报告》几分钟的短片震撼了自己的心灵，让她对党员身份更加认同，归属感更加强烈，对党的认识也更加深刻，以后将继续在平凡的岗位上践行自己的初心和使命。

姜国巧副校长也表达了自己的激动心情，她讲到重温党的历史，缅怀无数先烈的丰功伟绩，就是要牢记党的光荣传统，更加清醒地认识到肩负的历史使命，作为教育人要时刻谨记不忘立德树人的初心，牢记为党育人、为国育才的使命。

我在最后做了这样的活动总结，“打铁还需自身硬”，希望通过观看《中国共产党百年述职报告》受到震撼和教育的同时，全体干部教师要以“干部教师素质提升年”系列活动为契机，加强政治修养，提高业务素养，提升道德涵养，内外兼修，做最好的自己，用实际行动积极践行“爱党爱国、快乐有爱、健康向上、知行合一”的双语精神。

学习党史切忌照本宣科，在形式上要灵活，在方法上要接地气，在内容上要有见解，发挥阵地优势，不仅要“引进来”，还要“走出去”，扩大辐射范围。

为了追忆红色足迹，提升青年教师的政治修养，传承革命精神，在清明节，学校组织青年教师们到吉林市革命烈士陵园，表达对烈士的思念之情，告慰烈士的在天之灵。

活动中，教师代表向革命先烈敬献了一朵朵鲜艳的菊花，饱含着大家对烈士们的哀思，表达了大家对革命先烈的崇敬和缅怀之情。四位青年教师的献词，追忆了革命先烈赴汤蹈火、矢志不渝、用青春和热血谱写的可歌可泣的壮丽诗篇，坚定了身为人民教师为党育人、为国育才的教育使命，励志传承红色基因，追梦砥砺前行。

随后，大家走进吉林市革命烈士纪念馆，在正门前魏拯民烈士的雕像前，姜国巧副校长充满激情地向大家讲述了魏拯民如何在学生时代就选定了终身信仰——中国共产党，激励每一位双语教师不忘立德树人教育初心，引导学生扣好人生第一粒扣子，帮助学生树立正确的人生信仰。时间在流逝，信念未更改。带着对魏拯民烈士无限的崇敬，大家参观了革命烈士纪念馆，进一步了解他在短暂的一生中，建立的不朽业绩。

只有不忘来路，才能走好前路。大家纷纷表示，一定抚今追昔，饮水思源，缅怀烈士伟绩，传承革命精神，以自己的实际行动，为实现快乐双语梦、幸福船营梦、伟大复兴的中国梦贡献智慧和力量！

（三）依托主题党日，学习入心入脑

以主题党日活动为抓手，通过精选学习内容、创新活动载体，推动主题党日与党史学教深度融合，更加深刻领悟党史学习内涵，激发新时代新担当新作为的斗志，有力推动党史学习教育走深走实。

在主题党日“读一本好书”党史学习交流分享会上，教师们分享了自己阅读的党史书籍，以及感悟到的建党以来不同时期共产党员的心路历程，感受到革命先辈的崇高精神与感人情怀。

青年教师张弛分享了《百年党史关键词（1921—2021）》这本书。她说，习近平总书记指出，“历史是最好的教科书”。回顾党的百年历史，总结和吸取历史教训，目的是以史为鉴、更好前进。作为青年人，我们只有铭记历史，不断学习，才能从中汲取新的力量。

刘丽娟老师与大家分享了《可爱的中国》一书，这本书的作者方志敏同志在狱中的遭遇展现了他那爱国情怀和坚定的共产主义信仰。方志敏同志英勇就义前的豪迈誓言“敌人只能砍下我们的头颅，绝不能动摇我们的信仰”。学习方志敏同志的革命精神，就是要筑牢信仰之基、补足精神之钙、把稳思想之舵。

张笑悦老师向大家推荐了《红星照耀中国》，作者埃德加·斯诺通过采访和实地了解，他深知中国共产党及其领导的工农红军是中国人民的希望所在。“中国共产党及其领导的革命事业犹如一颗闪亮的红星不仅照耀着中国的西北，而且必将照耀全中国，甚至照耀世界”。这是斯诺在《红星照耀中国》这部书中的预言和感受，也是张老师读完后最想分享给大家的感受。

彭湃老师分享的是一本关于伟大领袖毛泽东的书——《毛泽东影响中国的88个关键词》，他讲到伟大领袖毛泽东是语言和行动的巨人，从毛泽东同志的语言中，他感悟到了毛泽东同志的工作方法，毛泽东同志工作方法的价值并不随时间流逝而失去，应当在新的历史条件下从这位历史伟人身上汲取智慧，提高思想政治素质。

一段段弥足珍贵的历史印记，一个个印象深刻的人物形象，通过读书交流分享鲜活了起来，激发了教师们的学习热情，夯实了党史学习教育基础，进一步推动党史学习教育走深走实。教师们纷纷表示，读书交流受益匪浅，进一步加深了对党的百年历史的了解，从中感悟到初心使命，汲取了奋进力量，要抓住“干部教师素质提升年”的契机，强化政治修养，用实际行动积极践行爱党爱国、快乐有爱、健康向上、知行合一的双语精神，以优异成绩迎接中国共产党建党100周年。

2021年7月1日，注定是一个载入史册的日子，中国共产党迎来了百年华诞。庆祝中国共产党建党100周年大会在北京天安门广场隆重举行，中共中央总书记、国家主席、中央军委主席习近平发表重要讲话。全体教师们通过网络收看了庆祝中国共产党建党100周年大会，共同见证了举世瞩目的历史时刻。沐浴着理想与信仰之光，每一位双语人都沉浸在令人心潮澎湃的喜悦之中，自豪于党和国家举世瞩目的辉煌成就，振奋于中华民族伟大复兴前所未有的光明前景！

在党的百年华诞之日，为庆祝伟大的中国共产党建党 100 周年，学校举行了“礼赞建党百年　矢志为党育人”诗歌朗诵大赛主题党日活动。

比赛中，教师用情真意切的话语为党献上了最真挚的祝福，用铿锵有力的语言对党许下了最坚定的承诺。

“党，是心中不灭的信仰，在岁月的流逝中，犹如一泓美妙的清泉，时时荡涤着我们的心灵。党就像是我们的母亲，给了我们坚实的臂膀和温暖的胸怀，每一位儿女都不会忘记您的艰辛。有了您，就有了方向；有了您，永远都是春天！”

“有了您，就有了一个不舍的信念，不弃的追求；有了您，就有了一个光明的前程！在建党 100 周年的幸福日子里，我们送上真心的祝福，大声告诉您，我们爱您，永远跟党走！”

“沐浴着快乐教育的阳光，我们群情激昂，面对挑战从容不迫；凝视着鲜红的党旗，我们宣誓：为共产主义事业奋斗终生！让我们的旗帜永远鲜红，永不褪色！”

音乐美术组的教师们发挥特长，把诗歌朗诵和沙画表演巧妙地融合在一起，给大家带来了一场视听盛宴。

慷慨激昂的声音在会场中激荡，也震撼着每一名教师的心。少年强则国强，少年智则国智。而培育少年的重任就落在我们教师的肩上。果的事业灿烂，花的事业芬芳，我们做的是叶的事业，默默无闻却绿意长存。

二、以党史教育为主线，讲好红色故事，传承红色基因

习近平总书记强调“讲好红色故事，让红色基因代代相传”。讲好红色故事需要我们以历史为教科书，坚持学习党史与学习新中国史、改革开放史、社会主义发展史相贯通，做到用优秀的红色文化感染孩子、激励孩子，引导和帮助青少年扣好人生第一粒扣子，让孩子浸润在党史学习教育之中，从而达到学史明理、学史增信、学史崇德、学史力行。面对如何开展党史教育，让党史教育深入孩子们的心里，是我一直在思考的问题。故此，我进行了大胆的探索与创新，来让党史学习更加与时俱进、更加多元特色。

（一）立足常规课堂，打造党史学习共同体

发挥常规课堂主渠道的作用，打造教师、学生、家长联动的党史学习共同体，营造浓浓党史学习氛围，在浸润中形成“人人参与”的党史学习样态。

第一，聚焦思政课堂，共话百年风华。

长期从事党史党建研究的华东师范大学终身教授齐卫平提倡“党史学习教育一定要与思政课有机融合”。他强调“要讲好党的故事，讲好党史故事，应善于用故事阐释道理，而不是牵强附会、生硬地灌输”。在发挥党史教育课堂主渠道作用的过程中，要利用好道德与法治学科这个思政课堂的主阵地。在道德与法治学科教学中开展党史教育主题式教学。在“中国有了共产党”“夺取抗日战争和人民解放战争的胜利”“屹立在世界的东方”“富起来到强起来”一个个教学主题的学习中，师生共生共长，将党史教育与立德树人有机结合起来。在设计教学活动主题时，不仅围绕具体的党史学习内容，还结合小学生的年龄特点和当今社会上的热点话题，让党史教育主题既有趣又新颖，又紧贴学生的实际生活，在引起学生的学习兴趣基础上把党史教育做深做实。此外，在发布活动主题时，采用深受学生们喜欢的图片或视频的形式，这样更吸引学生的注意力，也更能激发学生对主题的看法。由于小学生年龄、发育、阅历等局限，通常看待问题的思维比较单一，看待问题不够全面和深刻，所以在主题学习的过程中以小组为单位开展合作学习，收获了良好的学习效果。

第二，巧用活动课堂，共担“接班”使命。

利用升旗仪式、班会、队会等德育教育的主阵地，努力挖掘党史学习教育切入点，将党史学习教育融入育人实践全过程。“弘扬长征精神　走好新时代长征路”“青春同心　永跟党走”“从小学党史，永远跟党走”等系列主题升旗仪式，通过国旗下讲话，号召全体学生“从小学党史，永远跟党走”，在庄严的国旗下接受思想的洗礼，精神的升华。开展“从小学党史，永远跟党走”主题班队会观摩展示活动。一年级的主题班会洋溢着童真活泼的气息，孩子们年少宏图远，人小志气高。有的班级通过学习党史，对少先队组织有了初步认知，充满了向往之情；有的班级从党史人物出发，聚焦杨靖宇、董存瑞、黄继光等爱国英雄，让孩子们真切地感受到榜样的力量。中年级各中队结合各自中队特色，抓住当下热门话题，从“零花钱怎么花”主题学习了解习近平总书记的勤俭节约的家风；从“绿水青山就是金山银山，冰天雪地也是金山银山”主题中感悟保护生态的重要性，体会珍爱家乡的重要意义；从“红色血脉”的传承去思考如何成为一名新时代的优秀少先队员。高年级各中队重在交流学习体验，分享学习成果。队员搜集“红色事迹”，演绎“红色故事”，歌颂“红色经典”，讲故事、诵诗词、三句半，多样的展现方式，丰富的学习体验，进一步激发起少先队员们对于“红色文化”的求知欲、探索欲，展现着少先队员们立志当好社会主义建设者和接班人的理想志愿。

第三，发挥家校联动，共倡红色家风。

邀请家长走进校园共同学习党史，参观学校“党史之路”红色文化长廊，黄慧敏老师生动地讲解了党的知识、烽火岁月、建国伟业、走进新时代四个版块，家长们一路上边看边学，边学边议，最后家长们纷纷表示深受教育和启发，感念党恩情，永远跟党走，同时衷心祝愿在党的领导下祖国愈加强盛。

在新时代环境下，学生和家长可以互为老师。在党史学习过程中，家长走进课堂，登上讲台，和老师一起开展党史教育活动。为了讲好党史，家长们收集选择素材，精心制作课件。分享会上，从自己的职业角度出发，家长们用一个个真实的故事、鲜活的素材，给学生们讲党史，用图文并茂的课件、生动精彩的视频，和学生们一起回顾了中国共产党的百年历程和伟大成就，追忆党史人物，讲述英雄事迹。

在“我为家长讲党史故事”活动中，每个学生化身小小党史宣讲员，向家长讲述党史小故事。学生们有的读起红色经典，与家长一起重温党的奋斗史；有的讲起长征故事，与家长一起体会艰苦奋斗精神；有的唱起红歌，让家长在优美的歌声中学习党史。通过家校联系互动，把红色传统、红色记忆、红色基因牢牢植入家庭之中，倡导红色家风传遍千家万户，达到教会一个学生，带动一个家庭，辐射一个社区，影响整个社会的效果。

（二）搭建活动课堂，探索党史学习多样化

注重搭建校级活动平台，开展“从小学党史，永远跟党走”主题系列活动，在内容丰富、形式多样的活动课堂中，沉浸式体验，让党史教育活起来，走进孩子们的心田。

第一，追忆峥嵘岁月，厚植爱国情怀。

组织少先队员参加红领巾广播员的选拔，通过颂红色诗文、讲红色故事、读红色书籍等形式，用自己的学习经历讲好红色故事，宣传红色精神。通过成立“红孩子”宣讲团，宣讲党的百年奋斗征程。其中，每天中午在红领巾广播站播出的“党史百年，童心向党”栏目成了全校师生最喜欢的广播栏目，彰显少先队员的红色感动，强化少先队员的红色记忆，同学们在聆听的过程中感受历史，思悟历史，以史明志，茁壮成长。

用好仪式教育，让党史学习教育更具仪式感，在“红领巾心向党　争做新时代好队员”主题大队会暨新队员入队仪式中，少先队员们在队旗下宣誓，铿锵有力的誓言在校园内久久回荡。相信在未来的学习和生活中，可爱的少先队员们一定会记得在队旗、国旗下的句句誓言，为实现伟大复兴的中国梦而不懈努力！

在“永远跟党走”红色经典诵读比赛中，参赛班级以饱满的热情，声情并茂地演绎了《少年中国说》《永远跟党走》《颂歌献给党》等红色经典诗词。在诵读中穿插情景表演，用激昂的朗诵、优美的配乐、震撼的背景，倾诉着对党的无限热爱之情，从诵读中汲取精神养料和前进动力，更加坚定“感恩党、听党话、跟党走”的理想信念。

第二，寻找英雄人物，点亮精神底色。

榜样的力量是无穷的，精神的力量是伟大的。以英雄人物为切入点，以英雄事迹展现党的百年奋斗历程，我主动邀请附近部队曾担任抚顺市雷锋纪念馆讲解员的张连长到学校少先队大讲堂进行以“学雷锋精神　做英雄传人”为主题的雷锋精神宣讲。张连长从雷锋同志是怎样的一个人、雷锋精神是怎样形成的、雷锋精神为什么能够历久弥新三个方面全方位为老师和同学们对雷锋及其精神进行了深刻阐释。雷锋同志作为一个有灵魂的革命战士，一个有本事的精武标兵，一个有血性的热血男儿，一个有品德的阳光青年，用他优秀的道德品质、丰富的人生经历、崇高的价值追求和突出的现实表现，成了时代的杰出代表，成了时代的榜样。在张连长精彩的讲解和叙述中，雷锋同志的形象在老师和同学们的眼前越发鲜活，同学们对雷锋精神也有了更加深入的了解。课后同学们纷纷表示，自己要向雷锋叔叔学习，学习他“听党话，跟党走”的情怀，学习他钻研探索的精神，学习他积极向上、艰苦奋斗的作风……童声虽稚嫩，展现的却是爱党爱国爱家的家国情怀。

在活动过程中，还邀请了老党员邢奶奶给孩子们讲述他们那一辈人的经历。（在以前，生活环境很贫困，教育资源十分稀缺，如今的学习生活环境越来越好，希望孩子们都能珍惜现在的幸福生活，好好学习，报效祖国。）每一位老党员就是一部“活”党史，在孩子们和老党员的温情互动中，孩子们体会到党史就在自己的身边，那么的可亲可敬可爱可感。

第三，享受文艺熏陶，激发学史热情。

党史学习教育开展以来，灵活运用文艺表现形式打造“沉浸式”学习，推动党史学习教育入脑入心、走深走实、见行见效。在“唱红歌　忆党情　跟党走”主题红歌比赛活动中，同学们用自己饱满的热情，唱响红歌，歌颂党的恩情。伴随着激昂的乐曲，仿佛又回到了那段峥嵘岁月，看到了革命先辈们革命理想高于天、永远忠于祖国、坚定跟党走的豪迈气概。《唱支山歌给党听》《红星歌》《东方红》《没有共产党就没有新中国》一首首脍炙人口、经久传唱的红色歌曲在同学们的真情演绎下，表达了同学们对党和祖国的热爱与赞美。

在“童心向党　逐梦成长”绘画大赛活动中，同学们以其独特的视角，将所学、所见、所闻、所感，通过绘画的形式呈现出来，作品主题鲜明，色彩丰富，抒发了同学们爱国爱党的高尚情怀，表达对党、对祖国的美好祝福及对幸福生活的热爱。同学们在描绘创作中回顾历史、珍惜当下、展望未来。一幅幅构图稚嫩却充满童真童趣的绘画作品，成了学校一道道亮丽又独特的风景线。

文艺活动的开展，在展现学生的自我表现能力、审美能力和创造能力的同时，进一步加深了学生们对党的了解，坚定了“童心向党，永远跟党走”的情感信念。少先队员们纷纷表示要珍惜现在幸福的生活，好好学习，向上成长，感党恩，跟党走！

（三）感悟实践课堂，拓展党史学习新阵地

在学中悟，更需要在行中思。实践课堂的开启，使党史学习阵地不再局限于校园，拓展到了社区、社会，充分利用吉林本地的红色资源开展党史教育。

第一，参与校外活动，寻求知行“融合”。

为讲好红色故事，传承红色基因，发扬红色精神，厚植少年儿童爱党爱国的情怀。学生们走进长春路街道繁荣社区，与吉林市船营区妇联、长春路街道繁荣社区共同开展“颂百年风华　传红色基因”主题诵读活动，为党的百年华诞献礼。

学校轮滑队的少年们有幸参与了吉林省广播电视台新闻中心制作的《我的祖国》庆祝建党100周年的主题快闪之中。活动现场，伴随着婉转悠扬的乐声，活动在由老年合唱团、工人班组、太极扇表演队等几百人演唱的歌曲《我的祖国》中拉开了序幕。快闪节目形式精彩纷呈，有恢宏大气的歌曲演唱，有委婉连绵的小提琴声，还有发自心底的深情告白，耳熟能详的旋律，脍炙人口的歌词，引领着现场同学们重温记忆中的红色经典，观看到精彩之处，同学们纷纷举起手中的党旗尽情挥舞。在拍摄的过程中，学生们感受到来自社会各界人士抒发的对党的热爱和祝福。

学生在沉浸式、体验式、互动式的校外实践活动中了解党的历史、增进爱党之情，通过“内化于心”与“外化于行”之间的相互作用以活动润心，以党史启智，寓教于乐，乐学党史。

第二，寻访红色足迹，实境体验学习。

师生们走出校园来到红色爱国主义教育基地，回首往昔岁月，重温奋斗历史，缅怀革命先烈，用实际行动向党史英雄们致敬。在吉林市北山魏拯民纪念馆，向英勇献身的烈士默哀，敬献花圈，缅怀东北抗联烈士，传承东北抗联精神。“我虽没见过长白山、没到过松花江，可我一闭上眼睛，就像看到那里到处是烟火、到处是血迹，我想立刻到那里去，拿起武器和敌人拼个你死我活。”同学们驻足在魏拯民头像旁看到这句话时，聆听着魏拯民英勇斗争的光荣事迹，感受革命先烈前仆后继、视死如归的奋斗精神，深受感动。参观吉林市博物馆推出的《奋斗永远在路上——学习井冈山精神主题展览》，了解井冈山斗争源于并实践于革命理想信念，它是党领导人民在中国革命处在危难之时播下的革命火种，在严酷、残暴的白色恐怖、血雨腥风中燃起的“星星之火”，不仅坚定了中国革命前进的方向和步伐，而且沿着秋收起义的道路开辟了一片新天地。在参观学习中，感受烽火岁月中共产党人为挽救国家和民族危亡的大智大慧和责任担当。红色资源是我们党艰辛而辉煌奋斗历程的见证，是最宝贵的精神财富。参观学习、寻访研学，让红色文化成为看得见、摸得着、记得住、传得下的“活教材”，提升党史教育的吸引力、感召力、亲和力。孩子们在实境体验中亲身感受中国共产党人把理想信念时时处处体现为行动力量的政治品格。当今中国正处于实现中华民族伟大复兴关键时期，国家强盛、民族复兴需要物质文明的积累，更需要精神文明的升华，要用党在百年奋斗中形成的伟大精神滋养、激励一代又一代的少年儿童，以昂扬的精神状态承担起“接班”使命。

一百年前，革命先驱们建立了中国共产党，形成坚持真理、坚守理想，践行初心、担当使命，不怕牺牲、英勇斗争，对党忠诚、不负人民的伟大建党精神，这是中国共产党的精神之源。一百年来，中国共产党弘扬伟大建党精神，在长期奋斗中构建起中国共产党人的精神谱系，锤炼出鲜明的政治品格。历史川流不息，精神代代相传。我们要继续弘扬光荣传统，加强党性修养，赓续百年初心，担当育人使命，永远把伟大建党精神继承下去、发扬光大！作为教育人，不会忘、不能忘、不敢忘的是那颗立德树人的初心，要牢记、要铭记、要谨记的是为党育人、为国育才的历史使命。以培养德智体美劳全面发展的社会主义建设者和接班人为己任，增强做中国人的志气、骨气、底气，不负时代，不负韶华，不负党和人民的殷切期望！

第七章

“有特色、树自信、重参与”的快乐德育活动模式

《义务教育学校管理标准》中提到学校要坚持育人为本，全面发展。全面贯彻党的教育方针，坚持教育为人民服务、为中国共产党治国理政服务、为巩固和发展新时代中国特色社会主义制度服务、为改革开放和社会主义现代化建设服务，落实立德树人根本任务，发展素质教育，培育和践行社会主义核心价值观，全面改进德育、智育、体育、美育、劳动教育，培养德智体美劳全面发展的社会主义建设者和接班人。根据《义务教育学校管理标准》学校德育工作坚持推动习近平新时代中国特色社会主义思想进校园、进课堂、进头脑，坚持立德树人，引导学生养成良好思想素质、道德品质和行为习惯，形成积极健康的人格和良好的心理品质。

一、特色德育模式。

学校以“实施快乐教育　奠基幸福人生”为办学理念，以“以人为本，以德为先”为宗旨，深刻领会党和国家对少年儿童的亲切关怀和殷切希望，以“爱党爱国，快乐有爱，健康向上，知行合一”的双语精神为指引，紧密围绕学校“快乐教育”办学特色和“快乐红色智慧 + 党建”工程，坚守立德树人根本任务，努力打造有特色、有温度、有情怀的德育工作。推出“58 同成”德育模式，“5”即五大主题教育并举（生态文明、科技梦想、传统文化、快乐童年、家国情怀），“8”即快乐八大节精彩纷呈（爱心奉献节、体育艺术节、劳动体验节、习惯展示节、教学开放节、红色爱国节、快乐读书节、欢乐冰雪节）。

三月是爱心奉献节，有爱才有阳光，有爱才有雨露，有爱才有奉献，爱已成为快乐教育的核心。为了给每一名孩子撑起一片普惠的天空，早在 2007 年，为

了让留守儿童、农民工子女和贫困学生都享受均衡的教育，学校成立了“快乐爱心基金”，多年来全体师生及社会各界人士累计捐助五十万元，受益学生近千人。在学校的努力下，“快乐双语爱心基金”辐射到了社会各界。济群英语学校给孩子们送来的20台总价值5万元的电脑，让贫穷家庭的孩子也做到了中国梦与世界梦的互通；“白金基金”对学校多次捐资助学；社会爱心人士自发奉献爱心；快乐家长传递爱的希望；船营区妇联巾帼关爱活动给孩子带来温暖。

四月是体育艺术节，“每天锻炼一小时，幸福工作五十年，快乐生活一辈子”是校训“悦人、悦己、快乐一生”的前提。“舞蹈是脚步的诗歌，音乐是声韵中的诗”。或赛场竞技，或音韵起舞，或挥毫泼墨，或花棒挥舞，或绳舞飞扬，或冰雪运动，或多彩足球，校园舞蹈节、魅力艺术节已经成为孩子们出彩的舞台。让孩子们在锻炼技能、绽放艺术光彩的同时，也憧憬着为国争光的中国梦。

五月是劳动体验节，在快乐种植园、忘忧草莓巷、休闲葡萄区，在春播、夏长、秋收、冬藏中，体会收获的快乐。七彩课堂秀、军营大体验、社区快乐宣讲、拥抱自然研学等活动，给师生创设了更多的实践体验机会，在体验中成长，在成长中收获快乐！

六月是习惯展示节，“习惯教育”是船营教育的品牌，也是我校双语师生发展的航标和基石，以比赛促高效，以展示促提升，以坚持促养成，让习惯教育之花在我校美丽绽放。

九月是教学开放节，以“361式快乐生本课堂模式”为核心，课堂教学展示周、教育教学开放日、捆绑协作共发展、骨干教师示范课、青年教师拜师会及系列双语讲坛活动异彩纷呈。

十月是红色爱国节，以国庆节为契机，对学生进行爱国主义教育，开展主题班队会，进行主题国史、党史教育宣讲，阅读红色经典、红色书籍，开展艺术节目展演……让学生们在愉悦轻松的氛围中得到党史教育与人格的升华，潜移默化浸润人心，在思悟中感受红色精神，传承红色基因。激发少年儿童对党和国家的热爱，引导学生坚定理想信念，培养担当民族复兴大任的时代新人。

十一月是快乐读书节，晨钟暮鼓中传来琅琅的读书声，“快乐读书超市”中孩子们此起彼伏的叫卖声，书香班级、书香小明星、书香家庭评选后悦耳的欢呼声，使快乐读书之风吹遍校园内外。

十二月是欢乐冰雪节，作为冰雪特色校，学校注重对冰雪知识的普及，充分挖掘冰雪体验课程，组织全体学生上冰体验，让孩子们了解冰雪运动。组织冰雪运动开放日、冰雪运动启动仪式等，在冬季学期浇筑冰场，为学生提供滑冰场地，锻炼学生意志，激发学生对于冰雪运动的热爱，让学生感受到冰雪运动带来的快乐。

不断完善、与时俱进的德育校园文化，在潜移默化中发挥重要的德育功能。打造体现中华民族智慧结晶的“二十四节气”楼梯文化和赋予“孝心教育”以时代特征的“快乐双语新二十四孝”，增加了三楼传统文化长廊内含。校外“快乐红色情怀”宣传牌、校内“童心向党”移动展板、楼内“英雄风采”正能量宣传墙、“乐启红色之旅”党史文化长廊、“争当红烛先锋”党建工作室和“彰显红色风采”多功能演播厅等，外延了五楼家国情怀主题教育楼层的深意，激活“红色细胞”，聚焦“红色能量”，彰显“红色效应”，让爱党、爱国、爱家情怀根植师生的心间。

二、特色艺术活动。

为培养学生艺术素养，明确育人目标，遵循“人人参与　创新合作　快乐分享”的活动原则，学校用乡村少年宫社团活动作为培养学生艺术素养，推进素质教育的载体。开设合唱、舞蹈、环保画、沙画、纱线画、啦啦操等 33 个社团。除了充分挖掘在校教师的资源外，快乐家长义工、东北电力大学学生、周边部队官兵、校外书法家、全国滑冰冠军的加入助力了少年宫多样化发展，丰盈了社团活动的内容。在吉林省乡村少年宫推荐会上，学校推出的艺术类社团学生 30 余份优秀作品，均得到与会领导的高度评价；在省首届“黑龙杯”学生轮滑锦标赛上，轮滑社团的学生们展示了骄人风采；在市、区艺术节展演中，合唱社团、舞蹈社团的学生用自信展现了双语学子风采；在船营区职工健身运动会上，轮滑社团、花棒操社团、体操等多社团的千余学生共同展示的大型团体操《放飞梦想》，赢得了与会嘉宾的阵阵喝彩；校园足球赛、舞蹈节、器乐赛、才艺展等多彩的艺术活动，给每一个学生插上艺术的翅膀，给每一个学生提供遇见最好自己的舞台。

三、特色体育工作。

充分落实《义务教育学校管理标准》，确保学生每天锻炼 1 小时，开展阳光体育大课间活动，形成“三操一舞一特色”。将阳光体育节、创新快乐跑、每天阳光 60 分有机结合，使学生掌握体育运动技能，养成体育锻炼习惯。每天上下午套餐式阳光运动不打折，每月一次全员大型体育竞赛养习惯，每学期一次运动会促发展，每年度一次阳光体育节展风采。CCTV5 央视荧屏上、吉林省“天达杯”校园轮滑锦标赛中、吉林市东山体育场馆里、大学区阳光体育展示中，处处可见快乐双语学子的傲人风采。多渠道、多形式的体育活动，有效地提升了学生的身体素质，推动了学校特色体育工作的开展。

四、特色家校工作。

学校健全三级家长委员会制度，提高家长在学校治理中的参与度，形成育人合力，让家长们共同参与“快乐生态教育”。开展“做卓越父母　建幸福家庭”主题家教课堂和“好家风培养好孩子——播种习惯，收获快乐”家校座谈会，让家长收获科学的教育方法；“喜迎 70 华诞　共育家国情怀”亲子风采展示给家长们提供参与孩子成长的机会，增进了亲子关系；“弘扬船厂文化”系列活动中的“亲子共游水师营”活动，给家长进行专题道德讲堂，让家长和学生共同进步，共同成长；庆祝建国 70 周年，在家长参与的快闪拍摄过程中，见证了学生在校的成长；“家校合作　共助成长”线上交流会架起了家校共育的桥梁；“亲子同行　共颂党恩”亲子朗诵共庆党的百年华诞，让家长感受到了参与活动的快乐。快乐护学队保驾护航、入队仪式共唱爱国歌、快乐种植园劳动实践、大型活动倾情参与、校服订购的家长主体性、快乐家长陪餐制等等，各类活动中都有家长参与的身影，见证学校的精细化管理。

五、特色主题实践。

学校努力创新德育形式，形成全员育人、全程育人、全方位育人的德育工作格局。在提升学生思想道德水平和践行社会主义核心价值观的过程中，开展了一系列的主题实践活动，如在祖国 70 华诞到来之际，组织师生、家长开展“腾飞中国　辉煌 70 年”主题教育系列活动；“在战‘疫’中成长，做新时代接班人”

空中开学典礼上，寄语双语学子，向战疫英雄致敬，上好“疫情”大课，争做新时代好少年；学校发挥德育课主渠道作用，加强网络环境下的德育工作。结合学校校本德育教材《快乐梦想》，从孩子们的成长需求出发，立足社会与生活现实，发挥德育课的主渠道作用。化“疫情危机”为“教育契机”，“以疫情为课本，我与祖国共成长”系列线上德育课程、“新冠无情　人间有爱”主题队课融合了生命、责任、担当、劳动、感恩、爱国主义教育，打出学生德育教育的“组合拳”；人人争当防疫“小卫士”，养成良好卫生习惯，学会用正确的方法保护自己，做好防疫“小宣传员”；小手拉大手，与家人一起通过正确的渠道学习了解相关新闻信息，践行“学先锋　做先锋”的精神，用一段视频向一线医务工作者致敬，编一首歌谣牢记防护小常识，画一张手抄报传递正能量；加强国防教育，涵养家国情怀，开展“国旗下成长　军营中闪光”军事研学活动，引导学生坚定不移地用习近平新时代中国特色社会主义思想武装头脑，传承红色基因，听党话，感恩党，跟党走，担当起民族复兴的大任；走进周边部队、高校、社区等，延伸教育战线，深度融合社会力量；法制教育让法律意识深入学生心里，开展“关爱同学　拒绝欺凌”普法活动、《国旗法》午读、“与法同行　珍爱生命”法制班会、“宪法在我心中”演讲、《小学生守则》我做到、“争做文明新队员”手抄报展、宪法志愿者等活动，在“国家宪法日”和“全国法制宣传日”组织开展“争做守法好少年”快乐宣讲活动。

习近平总书记曾指出“推动中华优秀传统文化创造性转化、创新性发展”。学校在传统文化主题教育版块中，充分利用传统节日对学生进行传统文化的熏陶，以中国传统节日为切入点，挖掘节日文化内涵。开展春节最美盘子画、清明节听奶奶讲革命故事、端午节诗朗诵、端午节编织五彩中国梦、中秋节千里寄钟情、重阳节“谱写有爱篇章”等一系列活动，在弘扬中华优秀传统文化的同时，厚植爱国情怀；举行“国风青铜器”“风韵旗袍”“品味茶文化”“多彩民族乐器”“东方水墨”等特色实践活动，把传统文化精髓的熏陶和学生的道德培养结合起来，让学生感悟传统文化的蕴含，增强文化自觉、坚定文化自信；将好习惯培养和生态文明主题教育紧密融合，让全体学生和“文明”成为好朋友。开展“融入自然　探索求知”主题研学、“爱河　护河　净河——我们一起努力”河长制社区宣讲、

“纸绎精彩　绿色文明”小制作展、“珍惜水资源，从我做起”世界水日宣讲、“珍爱美丽地球　守护自然资源”地球日演讲比赛、“播种希望　静待花开”爱绿护绿行动、“植树造林　绿化船营”义务植树，在实践中，让生态文明意识植根学生心田，引导学生树立尊重自然、顺应自然、保护自然的发展理念，共创大美吉林、和谐船营；安排每周一样家庭劳动、每月一次校园劳动实践，配合劳动日记、劳动打卡表等，把劳动教育贯穿学生日常生活，引导学生在“劳”中提高思想觉悟，从“动”中树立道德品格。

六、特色红色教育。

家是小国，国是万家。学校高度重视“家国情怀”红色教育。以雷锋纪念日、九一八纪念日、烈士纪念日、国庆节、建队日等一系列红色节日，开展红色教育，注重培养学生对党的政治认同、情感认同、价值认同，提升学生的思考力和践行力，引导学生把个人理想融入实现中国梦的家国情怀之中，引导青少年立志听党话、跟党走，做新时代接班人和建设者。

七、特色心理教育。

结合时代特点，学校加强“心理健康”教育，营造健康心理氛围。设立“心理健康咨询室”，加强快乐“心灵小屋”建设，设有专职心理咨询员，通过心理健康课、快乐书信、网络对话、热线连接、团训活动等多种渠道、多种形式为师生提供心理咨询服务，对于特殊儿童，建立关爱档案，加大关爱力度。心理咨询师还会不定期在群空间分享心理故事及心理调适方法，提高教师对自身心理及学生心理的关注，营造健康心理氛围。

八、特色校本课程。

学校始终坚持以学生为主体的德育教育，逐步形成一套行之有效的德育举措，积累了较为丰富的实践经验。实践使我们深深地体会到，要想提高德育的实效性、针对性，形成本校德育工作的特色，就必须加强对德育的科学研究。学校建立了一种具有学校特色的、对学生道德成长发展具有针对性、实效性和开放性的德育课程体系，让德育回到学校课程中去，让德育渗透到学生实际生活中去，使德育真正成为学生精神生活的需要。几年来，学校分别开发了《孝心教育》《快乐的梦想》和《珠玑必累》三套分年级、分层次、循序渐进的德育校本课程，并通过课堂学习、课外诵读、与其他学科渗透、开展德育活动等方式促进了学校德育特色课程的形成与发展。

学校在开发德育校本课程的过程中，注重与中华传统文化的融合、延伸与拓展，让传统文化在德育课程中得到进一步的升华；注重与各学科课程相结合，充分挖掘并利用语文、道德与法治及综合实践活动等学科的教学资源，做好学科间的渗透和结合；注重与学校的德育活动相结合，做到校本课程与学校的德育实践活动相互促进，让课程在活动中得到深化，让学生在活动中更好地认识、理解、提升课程。

为更好地实施德育精品工程“孝心教育”，学校开发了第一本德育校本课程《孝心教育》，本课程根据学生的年龄特点，分低、中、高三册，教材的内容选材符合学生实际，符合孝心教育实际，既传承了中华文化的精髓，又能切实有效地结合当今教育现状，体现了多样性、生动性、创新性。针对学生良好习惯和品格的形成来说，是一本具有很好教育意义的教材。

继《孝心教育》校本教材之后，配合学校的德育特色活动“爱的教育”，我们又开发出了一套适合1—6年级学生的德育校本教材《快乐梦想》。《快乐梦想》从爱自己、爱他人、爱班级、爱学校到爱自然、爱社会、爱祖国等几个层面选材，用丰富多彩的故事、诗词、文章诠释了爱在学生成长过程中所起到的作用，培养学生爱自己——自尊、自爱、自立、自护；爱他人——知恩、感恩、助人、乐施；爱自然——关注、呵护、保卫我们的生存环境；爱国家——做家庭、班级、学校的主人，为国家争光，从而真正地培养学生做一个具有完整健康人格的人。

为更好地践行社会主义核心价值观，弘扬中国优秀的传统文化，2015年，学校开发了第三本校本教材《珠玑必累》，本教材分上、下学期两个部分，共计12册。教材里囊括了中国优秀的古代、近代诗词，让学生们在优美的意境中感受中国传统文化的博大精深。

为有效地使用教材，在有限的时间内发挥教材的作用，把德育真正落到实处，我们让校本课程走进课堂。保证专职教师在教学时间落实校本课程，除每班每周1节校本课外，每天早读、中午积累的时间也是校本教材的诵读时间，教导主任对教师的备课和授课随时进行监督和考评，使校本教材得到有效的落实。德育校本教材的使用与活动是分不开的，结合教材内容，学校开展了丰富多彩的活动，如《孝心教育》的课本剧展示、《快乐梦想》的中队会评比、《珠玑必累》的诗词大赛等，每一项活动的开展不但丰富了德育活动载体，也让学生们在活动中更好地诠释了教材内容、更好地在活动中升华教材、更好地弘扬中华传统文化，学生各种良好的社会品质和行为习惯也在德育教材的使用和活动的开展中得以形成。此外，德育校本课程的活动设计中，有很多活动设计了学生和家长一起完成，这也是我们开发校本课程的另一个初衷，通过校本教程的开发和使用，构建家校一体的教育网络，如《孝心教育》课程中的母亲节为妈妈制作一份贺卡，写上对妈妈的祝福和感恩的话送给妈妈，妈妈也要写上在收到贺卡时那一刻的心情；班级的中队会上，每个家长都和孩子一起进行亲情对话；《快乐梦想》中设计了家长和学生一起设计“昨天、今天、明天”图片展、“快乐直通车亲子活动”；《珠玑必累》中设计了“家庭诗词大赛”“中华优秀诗词走进社区”等。一系列活动的开展，不但让家长积极参与到校园课程的利用和研究的过程中，也让家长进一步了解学校，了解德育活动的开展情况，和学生在活动中共同成长。德育校本课程的开发和使用，让德育教育有了更为丰富的教育内容和实效，也收到了可喜的教育效果。

时代在发展，课程在创新，我们有信心在德育校本课程的开发之路上不断进行新一轮的探索和研究，不断提升校本课程的开发水平，使校本课程发挥应有的作用，为学生的终身发展服务。

第三部分

树立终身学习理念

引 言

终身学习是《义务教育学校校长专业标准》中的五大基本理念之一。校长要做教育的耕耘者，做教师的引路人，牢固树立终身学习的观念，将学习作为改进工作的不竭动力；优化知识结构，提高自身科学文化素养；与时俱进，及时把握国内外教育改革与发展的趋势；注重学习型组织建设，使学校成为师生共同学习的家园。

教师是立教之本、兴教之源，以教育现代化支撑中国式现代化，需要在基础教育领域培养一大批“大先生”，为培养高素质人才保驾护航、施肥浇水。而成为“大先生”，做学生为学、为事、为人的示范，应该是每一位校长一生追求的终极梦想。达成梦想不可能一蹴而就，需要我们绵绵用力、久久为功。我们一定要有坚定的政治信仰，并把这些信仰根植到师生心灵深处，演变成一团永不熄灭的火焰，厚植爱党爱国情怀，投身本职工作，担当立德树人使命，为党育人、为国育才，以培养德智体美劳全面发展的有为担当的社会主义建设者和接班人为己任，构建自己的教育信念与理想，少一些浮躁，多一些创造，努力办好人民满意的教育。

“胸怀大爱做小事，心有责任做大事”。增加共同富裕视角下的教育发展阔度，用我们心中的一分爱、一分光，让教育有思想、有温度、有人性、有故事。我们要从党和国家事业发展全局的高度，带领越来越多的教师成长为“大先生”，当好中华民族“梦之队”的筑梦人，为实现“人人是学习之人，处处是学习之所，时时有学习之机”创造条件。由此激荡的创造活力和凝聚的智慧力量，将为实现中华民族伟大复兴提供不竭动力。

因此，我们一定要树立终身学习理念，向着通往“大先生”的路上不断迈进，成为明大势、谋大局、知大任、抓大事的杰出校长，遇到更好的自己，攀上自己心中的高峰，争做新时代“大先生”，为建设中国特色社会主义强国贡献自己的力量。

第八章

笔下生花——各级刊物发表篇

人民教育家陶行知曾经说过："校长是一个学校的灵魂，要想评论一个学校，先要评论他的校长。"今天，在教育新常态下，我们需要怎样做校长呢？我们要有使命感、要有精气神、要有情怀、要有智慧、要有勇气。所有优秀的校长，都是有着教育大智慧的校长。那么，校长的智慧从哪里来？校长的智慧从学习中来，从实践中来，从反思中来。校长既要做策划者，又要做设计师，要根据社会发展的客观要求、学校的客观基础、办学的客观条件和教育的客观规律，定位学校的发展方向和目标。校长要做学习型校长、学者型校长，做教师的引领者。校长对教师的学术引领不是靠行政权威实现的，而要依靠校长的真才实学和真知灼见来实现。只有敏于学习，勤于思考，不断研究新情况，解决新问题，才能深刻把握教育规律，顺应时代潮流，保持创新活力。

校长学习的高度决定学校发展的宽度，校长不仅要成为"首席学习者"，还要成为"学习领跑者"。通过各种渠道，采取多种手段，提升自己和教师学习的潜力、毅力和能力。笔耕不辍是自我成长提升的"法宝"，坚持将自己的所学所感诉诸笔端，把教育教学的所思所想发表在各级刊物上。

把握高度落"双减"寻求赋能新路径①

——快乐校长谈"双减"（一）

"太阳当空照，花儿对我笑，小鸟说早早早，你为什么背上小书包？我去上

① 发表于《船营教育通讯》第4期（2021年4月）

学校，天天不迟到，爱学习、爱劳动、长大要为人民立功劳！”教育该有的样子就应该像儿时歌中唱的那样，童稚的孩子们对学习充满着向往与期待，学校是孩子快乐成长的乐园，而教育现在的样子却是——喜忧参半，一声唏嘘！

一、期许与现实的落差，教育游走在焦灼的边缘

（一）教育的期许。

教育是立国之本，是强国之基，教育强则国强，而实施教育的主阵地就是学校。众所周知，学校的教育既承载着塑造灵魂的时代重任，更肩负着实现中华民族伟大复兴的重要使命。习进平总书记曾对教育工作提出三点要求“培养什么人？怎样培养人？为谁培养人？”答案是肯定的，培养拥护社会主义制度，担当有为的德智体美劳全面发展的社会主义建设者和接班人，是教育责无旁贷的责任，而“怎样培养人”则成为教育实现全体国人期许的永恒课题。

（二）教育的痛点。

满树繁花、硕果累累的教育背后却凸显学校落得难，教师教得惑，学生学得累，家长陪得苦等多个隐形痛点。

1. 学校之难。

在一次座谈中，和同仁们说到学校教育被培训机构“绑架”了，太多的学习名目增加了学生的课业负担。有的校外培训机构缺乏合格资质，经验丰富的教师；有的甚至连知识都教得不正确，学校还要进行知识回炉很麻烦；有的学习环境简陋，存在极大安全隐患，例如抗疫阶段，安全意识不到位，监管得不严，不同学校的孩子凑在一起，在一个教室学习，再把隐患带回学校，形成一个很难控制的隐患链，威胁自己学校师生的安全……所以教育同仁们达成的共识是校外培训机构需要整顿，规范治理，提高质量。

2. 教师之惑。

学生课外时间被安排得满满的，学校知识的扩展和延伸太难！一位老师曾有这样的苦恼，他充分认识到教育因阅读而精彩，让阅读成为学生学习的习惯是很有必要的，但他空有一腔热血却没有时间施展。因为要班级孩子利用课余时间开展读书活动太难了，几次实施都中途夭折，原因是孩子们放学后和周末的时间都

安排满了校外培训班，根本没有时间去完成阅读任务，就像装满的杯子已再无空间注入更多的养分滋养心灵。

3. 学生之累。

孩子怎一个“忙”字了得？每天放学后和周末、寒暑假急于奔走在不同的学习班之间，有的孩子多达 10 余种课外学习，除了要上各类培训班，还要完成老师布置的作业，甚至还有家长、课外培训班布置的各类作业，繁重的作业负担让孩子没有时间去阅读、运动，没有时间和小伙伴玩耍，没有时间参加劳动，没有时间进行亲子互动，没有时间走入社会实践，没有时间了解世界，没有时间享受大自然馈赠的风和日丽，让“五育并举”演变成一“智”独秀。

忙碌的后果是孩子睡眠严重不足，视力急剧下降，不仅每天昏昏沉沉的，而且心情极差，缺乏宽广的视野，丰富的知识，创新的思维和能力。被动学习，不仅效率不高，而且会形成扭曲的心理，学生承担着沉重的身体负担和巨大的心理压力，严重影响到身心健康。

振聋发聩的“北大学霸弑母案”就应该为我们敲响警钟，曾经的天之骄子，智力水平和道德标准都应该是同龄人中的佼佼者，却做出了在中国人的传统认知里“令人发指”“大逆不道”的行为。但当我们深究其背后的原因时，在他的成长历程中，母亲对他的高要求，给他的“必须是最优秀”的无形压力，无疑都是他这种缺陷人格形成的原因之一。

成长真的需要这么疲惫，这么功利吗？烂漫自由的玩耍中，孩子不也快乐地收获了与伙伴相处的方法吗？广泛的深度阅读不也打开了一个更广阔的世界吗？亲身体验和实践不正是学以致用的过程吗？还孩子们童年里该有的轻松快乐，让他们按照孩子的成长规律去慢慢长大，学会大声地笑，放声地哭，欢喜地聊，勇敢地摔倒、爬起，拥有快乐健康的心理，真的应该是我们教育现在最紧迫要去做的关乎生命的“课题”。

4. 家长之苦。

长期以来，义务教育学校特别是小学“三点半”放学现象，给家长带来的难题是孩子放学了但未到下班时间无法接孩子，没办法只能把孩子送到校外培训或托管机构，造成的后果是“校内减负，校外增负”，更增加了家长的经济负担，让家庭经济不够富裕的家长叫苦不迭，这已经成了社会广泛关注的热点问题。现在国家出台三胎政策，家长最大的回应却是“养不起、教不了，负担太重太重了！”一声声叹息与无奈，期许与现实的落差，让原本应该简单的教育游走在全民焦灼的边缘，切实提高人民教育的获得感、幸福感显得有些苍白而无力。

二、“双减”政策全面落地，一石激起千层巨浪

2021 年 7 月 24 日，可谓中国教育历史的巨变日，《关于进一步减轻义务教育阶段学生作业负担和校外培训负担的意见》（简称《意见》）的出台，犹如惊雷一般，响彻神州大地。“双减”迅速成为教育热词的魁首，一石激起千层巨浪，引发社会各界的高度关注与强烈反响。教育回归学校，校园再次成为教育主阵地，一个崭新的教育大时代已经到来。8 月 30 日，教育部又召开新闻发布会，将“双减”督导列为 2021 年教育督导工作“一号工程”。审时度势，“双减”政策必将迎来中小学校办学生态的巨变。

作为校长需要明晰以下几点：

（一）政策出台的背景和过程

现在义务教育的问题之一还是中小学生负担太重，短视化、功利化问题没有根本解决。特别是校外培训机构无序发展，“校内减负、校外增负”现象突出。严重对冲了教育改革发展成果，社会反响强烈。党中央对此高度重视，站在实现中华民族伟大复兴的战略高度，对“双减”工作做出了重要决策部署，要求从政治高度来认识和对待，从体制机制入手深化改革，全面贯彻党的教育方针，落实立德树人根本任务，促进学生全面发展和健康成长。意见出台后，引发各方关注，媒体关注点一边倒的集中在校外培训机构治理上。实际上，落实“双减”最根本的是提升学校育人水平，2021 年 5 月 21 日，中央全面深化改革委员会第 19 次会议明确指出，“减轻学生负担，根本之策在于全面提高学校教学质量，做到应教尽教，强化学校教育主阵地作用”。提升学校整体教育教学质量，确保学生在校内学足学好，学生学习回归校园。

（二）“双减”工作的总体思路

坚持以习近平新时代中国特色社会主义思想为指导，要坚持教育公益性原则，

着力构建优质均衡的基本公共教育服务体系，建设高质量教育体系，强化学校育人主体地位，深化校外培训机构治理，坚决制止侵害群众利益行为，有效缓解家长焦虑情绪，构建教育良好生态，办好人民满意的教育。

（三）“双减”政策深入研讨的四个问题

一是如何建立基础教育良好生态，促进学生身心健康成长。

二是如何规范学校教育教学管理工作，充分发挥学校教育主渠道作用，切实做到因材施教，因教尽教，学足学好。

三是如何推进体制机制创新，激发办学活力，构建高质量基础教育体系。

四是如何进一步落实五项管理，做好课后服务工作，切实提高人民群众教育获得感、幸福感。

（四）实施“双减”政策，我们要坚守的初心

1. 守住“立德树人，以生为本”的初心。

习进平总书记曾说过，“教育，无论学校教育还是家庭教育，都不能过于注重分数。分数是一时之得，要从一生的成长目标来看。如果最后没有形成健康成熟的人格，那是不合格的”。教育的根本任务是“立德树人”，而作为实施教育的学校则是不让“立德树人，以生为本”成为口号，每个教育人都应凝聚共识，智慧育人，尊重儿童的休息权、游戏权、健康权，减轻一切负担，摒弃“短视化、功利化”的育人乱象，从根本上守住儿童身心健康和人格健全的底线，还原教育应有的意义和价值，真正给每个孩子的童年涂上快乐健康的底色。

2. 守住“依法依规，良好生态”的初心。

不少地方、不少学校、不少家庭，为了在升学竞争中抢得先机，坚信所谓“不让孩子输在起跑线上”，各种极端功利教育行为大行其道。如果这种受极端功利的应试教育驱动的各种功利办学行为得不到有效制止，整个教育就不可能走出内卷化的“剧场效应”和“囚徒困境”。实施“双减”政策，就是依法依规治教，恢复和重建良好教育生态。

3. 守住“互相补充，协同育人”的初心。

学校是专门的教育机构，承担着培养和教育下一代的公共职责，有“为党育人、为国育才”的独特政治使命。我个人观点认为，校外培训机构也并非毫无可

取之处，但应该明确的是校外培训只能是学校教育的补充，应为学生在某些方面的兴趣特长提供服务，如提供体育、音乐、舞蹈、美术、科技等个性化资源，丰富学生的校外生活。遗憾的是，当下的校外教育俨然成了学校教育的另外一个实施主体，是加强提前学习或者机械重复灌输的主阵地，各种培训机构实施“超前学习”“超标学习”拉拢学生和家长，极大地破坏了教育生态。实施“双减”政策，就要从根本上规范校外培训机构的职能，构建学校教育与校外教育互相补充，协调育人新格局。

4. 守住“全面育人，个性发展”的初心。

由于短视化、功利化应试教育的驱动，中小学教育围绕升学考试科目，大量增加学生的上课、作业、考试和校外学科培训时间，导致学生考试升学负担日益沉重，学习生活日趋单调，既破坏了学生德智体美劳全面发展的教育生态，又严重影响了学生的身心健康和学习、生活质量。实施“双减”政策，要调整优化学生的学习和生活结构，既要做好减轻学生过重的作业和校外培训负担的“减法”，又要做好促进儿童全面发展，个性发展的“加法”。

三、校长需要深度思考，寻求教育赋能路径

“双减”是党中央关心、群众关切、社会关注的重大民生问题，“双减”政策已经吹响了为学生减负的号角，作为一名承担基础教育工作任务的小学校长，可能是因为身处其中的圈层效应，所以无论是网上还是现实生活中，总是对这个维度的声音特别敏感。对于来自家长或拍手称快，或一声叹息的不同表现，我也在思考，在“双减”政策全面落地的教育大时代背景下，教育将有什么样的新变革？学校教育应该何去何从？教学将面临哪些新挑战？教师该如何与时俱进，促进自身专业发展？如何化解家长对孩子“双减”之后，“学校就是你唯一的战场，你放弃了课堂，就等于放弃了自己的未来”的忧思？

“要下大力气做强、做优校内教育，健全学校教育质量服务体系，切实做到教师应教尽教、学生学足学好。”教育部基础教育司司长吕玉刚的话给了我些许启示。校长应该高位引领，精准定位学校风标，切实从国之大计、党之大计高度重视教育，努力带领师生家长，心往一处想，智往一处谋，集思广益，精准描绘

学校“减轻负担，提高质量”的素质教育蓝图，让学校教育为学生健康成长保驾护航，“因材施教、人尽其才”，让学校教育为学生德、智、体、美、劳全面发展奠基赋能。

创新五大特色加法　助力减负提效谱新篇[①]

——快乐校长谈“双减”（二）

为了真正把双减工作落到实处，“学校教育教学如何为学生赋能，为学生健康成长护航？”校长应该高位引领、把舵定向，思考教育赋能的新路径—创新五大特色加料、助力减负提效谱新篇。

一、给思政课的引领作用加餐

“双减”政策之下，学校教育应坚守立德树人的目标，着力培养全面发展的社会主义建设者与接班人，“为党育人、为国育才”，精准定位学校教育的风向标，这样才能更好地履行教书育人的职责，为学生健康成长保驾护航。习近平总书记特别强调要在大中小学“循序渐进、螺旋上升”地开设思政课，并指出“青少年阶段是人生的‘拔节孕穗期’，最需要精心引导和栽培”。而学校恰是学生在此形成理想与素质的教育基地。

“双减”政策之下，学校需要建立健全相关制度与体系，通过课程体系与活动体系，注重加强学生的理想道德教育，在学生心灵埋下真善美的种子，引领学生形成正确的世界观、人生观和价值观，除了充分发挥学校思政课的引领作用，还辅以多种形式的教育活动课程，要给学生加点“餐”，予以学生心灵之滋养。

二、给课堂教学的主阵地作用加料

学校是落实“双减”的主阵地，“双减”意见的出台，为学校教育工作画上了一条分界线。结合“悦己、阅己、越己——遇到更好的自己”的育人目标，学校教育将担负起更多本该担负的作用，切实减轻中小学生过重课外负担，不仅要严格管理校外培训机构，更要提高学校教育质量，向“40分钟”要质量，让教师应教尽教，让学生在校内学足学好，真正缓解社会焦虑，降低家长送学生参加

① 发表于《船营教育通讯》第6期（2020年6月）

校外培训的冲动。

课堂是教育教学的主阵地，加大备课力度，要向“40分钟”要效率，提升学生在校学习效率。学校要开齐开足开好国家规定课程，严格按课程标准零起点教学。

向“40分钟”要质量是重要的话题。新时代的教与学已然发生重大变革，教师不能再以旧的理念和方式去教学，要面向未来，积极革新教育理念，培养结构化、系统化创新思维。教学设计不仅要备课本，更要备学生、备作业，用有效的教学设计，为教学“减负提质”“双减”导航，赋能智慧教师快速成长，指引教师以教学课程化、教学思维化和教学素养化为教学突破方向，以自身思维方式的转变为基点，提升学生的思维能力和思维品质，老师们要知行合一，将先进的理念运用到实践中，促进学生思维发展。

三、给特色作业的研究布置加色

作业是学校教育教学管理工作的重要环节，是课堂教学活动的必要补充。科学合理有效的作业，可以帮助学生巩固知识、提升能力、培养习惯，帮助教师检测教学效果、精准分析学情、改进教学方法。目前，一些学校还存在作业数量过多、质量不高、功能异化等突出问题，既达不到温故知新的效果，又占用了学生正常的锻炼、休息、娱乐时间，“双减”工作之一就是要减轻学生不合理的作业负担。

教育部将“作业管理”作为“五项管理”的重要内容之一，印发了《关于加强义务教育学校作业管理的通知》。学校应立足这十条具体措施，健全学校作业管理机制、分类明确作业总量、提高作业设计质量、加强作业完成指导等明确要求，加大特色作业的探讨，有效减轻学生过重的作业负担。切实做到减少作业总量、提高作业质量、减轻家长负担。

四、给课后服务的网格管理加温

“双减”政策，已经吹响了为学生减负的号角，学校开展课后服务，可以有效解决家长接送难、学生没地方去的问题；可以充分利用课后时间，提供丰富多彩的服务内容，为学生提供学习和发展空间；还有助于更好地满足学生个性化发展需求，促进学生全面健康成长。

学校应集结一切力量，集思广益，科学描绘学校“减负提质”的教育蓝图。

“双减”是党中央关心、群众关切、社会关注的重大民生问题，落实“双减”政策是双语实验小学全体教师的共同挑战，更是共同责任。坚持“为党育人，为国育才”的教育思想，以更高的思想觉悟认识“双减”工作，充分发挥学校育人主阵地作用，提高校内教育教学质量，提高课后服务水平，为每一名学生提供尽可能多的支持和帮助，为“双减”工作落地见效、教育均衡发展、推进教育公平，以饱满的热情，昂扬的斗志，向着更好的教育出发。结合学校办学实际，通过培育快乐学生、打造快乐教师队伍、创建快乐高效课堂、建设快乐有爱学校，办让学生有成就感，让教师有职业荣誉感，让群众有教育认同感，让家长有教育获得感的快乐教育。

五、给家校的合力育人加油

家长和社会如何配合学校做好“双减”工作？

学校结合全国家庭教育示范区的详细要求，建立家庭教育领导和协调机制，规范设立家长学校，健全日常运行机制，配备家庭教育指导专（兼）职队伍，加强专业知识培训。要通过家长课程、父母大讲堂等方式，以线上线下等形式，对家长进行家庭教育指导、咨询和辅导，引导家长掌握科学的教育理念和方法。

家长与学生朝夕相处，是学生言传身教的老师，履行好法定监护职责至关重要。因此，要做好“双减”工作，有以下几点要求。

一是密切家校联系。积极参加家长会、家长学校，主动与教师沟通，了解学生的学习和身心状况，制定有针对性的家校联动教育方案，构建快乐和谐的家校关系。

二是更新育儿观念。了解学生的身心成长规律，提升自身育人素质和能力，理性规划学生未来发展方向，不盲目送学生参加校外培训。

三是融洽的家庭氛围。细心关注学生思想情绪变化，倾听学生心声，做学生的朋友，形成良好沟通互动模式，帮助学生排忧解难。

四是要指导学生合理用好在家时间。督促学生按时就寝，确保充足睡眠。适度安排家务劳动，加强体育锻炼，开展亲子阅读等。加强孩子网络行为监管，及时发现、制止和矫正学生网络沉迷行为。

在家校协作中，我发现了一些突出的问题，首先是家校育人理念的差异；其次是焦虑，家长有家长的焦虑，老师有老师的焦虑。这说明我们的家校社合作是停留在点上的、面上的具体事件的合作，还没有达到人际心理相容，形成群体动力的境界。所以，我们要寻找一个纽带，将家庭、学校、社会链接在一起，构建育人共同体。成长是应对焦虑的唯一途径。让家长、老师、孩子共同学习、共同成长，构建学习共同体，是一个最好的切入口。因此，要为家长提供系统的家庭教育课程，家长随孩子入学而入学，随孩子毕业而结业。学习形式可以采取线上学习为主、线下学习为辅，还可以组织开展家长沙龙活动，围绕作业减负、课后培训、睡眠管理、体育锻炼、高质量陪伴、阅读习惯养成等议题进行沙龙探讨，邀请家长共同研究如何将课业减负落到每个家庭。

当学校遵循教育规律的智慧增加了，落实“立德树人”的担当增加了，教育教学质量增加了，协同家校的能力增加了，学生的过重负担和家长的过度焦虑就减少了。

像《人民教育》里说的那样，我们要从政治高度来认识和落实“双减”工作，思考教育赋能的新路径，要充分发挥学校育人主阵地作用，提高校内教育教学质量，立足课堂教学向“40 分钟”要质量，追求高效课堂；打破壁垒，利用一切资源助力满足学生个性化需求，进行多样新生态的作业设计与评价；提高课后服务水平，为每一名学生提供尽可能多的支持和帮助，真正让学生家庭减负增效，增加快乐；家校、社会有力配合，为“双减”工作落地见效，教育均衡发展，推进教育公平做出贡献;构建健康良好的教育生态,呵护每棵树苗快乐向阳生长……加强“双减”实践探索，我们快乐行走在路上！作为“双减”政策的实施者，我充满信心，见证最美的开始，期许更好的未来，

让孩子们重新唱起无忧无虑的“童谣”指日可待！

校本主题研修促进教师专业化发展①

叶澜教授曾说过："教育是一个使教育者和受教育者变得更完善的职业， 而且只有当教育者自觉地完善自己时，才能更有利于学生的完善与发展。"校本研修不可能有统一规范的路径，变革是没有蓝图的旅程，校本研修必须遵其校本性、科研性、人本性、牵引性和依托性。校本研修工作就是"为了教学""在教学中""通过教学"的过程，作为校长需要做的就是形成主题，找准方向，构建途径，坚持做到以教师为研究的主体，以学生为课堂的主体，以高效为教学的主体。"高山仰止，景行行止；直面风采，心灵浸润"。通过本次省科研骨干校长班学习，专家们的报告个个精彩，高屋建瓴的理念让我获益良多。

一、笃思——校本主题研修　深刻认知不落窠臼

校本主题研修是以学校现存的突出问题为校本研究的主题，开展校本研究和校本培训的活动。在校本主题研修活动中，以科研研修为依托，以自主研修为途径，以教研研修为载体。开展校本主题研修活动，在常态教学中进行课题研究，在课题研究的状态下开展教学实践活动和校本培训活动，从而使教研训"一体化"，让教师成为教学、研究和学习的真正主人，促进学生全面发展、主动发展，同时进一步更新教师的教学观念、提升教师的执教能力，促进教师专业化发展，实现学校可持续发展。

因为教师即研究者，是新课程的基本理念之一。教师在教学实践中发现问题、明确问题，并以此作为自己的研究课题。教师在教学过程中是以研究者的身份置身于实践中的各种问题，对出现的问题进行探究，对积累的经验进行总结，使其形成规律性的认识。我校以"实施快乐教学情境之中，以研究者的眼光审视和分析教学理论和教学实践，打造快乐生本课堂"为学校各学科研修的主题，各学科又分别确立符合学科特点的主题，构成整合式的主题研修网。以制度建设为基石，夯实科研制度保障；以校际、组际多元化研讨为平台，打造特色校本主题研修；以课堂观察为切入点，营造快乐实效性研修氛围。从细节处着手，主题研修做到"小而实"，求精求细，通过"提出问题—生成课题—协作研讨—解决策略—分

① 发表于《校本主题研修促进教师专业化发展》第8期(2019年8月)

享成果”的“快乐主题研修五步法”，做到人人都参与、人人皆合作、人人有课题。

二、转变——校本主题研修　促进教师专业化发展

校本主题研修旗帜鲜明地强调三个基本理念，第一，学校是教学研究的基地；第二，教师是教学研究的主体；第三，促进师生共同发展是教学研究的主要而直接的目的。马卡连柯所说：“教育者的技巧，并不是一门什么需要天才的艺术，但他是一门需要学习才能掌握的专业。”校本主题研修就是要“在实践中学习，在学习中实践”。对教师专业发展而言，主题研修不是一种简单的牵引，而是唤醒教师自身专业自觉意识与内在情感的投入。

（一）理论支撑　贴地而行

校本主题研修既是关于学生生存和发展的顶层设计，更代表着学校的文化个性、办学特色与育人理想。学校多年来实施快乐教育，从“一切为了学生发展需要”的视角出发，打破学科壁垒，整合学校一切资源，唤醒教师的课程意识，开发了一系列快乐校本课程，进行多层次的校本主题研修，助推学校的特色发展。校本主题研修的核心要素内涵是使教师从平庸走向卓越，实现职业理想和自我价值，提高职业幸福。以核心素养的研究引领新一轮的校本主题研修改革，让学生核心素养落地，研修体系化，更加丰富了快乐教育的内涵，让快乐教育下的快乐树枝繁叶茂。

（二）跟踪示范　致力提升

作为校长，我组织教学领导创建了符合我校师情、生情的“361 式生本课堂”模式，“3”即激趣、激情、激识导入；“6”即资料搜集、小组探究、汇报交流、教师引导、情感升华、巩固夯实；“1”即做好课堂拓展。采用“个人研修—同伴互助—专业引领”的模式，建立《打造快乐课堂校本研修制度》《同伴互助制度》《专业引领制度》《个人反思制度》，立足生本，扎根课堂！我以一名参与者、引导者、促进者的身份，投身学校教学研究的共同体之中，以解决教学中的实际问题为目标，扎扎实实地开展富有实效的校本研修活动。聚焦课堂、研究课堂，引领教师从自己的教学实践去感悟到问题的存在，帮助教师分析问题、解决问题、摆脱困惑，形成主题，并使其在专业成长过程中得到切实的帮助，同时拉

近了校长与教师的距离，增加了校长与教师的情感交流，营造了校本研修的氛围，促进了校长与教师专业化的共同发展，形成双赢，使校本研修驶上教师专业发展的快车道。

坚守快乐教育品牌，明晰“立德树人”的目标，把握培养“全面发展的人”的大方向，在学生核心素养与课程框架间智慧连接，用快乐教育的课堂涵养学生的品行与素养，实现研修与课堂体系、教师专业成长的联动。

（三）自主发展，百花齐放

我在学校校本主题研修工作中树立全人观念，让素质教育成为教学工作的主线，真正做到共研培训以师为本，课堂教学以生为本，让为师者乐教，让为生者乐学，培养师生乐学善学的核心素养。着力推进校本研修，促使校本研修常态化、制度化、规范化和特色化。通过开展课堂教学展示周、捆绑协作共发展、骨干教师快乐杯、青年教师成长杯、学校开放日、预约专家听课日及系列双语讲坛活动，异彩纷呈地展现快乐教学理念。“双拜互师模式”彰显了教师“自主发展”和“信息意识”的核心素养，老教师的教学经验、年轻教师的信息技术互相学习，充分体现了“互联网＋教育”新理念。学校领导都会亲身示范，着力引领教师，用行动让教师体会什么是生本课堂。教师团队间的备课共研更是成为生本课堂升华和教师专业成长的基础，定时间、定内容、定地点的三定备课模式，每次集体备课都确定中心备课人，每次备课都会做到“激情四射”“唇枪舌剑”“面红耳赤”，就是在这样激烈的研讨氛围中，教法在不知不觉中生成了。充分做到生本课堂的理念支撑生本课堂的实践，生本课堂的实践还原生本课堂的理念，“以学生发展为本，让学生自主学习有效参与教学活动”，使学生真正成为课堂的主人，让教师的点拨成为课堂的灵魂。

构建研修模式，优化研修载体。一系列活动的开展对教师的专业化成长起到很好的推动作用，教师实现从“经验型”向“学术型”“研究型”的转变，大力提升了教师素质，造就一支师德高尚、业务精湛、充满活力的专业化教师队伍。

三、践行——校本主题研修　构建体系化特色

“问题即主题，工作即研究，成绩即成果”。在此基础上，注重体系建设，

培养教师的研修意识，提高教师的研究能力。“请进来，走出去”，这样的学习、培训和实践，能够提高教师校本主题研修水平，使他们认识到学校的发展和个人的提高都必须要有研修来支撑。教师们也由过去的被动参与变成了现在的自主研究。引导教师“自己做、做自己、自己想、想自己、自己讲、讲自己”，自主提升。“教学叙事”“教学案例”“课后反思”等写与思、做与行相结合，真正做到拓宽途径，提高研修的实效性；丰富形式，增强研修的生动性；精准到位，实现研修的特色化。

校本研修活动当以校情为本，以师情为本，以生情为本，万变不离其宗，当以“推进教师的专业化成长”为主线，以“促进学生能力和知识的提升”为目标，从而通过打造名师，打造学校品牌，实现学校的特色发展，分层次、梯次性、多元性实现学校在特色与发展中探索前行，在活动与感悟中思考前行，在实践与研修中特色前行，在思考与提升中稳步前行。教师在校本主题研修中实现了自主专业化发展的目标，只要我们坚持不懈，且思且行，快乐着、思索着，就一定能促进教师的专业发展，让我们在守望中迎接生命的成熟，在守望中实现“滴水石穿”的坚韧，在守望中收获希望和幸福！

“快乐红色智慧＋”党建　筑牢双语红色堡垒①

一名党员就是一面旗帜，一个支部就是一座堡垒。多年来，双语实验小学党支部始终坚持以习近平新时代中国特色社会主义思想为指导，全面贯彻党的教育方针，坚持党对教育工作的全面领导，坚持立德树人根本任务。以“爱党爱国 快乐有爱 健康向上 知行合一”的双语精神为引领，构建“快乐红色智慧＋”党建模式，让党建工作有温度，做到触动灵魂，三全育人；让党建工作有高度，做到与时俱进，内涵发展；让党建工作有广度，做到创新载体，辐射四方。落实党要管党，全面从严治党要求，以高质量党建教育引领学校高品质的良好发展。

一、“快乐红色智慧＋”建设　奠定党建基础

坚持把党的政治建设摆在首位，牢固树立“四个意识”，坚定“四个自信”，

① 发表于《吉林教育》第 11 期（2021 年 11 月）

做到“四个服从”，坚决维护以习近平同志为核心的党中央在全党核心地位。依制度规范党建，用制度推进党建，遵制度做好党建，这是学校党建长效机制建设的有效路径。学校在不断探索和实践中形成了“N+X”党建工作制度新体系。“N”即常规制度，“X”即特色制度，分为《快乐红色智慧党建奖惩制度》《快乐红色智慧党建宣讲制度》《双“一带三”团队建设制度》（即一名党员带三名教师，一支党员队伍带少先队、共青团、“萌老”团队三支队伍，以党员为核心带动团队发展，以党员队伍为核心带动全体师生发展）。

为确保“三会一课”的实效性，让政治学习和意识形态教育真正达到让党员乃至全体教师入脑入心的目的，学校党支部以“两学一做”主题教育为主要切入点，采取多种形式，努力让“三会一课”制度发挥更大效能。学校创新了“三会一课”新形式，党支部党员大会“三定一新”（定时、定点、定主题，现场即时谈体会、感想，同理共情，创新模式与内容讨论重要事项）。党支部委员会将民主畅谈、理论学习、核心讨论、批评与自我批评、规划学校发展相结合。党支部由三位校长亲自带队，分别按照各自分管的工作成立了三个“快乐智慧职能党小组”（即“安全+校园建设”职能党小组、“师德+德育工作”职能党小组、“教科研+文体活动”职能党小组）。

以支部书记为主导，上好党课的同时，加大党课的外延，实行“六讲”，创新了党课新形式，即支部书记核心讲、党员干部同开讲、身边典型示范讲、英雄模范现场讲、红色资源体验讲、指尖课堂时时讲。

二、“快乐红色智慧+”创新　实现内涵发展

积极谋划设计好党课载体，全面挖掘党建工作特色，充分发挥学校党组织战斗堡垒作用、党员教师先锋模范作用，推动学校整体建设，真正实现学校品质内涵发展。

（一）“快乐红色智慧豆腐账”，促膝谈心中磨出党性家国。

《中国共产党支部工作条例（试行）》第五章第十九条对党支部的谈心谈话提出了明确的要求，结合学校工作的实际情况，学校党支部制定了专门的《快乐双语党支部谈心谈话制度》，将谈心谈话进行常态化、制度化的落实。制度中明

确要求：

1. 快乐双语党支部的谈心谈话要体现经常性，领导班子成员之间、领导和教师之间、党员教师和党员教师之间、党员教师和群众教师之间要经常进行谈心谈话，至少每学期进行一次。

2. 坚持落实“七必谈”。学校党员教师或教师理解、执行党的路线方针政策，上级指示精神和工作部署出现偏差时必谈；学校党员思想出现不稳定导致工作失误或有明显的苗头性、倾向性问题时必谈；学校党员党内职务发生变动时必谈；学校党员个人发生重大家庭变故时必谈；学校党员存在违法违纪问题，需要做出处理意见时必谈；在民主评议党员时，等级为基本合格、不合格时必谈；发现学校党支部班子内部或党员之间存在不团结倾向时必谈。

3. 谈心谈话可采取集体谈话、个别谈话等形式进行，党员教师个人遇到问题也可以主动向班子成员提出谈心谈话要求。

4. 谈心谈话的目的是解决问题，更是要查找党员教师在思想、学习、工作、生活中存在的问题，因此彼此要做到坦诚相见，在思想交流、意见交换的过程中实现共同提高。

在谈心谈话这一基层党建工作的常规环节中寻求新突破，形式多元、双语实验小学专有的“快乐红色智慧豆腐账”，架起支部书记与教师间的沟通桥梁。支部书记跟班子谈、跟党小组谈、跟党员谈、跟教师谈，谈话内容大到家国情怀、学校发展，小到家长里短、心理疏导，只要学校教师有话要说，支部书记就耐心倾听。如果没有当面谈话的机会，教师们还可以通过写信和微信的方式向支部书记诉说心声，支部书记看到学校里发生的爱岗敬业、感人至深的人和事，也会将这些鼓舞士气的正能量画面用简短的语言发到学校工作群中。支部书记用良善的眼睛发现身边的美好，在领导的带动下，全校教师学会了发现美好、学习美好。就这样通过沟通与交流，学校的发展多了谏言献策的人，教师们的主人翁意识被激发出来，教师们的职业倦怠得到了缓解，心情舒畅了，为人师的职业幸福感油然而生，快乐双语呈现出凝心聚力，撸起袖子加油干的工作氛围，真正实现了“悦人悦己快乐一生”的“乐爱教育”目标。支部书记一句句暖心的鼓励，一声声耐心的开导，都记录在“快乐红色智慧豆腐账”里，成为双语实验小学支部有情怀，有温度，浸润心灵的宝贵财富。

（二）“快乐脱贫攻坚”为贫困学生撑起一片有爱晴空。

教育扶贫是国家脱贫攻坚工作的重要组成部分，学校支部按照“治贫先扶智、扶贫先扶教”的工作原则，结合学校的实际，实施快乐党建扶贫工程。在切实履行国家对贫困学生的资助政策的同时，由支部牵头，组织学校的党员教师与学校的困难学生组成“手拉手心连心帮扶对子”，党员教师们不仅在经济上对贫困学生提供帮助，同时针对这些学生大部分都是留守儿童，缺少家庭关爱的情况，还利用课余时间跟孩子们谈心，关注他们的心理，给孩子们补课，关心他们的学习成绩，保证快乐双语的每个学生都能够享受到均衡普惠的优质教育。

“爱心爸爸”“爱心妈妈”是双语实验小学中的特殊称谓，这缘于在双语实验小学有这样一群孩子，他们因为种种特殊的原因，成为单亲子女、事实孤儿，长期见不到爸爸妈妈，有的由年迈的爷爷奶奶抚养，有的甚至长期以长托的方式住在托管机构，这样的生存方式让他们根本感受不到来自家庭、来自父母的呵护与关爱，本该天真烂漫的童年被阴云所笼罩，胆小、怯懦、麻木、暴力、厌学……这些心理问题成了他们身上的标志性符号。面对这样的孩子，我看在眼里，疼在心里，于是由我牵头，双语实验小学党支部首先发起了“爱心爸爸妈妈招募启事”，无论是双语实验小学的领导，党员，还是普通的教师，只要想为这些孩子奉献自己的一份爱心，就可以“认养”1至2个这样的孩子，做他们的“爱心爸爸”“爱心妈妈”，每天“抱一抱”“谈一谈”“说一句激励的话”，简简单单的“三个一”就会让这些孩子感受到家人般的关爱与温暖，让他们觉得双语实验小学就是他们的家。如今，这些孩子的脸上又重现了久违的笑容，在操场上、走廊里、教室里看到自己的“爱心爸爸”“爱心妈妈”，他们都会主动地跑过来“抱一抱”。心理上变化了，学习上也充满了信心，每到“谈一谈”的时候，总是听到他们用稚嫩而快乐的童声给“爸爸”“妈妈”讲自己的进步，讲自己和同学之间发生的趣事，这些孩子们的改变就是双语实验小学以“爱”为核心的“快乐教育”的最大成功。

（三）“多元红色智慧课程”开发成为学校立德树人的主渠道。

在党建工作的引领下，学校结合办学特色，深入挖掘传统文化、家国情怀、学科整合等红色多元智慧课程，通过“走出去、请进来”相结合的方式，形成学校、家庭、社会三位一体的“党建+课程”模式。红色智慧党建主题教育不仅纳入了《快乐梦想》《从小跟党走》校本课程，并且结合实际，与时俱进，潜心挖掘疫情背后的故事，通过感性的文字、直观的图片等形式，将学习内容上传到快乐双语公众号、班级的QQ家长群、教师的微信朋友圈等信息化网络平台，第一时间上线“众志成城　抗击疫情”致敬英雄红色系列网络课程，让“国家兴亡，匹夫有责”落地有声。《敬英雄　誉英雄　学英雄　做英雄》系列党建校本课程正在进行中。

党员教师主动包保疫情一线子女、留守儿童、随迁子女等。建立“党员爱心空中热线”，通过一份爱心档案、一个温情电话、一封关爱书信、一次快乐记录“四个一”活动，确保孩子们“停课不停学”“隔离不隔爱”！

“红色智慧党建校园文化”让爱党、爱国情怀“润物无声”。以“快乐教育”为主线的五大主题教育中，红色家国情怀主题教育作为核心，引领和指导着学校的特色品质发展。如“致敬最美英雄”正能量宣传墙、“红色宣讲舞台”楼层同频电视、“红色家国情怀”主题教育楼层、“争当红烛先锋”党建工作室和“尽展红色风采”多功能演播厅等一系列快乐红色智慧党建校园文化，通过展一展、讲一讲、观一观、做一做的多彩方式，形成“红色磁场”，激活“红色细胞”，聚焦“红色能量”，彰显“红色效应”，让党建工作立体呈现在广大师生眼前，让爱党、爱国情怀根植师生心间。

由“党的知识”“烽火岁月”“建国伟业”“走进新时代”四大版块组成的“党路之旅”文化长廊，结合党史知识和党史故事进行编排，内容设置上不仅回顾历史还着眼当下，从中国共产党的诞生到习近平新时代中国特色社会主义思想的引领，结合时事发展内容做到及时更新。结合学校课题《基于核心素养理念下全课程教育品质学校建设的研究》，我们又将《党路之旅》开发为校本课程，多渠道、多角度地让全体师生更深入地了解党的光辉历史和党带领全国各族人民共同走过的不巧的辉煌历程，激发双语实验小学师生热爱党、永远跟党走的信心与决心。

“红色智慧党建知识”打卡学习，同学共进，提升理论素养。党建小知识学习活动，养成每日一打卡、每月一考核、年终知识对对碰的学习习惯。在年终知识对对碰比赛活动中，党员教师、学生、家长组成比拼小组共同参与，大手拉小手一起学习党、团、队的各项知识。

三、“快乐红色智慧+”常规　夯实党建根基

学校以活动为载体，注重党员素质的提升和支部建设的整体升位。结合党中央提出的“两学一做”“不忘初心，牢记使命”主题教育，组织开展形式多样的“快乐红色智慧+”党建系列主题党日教育活动。同时，在学校党支部开展日常工作时，严格落实《快乐双语党支部“主题党日”制度》。制度中要求：

学校党支部要根据“服务中心工作、时间相对固定、方便党员活动”的原则，定时间、定主题、定内容、定人员，开展特色鲜明的“主题党日”活动。“主题党日”要突出政治功能，体现与“三会一课”的有机融合，坚决避免庸俗化、随意性、娱乐性，真正起到教育引导作用。采取“四个一”的方式推进“主题党日”，一是每月开一次，学校党支部每月至少确定1天作为“主题党日”，如果遇到建党节、国庆节等重大节日也应固定开展“主题党日”活动。二是每人讲一次，每次党支部的“主题党日”活动至少安排1名党员教师讲党课，支部书记和普通党员轮流进行。三是每人做一件，要求支部的每名党员结合党日活动主题做一件有意义的事，开展党性分析、民主评议党员、进行志愿服务、主动帮扶慰问等也可作为“主题党日”活动内容。四是每年评一次，学校党支部将“主题党日”活动开展过程中，党员教师的参与情况作为党员年终考评的重要依据。

每一次的“主题党日”开展前，学校党支部都会认真研究并确定主题和内容，开展后也会做好议定事项的组织落实。“七一”党的生日，组织全体党员教师上党课、集体过政治生日、重温入党誓词，进一步增强党员教师全心全意为学生、家长服务的意识；开展“不忘初心，牢记使命”九个一系列活动，每一项都入脑入心，浸润心灵；“学习郑德荣”的交流讨论活动，再一次洗涤了党员们的心灵；走进桦甸市杨靖宇将军密营，开展“走红色之旅，寻红色精神”“心有光芒　必有远方”“向党说句心里话”“不忘教育报国初心　牢记筑梦育人使命”演讲等主题党日活动，使快乐双语的党员教师在活动中一次次受到震撼；在抗击疫情的战斗中，党员志愿者率先垂范，下沉社区卡点站岗，用爱心为江城人民保驾护航等一系列的主题活动中，党员们用实际行动书写着“我是党员我先行”的诺言。

学校以红色教育为载体，以传承红色基因为抓手，广泛开展理想信念教育、爱国主义教育、革命传统教育，“三早”育苗工程建设面向全体学生全面铺开。以“三早”育苗工程为载体，学校开展了“学习雷锋精神，弘扬时代新风”系列活动、“学习新思想，做好接班人”优秀中队会展示、“勿忘国耻，自强自立”九一八纪念日主题班会、“接过红色旗帜，争做新时代好少年”主题入队仪式、“缅怀革命先烈，争做时代新人”祭扫、“拳拳中国心　浓浓爱国情”国庆节活动、“红领巾心动时刻”和“‘童’心同行‘疫’起成长”云队课等活动。在一次次活动中，红色精神无声浸润了孩子们的心田，红色基因默默注入了孩子们的血脉，在潜移默化中孩子们得到了精神的洗礼和心灵的成长。学校也以此为依托实现了育人能力的提升、品牌内涵的提升、办学品质的提升，走上了一条内涵发展的道路。

四、“快乐红色智慧 +”渠道　扩大辐射范围

信息时代，互联网和自媒体突破了党支部活动在空间和时间上的局限性，实现了党支部工作由现实空间到虚拟空间的转换，为增强党建工作的实效提供了广阔而深远的实践维度。快乐双语党支部也以此为契机，充分利用新时代 e 支部、学习强国等综合网络平台，开辟快乐双语党员线上学习阵地，引领党员教师及时更新理念、观念，时刻与党中央保持高度一致，永葆党员的先进性、纯洁性。

互联网增进了社交互动，拉近了党支部与师生、家长、社区、社会之间的距离，走进社区、家庭、社会，“四位联动”开展“快乐红色智慧 +”党建，为党建工作提供了便捷，拓展了倾听心声的渠道。学校支部以快乐双语公众号、教师微信群、班级 QQ 群、快乐红色党建专栏、新时代 e 支部、船营发布、船营先锋、吉林乌拉、抖音、快手等作为宣传平台，真正讲好党建故事，发好组织声音，扩大影响力、增大辐射面，充分宣传学校党建工作。

征途漫漫催人进，扬帆启航正当时。双语人始终坚信，在功利与世俗之外，还有一种情感更重要，那就是对党的教育事业的热爱与执着。快乐双语党支部将继续恪守教师职业的清贫与崇高，坚守心底的宁静与睿智，更好地发挥党建引领作用，打造有思想高度，有人文温度，有前进力量，有明确方向的基层学校党

支部，努力探索党建工作的新思路，以更加高昂的工作热情带领全校教师，以习近平总书记不忘“立德树人初心，牢记为党育人、为国育才使命”的教导为指引，努力为办好党和人民满意的教育，为成为党和人民满意的教师而不懈追求！

凝练抗疫精神　一起拼搏向未来①

梁启超先生曾说：“患难困苦，是磨炼人格之最高学校。”精神有无穷大的教育力量。中国精神是中华民族的优秀精神传统和宝贵精神财富，是千百年来中国发展进步的强大精神支柱和不竭精神动力。习近平总书记指出，“人无精神则不立，国无精神则不强。精神是一个民族赖以长久生存的灵魂，唯有精神上达到一定的高度,这个民族才能在历史的洪流中屹立不倒、奋勇向前”。“红船精神”“长征精神”“雷锋精神”“抗日精神”“五四精神”“劳模精神”“脱贫攻坚精神”等集中彰显了中华民族和中国人民长期以来的伟大创造、伟大梦想，彰显了一代又一代中国共产党人“为有牺牲多壮志，敢为日月换新天”的奋斗精神。

而“生命至上、举国同心、舍生忘死、尊重科学、命运与共”的伟大抗疫精神，是在抗击疫情的具体实践中涌现出来并得到弘扬培育的新时代的中国精神，是战“疫”的精神支柱和精神动力。在抗疫斗争中，无数人冒着生命危险，义无反顾地投入抗击疫情的洪流中。万众一心、众志成城，全民投入、四方驰援，多元一体、协力协同，伟大抗疫精神凝聚了“为爱而战、无畏前行”的强大力量，更显示了中国力量、中国精神、中国担当。

伟大抗疫精神反映了在中国共产党的领导下，全国人民奋力拼搏、与疫情进行顽强斗争的坚毅品格，展示了中国人民在推进新时代中国特色社会主义建设、实现中华民族伟大复兴上的坚定信念，书写了新时代中华民族战胜磨难、勇于进取、敢于胜利的生动画卷。因此，伟大抗疫精神是新时代中国精神在抗疫中的生动体现，既是时代精神的展现，也是中华民族精神的丰富和发展。弘扬新时代的伟大抗疫精神是决胜全面建成小康社会、建设社会主义现代化强国、实现中华民族伟大复兴的强大支撑。

① 发表于《船营教育通讯》第 10 期（2022 年 10 月）

弘扬伟大抗疫精神，需要坚定必胜信念，敢于对抗困难，越是艰险越向前。艰难困苦、玉汝于成。伟大抗疫实践孕育了伟大抗疫精神，伟大抗疫精神展现了伟大的中国品格。融入中国精神洪流中的伟大抗疫精神，是新时代中华民族精神的新内容，也是新时代中国人精神面貌的新写照。抗疫之始，正是抗疫精神孕育发扬之初；抗疫之中，也是民族复兴征途再向前之际。疫情期间，在党的领导下，吉林市各区“一盘棋”，上下一心，共克时艰，社会各界各司其职。在这场疫情防控阻击战中，病毒肆虐，疫情凶猛，人员少、时间长，任务重，是大家面临的共同难题。作为教师的我们闻令而动，与医护、社区合作，夜以继日开展区域核酸检测扫码工作，利用一些空闲和休息时间坚持网课教学，在抗疫和保学两项工作中忘我投入，用实际行动诠释着担当、奉献、奋斗的抗疫精神。在新征程中，中国还会遇到各种各样的风险和挑战，还会面临各种各样的危机和困难，因此也更需要继续弘扬伟大抗疫精神，继续攻坚克难，高歌猛进，力争早日实现中华民族伟大复兴的中国梦。

弘扬伟大抗疫精神，需要认定前进方向，找准发展思路，咬定青山不放松，“历史之有荣彩者，必其国民之有精神者也”。一百年前，革命先驱李大钊说：“历史的道路，不全是坦平的，有时走到艰难险阻的境界。这是全靠雄健的精神才能冲过去的。”今天，习近平总书记指出，“实现伟大的理想，没有平坦的大道可走。夺取坚持和发展中国特色社会主义伟大事业新进展，夺取推进党的建设新的伟大工程新成效，夺取具有许多新的历史特点的伟大斗争新胜利，我们还有许多‘雪山’、‘草地’需要跨越，还有许多‘娄山关’、‘腊子口’需要征服”。弘扬伟大抗疫精神，就是要把其思想要素和精神力量渗透到新时代中国特色社会主义建设实践中，以应对各种已知的或未知的、可测度或不可测度的危机和挑战，以其激活创造力、激发奋斗志、激励团结心、激扬梦想，发挥精神伟力，支撑伟大实践。抗疫是一场没有硝烟的战争，更是一堂鲜活生动的思政大课。结合“全国家庭示范区”的具体工作，协同学校、家庭和社会引领学生梳理和反思“抗疫过程中的所历所见所思所想，寻找了解学习身边的榜样人物，思考自己今后的行为”。像习近平总书记强调的那样，“把思想政治工作贯穿教育教学全过程”。而全民抗疫过程真的是特殊难得的课程元素。无形中对学生进行了爱党爱国教育、理想信念教育、生命教育、劳动教育、责任教育、心理教育，让学生明白“抗疫精神就在我们身边”。“最美逆行者”就是我们身边的每个人，他们是“舍生忘死”的最美天使医务工作者，“云端站岗两不误”的灵魂工程师，坚守岗位保障运转的各级领导，克服心理安心居家的普通民众，认真学习自律向上的自己和同学。“志不求易者成，事不必难者进”。每个可爱的中国人都是“最好的自己”都勇敢直面疫情，不退缩，不止步，不埋怨，不气馁，百折不挠地完成自己的使命，承担自己的责任，践行自己的初心。每个人都是抗疫精神的缔造者，都是“江山就是人民，人民就是江山”的诠释者。这样的英雄精神有温度、有人性、有故事、近距离、可触摸，乐效仿。所以，作为校长，在后疫情时代，学习英雄和推动抗疫故事的传播很必要，让思政课更多元、更丰富、更立体、更灵动。让抗疫精神真正走进课堂，编进国家或校本教材，伸进校园，成为今后教育的精神内核之一。

弘扬伟大抗疫精神，需要抱定奋斗宗旨，务求真抓实干，一张蓝图绘到底。面对凶险疫情，是逡巡躲避，还是直面困难？是推诿塞责，还是鼓足勇气、坚定信心？这不单单是选择问题，更是价值问题。在疫情考验面前，信心比黄金还珍贵，信念比愿望更重要。从抗疫之始到会见外宾、赴鄂调研、在社区视察指导抗疫工作的过程中，习近平总书记多次为广大群众和抗疫一线人员加油鼓劲儿、提振信心。无论是医护人员还是后方群众，在抗疫中也都展现了不畏艰难、不怕牺牲、敢打硬仗、敢于胜利的必胜信念，这是抗疫斗争取得成功的坚强保障，也是伟大抗疫精神的坚实基调。在后疫情时代，作为校长，带领学校成立宣讲团，师生家长抗疫英雄故事宣讲团，组织宣讲团进家庭，进社区，多渠道、全方位、多角度宣传抗疫精神，让学生给老师、父母邻里、社会群众宣讲抗疫故事，弘扬抗疫精神，同时结合学校的快乐教育通过“快乐有爱的特色思政课堂”“快乐双语大讲堂”“快乐有变的论坛沙龙”“特色的海报文化”“红领巾电视台”“校园朗读者”“七彩课后服务课程”“心灵有约驿站”等多元渠道、多彩平台结合“少先队建队日”“班团队会”“升旗仪式”“开学第一课”“心灵加油站”“我手绘我心手抄报”等形式开展主题教育实践活动，让抗疫精神入脑入心，认知认同，践诺践行，弘扬爱国情怀，真正做到坚持党的教育方针，践行核心价值观。

扎根中国大地办教育，坚持立德树人的根本任务，为党为国培养德智体美劳全面发展的社会主义建设者和可靠的接班人。为 2035 年中国教育达到世界先进水平与第二个百年建成富强民主文明美丽的社会主义现代化强国交一份满意答卷！踔厉奋发，一起拼搏向未来！

联系生活实际 激发学习兴趣[①]

——听两节《简单的数据整理》课有感

一、听课背景

1—4 年级教师在新课标的指导下，轰轰烈烈、脚踏实地地开展了许多以校为本的教研活动，并且在思想认识与教法创新上颇有见树，但五、六年级教师使用九年义务教育旧版教材，在教材处理上有一定难度，作为一名年轻的教学校长，我决心把旧教材与生活实际的联系作为本学期教研的重点。新学期的第二天，我就推门听了 5 年级数学教师的两节同一课题《简单的数据整理》一课，一节是由勤奋好学的青年教师李老师上课，一节是由颇具经验的王老师执教。

二、听课实录

李老师课前进行了充分的准备，她为了提高教学效率，就把书上 5 年级 1 班女同学身高情况记录表和统计表与本班学生体重调查表每人印一张。她完全按照书上内容，让学生根据画正字的方法统计数据，并根据原始数据绘制统计图表，并教给学生分组的方法，找出最大值与最小值，并分组统计，完成班级学生体重调查表……

整节课下来教师情绪饱满，但学生学习氛围不浓，课堂气氛并不十分活跃，“为什么老师认真备课却发生这样的问题呢？”我反思一下又翻了翻教材，找到了原因。其他班同学身高情境离这个班学生生活太远，距现在已有 4 年之久，由于生活水平与营养的摄入，平均值显然已发生了变化，得到的数据已没有说服力，并且让学生觉得数据的收集与整理并不是为了真正解决自己的生活所需，所以即便掌握了方法，也很难引起共鸣。

第二节课前，我又来到了 5 年级 4 班，从黑板上的准备来看，与 5 年级 2 班

① 发表于《船营教育通讯》第 2 期（2018 年 2 月）

李老师的思路一样（学校十分重视向“40 分钟”要质量，要求同年教师必须课前会课，形成共案），再加上个人设想，课前 5 分钟，我告诉王老师把黑板上、书上给出的数据擦掉，联系 5 年级 4 班学生实际，按组随机抽取 24 名女同学的身高，并且创设了与 2 班女生比高低的情境，激发学生学习兴趣。提出“求出个结果后与 5 年级 1 班平均身高值比较，发现了什么？”的问题（确实平均身高比 5 年级 1 班高出 4 厘米左右，看得出生活水平提高，普遍身高增长）。并在教学后，引导学生思考问题“你们想收集整理哪些数据，为什么？从中看出了什么？”增强学生应用所学知识解决实际问题的能力，整节课学生兴致较高，参与状态较好。

三、课后反思

基于两节课的相同与变化，我趁热打铁，第三节课时组织两位教师进行课后反思。

李老师说：“以前我总是觉得自己在把握教材重难点上比较准确，也善于同老师请教，共同研究，今天我却上了一节不太理想的课。教学重点把握还欠火候，更主要的是就教材而讲教材，完全脱离了听课学生的实际，弄得重点抓得不实，方法也守旧。出示例题后，没有用问题点出本课学习重点，激发学生探索欲望，而是干巴巴教学生如何分组，学生听课效果不佳。虽然我教的是旧教材，但今后要用新课标指导教学，分析生活中的实际问题让学生同时懂得实践应用……

新课程改革，轰轰烈烈开展，我也随之改变，但是仍然停留在表面形式上，还没有深入精髓，有时为了提高质量而提高质量，忽视了知识构建的过程与学生形成能力的培养……”

王老师说：“作为年纪较大的教师，可以说是学校的骨干，并且在教学岗位上工作了几十年，所教班级成绩突出。但通过今天第二节成校长的课前指导与学生参与状态的变化，确实在教学效果上比我在第一节 5 年级 3 班的效果好，由此可见，我看的书太少，还应继续学习，更主要的是根据新课标指导教学实践认识到‘在变中求发展’‘在学中求提高’走出去，多学习学习。善于在落实知识的同时培养学生的能力，更应关注学生的情感目标，注重与生活实际的联系，激发学生学习的兴趣，真正做到‘教孩子一时，想孩子一世’，让数学知识真正来源于生活，学生学习后真正学会解决生活中的问题，让数学服务于生活……”

四、案例简析

以上只是我每天听课研讨的一个掠影，两位老师说了很多，认识也比较深刻，我并没有一一赘述。但是通过这个小例子后，我更加深刻地认识到，就管理而言，作为一名教学校长，应有“求真，务实”的精神，多一些指导，少一些检查，真正深入教师之中，努力为教师搭建展示、提高、学习的舞台，与教师在课改中共同成长、共同进步、共同发展。就数学教学来讲，“数学知识的生活化”更应引起教师，尤其是现在五、六年级教师的重视。

数学来源于生活，生活中处处有数学，《义务教育数学课程标准（2011年版）》中明确指出“课程内容的选择要贴近学生的实际，有利于学生体验与理解、思考与探索”，强调了从学生已有的生活经验出发，获得对数学的理解，也就是让学生联系生活实际，理解数学，应用数学，体会到数学就在自己身边，感受到数学的作用，体会到数学的魅力，为此五、六年级教师在平时数学教学中，要注意大胆联系现实生活，捕捉寻找数学题材，大胆创新使用教材，创设情境，再现生活情境，激发学生学习兴趣，注重学生动手能力的培养，让学生人人学习有价值的数学，不同的人在数学上得到不同的发展。

让习惯成为一种常态　让习惯成为一种品牌[①]

“细节决定成败，习惯成就未来”，在船营区教育局的正确领导下，全区中小学开展了习惯教育活动。自2009年3月在船营四小召开区习惯教育启动会开始，六年来，结合我校“实施快乐教育，奠基幸福人生”的办学理念，以习惯教育为突破口，以学生的终身学习和教师的专业化发展为目标，我们在忙碌中快乐并充实着。“岁月不居，天道酬勤”。经过六年的磨砺，良好的习惯已初步养成，教育教学质量逐年提升。现将六年来习惯教育亮点工作总结如下。

一、初步尝试有序体验，习惯从此成为品牌

2009年是属于习惯教育的一年，借着习惯教育启动大会的东风，2009年当

① 发表于《习惯的力量》，中信出版社第2版（2017年5月）

年就形成了具有我校特色的师生各十个好习惯如下。

（一）学生十个好习惯。

1. 博览群书、学会积累；2. 书写认真、计算准确；3. 夯实英语、口语交流；4. 玩出精彩、享受生活；5. 珍惜时间、利用时间；6. 锻炼身体、健康快乐；7. 言行统一、文明守纪；8. 爱心无价、真情永恒；9. 讲究卫生、关爱健康；10. 勤俭节约、小事做起。

（二）教师十个好习惯。

1. 勤学品书的习惯；2. 深厚反思的习惯；3. 管理时间的习惯；4. 关注细节的习惯；5. 爱生如子的习惯；6. 快乐身心的习惯；7. 个性创新的习惯；8. 善于研究的习惯；9. 与人合作的习惯；10. 换位思考的习惯。

六年来，结合这两个十项好习惯，我校每个月进行一次“快乐习惯教育大拉练”，每学期进行一次“快乐习惯教育大展示”，每年度进行一次“快乐习惯教育大比武”，教师展示自己的所练、所思、所得，学生展示自己的所学、所写、所获。学校领导组成的“快乐习惯巡检团”，每年度对师生进行综合的评比。2013年45号文件《船营区普通中小学校习惯教育阶段评价标准（修订稿）》的出台，给我们指明了前进的方向，可以有的放矢地开展工作。

二、习惯教育三次汇报，突出习惯教育成果

从习惯教育开展以来，我区一共进行了三次大型的集中展示活动，我校全程参与展示，校长全部参与了汇报。2010年10月12日，成艳春校长在区实验小学举行的习惯教育第一次展示活动中进行了题为《唱响习惯教育之歌，奠基幸福快乐人生》的交流；2011年12月16日，在习惯教育推进年中进行了题为《实施有效管理，提升教学质量》的汇报；2012年10月9日，在习惯教育成果年中作为首家展示单位，校长进行了题为《培养良好习惯，加强教学管理，奠基快乐人生》的习惯教育汇报。这三次汇报均得到了教育局领导的高度好评。六年来，在全校师生的共同努力下，取得了一定的成绩，我校获得了全国教研先进单位、省科研先进单位等荣誉，教师撰写了大量习惯教育方面的论文、案例、反思等，多篇入选区习惯教育《忘不掉的教育》和《花开的声音》两本文集。

三、习惯教育四次展示，彰显双语特色魅力

（一）习惯初展示打造精品

2010年，在我区习惯教育阶段成果展示会上，我校精心制作了习惯教育展板，精心布置了习惯教育展台，还成为首家利用电脑播放成果的学校，同时展示了《习惯教育特色教材》，给区领导和兄弟学校教师进行了全面、动态地展示，受到与会领导和在场老师的好评。

（二）习惯再展示塑造精品

2011年，我校参加了习惯教育推进年的展示活动，领导队伍的良好管理习惯得到了高度赞誉，学校还参加了船营区中小学、幼儿园良好习惯及评价标准调查问卷工作。2013年，我校又和少数学校参与了区习惯教育评价标准的制定和研究，并最终形成了我区的习惯教育标准。

（三）习惯成果展示成为精品

2012年10月，我校召开了全区性的习惯教育展示活动，作为全区第一所展示学校，以务实、求真的态度进行了全方位的习惯教育成果展示。通过校长的汇报、准备的各种材料及特色的花棒操特色操、特色的班级展示，充分展示了双语习惯教育的成果。最后通过赵亮老师的课堂教学展示及十位教师的听评课活动把本次活动推向了高潮，使习惯教育成为双语实验小学的一种品牌。

（四）习惯特色展示形成精品

2013年在我区的习惯教育深化年展示中，我校编著的《计算习惯儿歌》《倾听习惯儿歌》《书写习惯儿歌》精彩亮相，并印发了双语习惯教育儿歌展示宣传集，形成了习惯教育展示的精品。2014年、2015年这两年的六月份至十月份间，学校都会进行全区或全校性的习惯教育展示活动，让习惯成为一种常态。

四、习惯教育五大工程，彰显双语特色魅力

（一）文明礼仪工程

六年来，学校注重对学生的文明礼仪教育，文明礼仪教育从校园环境布置开始，让每一个墙面都会说话。每天步入校园的那一刻，就会被“笑脸”所包围；每一次见面，孩子们微笑着向你挥手问好的快乐“摆手礼”；阳光体育大课间孩

子们响亮口号的快乐“锻炼礼”；课间孩子们靠右侧整齐地上下楼的快乐“践行礼”，诠释着文明礼仪。

（二）爱心无限工程

秉承我校“孝心教育”的理念，开展丰富多彩的爱的教育活动，如爱心教师、爱心学生的评比；教师爱心日记、学生的情感日记的书写积累；“树高尚师德、做爱心教师”师德演讲；“携爱一路远航”教师恳谈会等。

（三）英语特色工程

作为船营区唯一一所双语实验小学，区劳模的英语团队形成了我校单词教学、会话教学和阅读教学三种生本课堂模式。2013 年的区英语基地校开放，2014 年的全区英语教研活动，2015 年的吉林省英语教师培训观摩展示活动，推动了我校英语教学特色的形成。每年的复活节、万圣节、感恩节和圣诞节为学生搭建展示英语才艺的舞台，如复活节的创意彩蛋展和激情兔子舞；万圣节的南瓜风采秀；圣诞节的自主课本剧表演；感恩节的快乐感恩卡等，让学生真正感受到英语的快乐！从一年级起开设英语课，研发校本教材，汇编《英语歌曲集》《英语故事集》《课本剧集》，让师生养成说英语的习惯。

（四）师生健身工程

为真正实现“每天锻炼一小时，健康生活五十年，幸福生活一辈子”的健康理念，向师生推出了“锻炼身体”“快乐身心”两个好习惯。学校丰富了“阳光六十分”体育活动内容，推出 ABC 三套体育套餐，形成特色的花棒操和响板舞。教师锻炼与工会活动相结合，学生锻炼与体育活动相结合。学校每年召开两次运动会，上半年是体育节，下半年是趣味运动会，成立了体育训练队，学生体质得到了明显的增强。2010 年船营区中小学运动会上，我校运动健儿夺得史无前例的小学组第一名、教工拔河第一名的好成绩。六年里，我校的体育成绩一直名列全区前茅，师生热爱体育运动，坚持锻炼身体的习惯已经养成。

（五）特色发展工程

六年里，“八大节”异彩纷呈，我校把八大节习惯很好地坚持下去，做到了“月月有节日，天天有活动”。

五、教师专业习惯六点，职业幸福稳步提升

（一）有效学习

树立终身学习的理念，开展各种学习和培训活动，每学期每位教师都要做到跟踪一本教育类书刊，进行《义务教育课程方案和课程标准（2022年版）》及《吉林市普通中（小）学校教学管理规范》的学习，在教师中开展每课一反思，每月一随笔、一案例，每期一故事，并形成了《教师快乐反思集》《快乐教案集》《快乐案例集》《快乐随笔集》。

（二）有效备课

采取集体备课和个人备课相结合的方式，成立了磨课团队、会诊团队和共进团队。校长、教学校长、骨干教师作为“嘉宾”深入到各个学年参与备课与指导，促进教师良好备课习惯的形成。

（三）有效教学

每学期开展各类教学活动，如生本课堂打磨课、骨干教师示范课、学年组长研讨课、青年教师汇报课，同课异构使不同的教师有同样精彩的课堂，不同的教师在课堂构建中获得不同成长。

（四）有效共研

根据区里提出听课要求，教师围绕“教师学生各五看”（“教师五看”即看教学目标落实，看教学新理念运用，看课堂效率是否高效，看学生习惯培养，看学生学法指导。“学生五看”即看学生学习态度、学习方法、学习习惯、学习效率、学习能力）进行，教师每学期听课节数不少于20节，并举行现场听评课竞赛和听课记录展评。

（五）有效反思

每天记好教后记，每周写好反思案例，每月开好反思会，每期看好录像课，在反思中交流与成长，从而促进反思习惯的形成。

（六）有效评价

《双语快乐课堂评价语集锦》《双语快乐学生评价标准》等，使每位教师都能做到以赏识的眼光对待每一名学生，“快乐小管家”“快乐学习星”“快乐小卫士”“快乐爱心小使者”“快乐读书小明星”“快乐进步星”等一系列的活动，

对学生进行多元化的评价，让每一名学生得到不同程度的发展！

六、教学管理七个一　助推质量提升成绩

四年来，我校一直坚持快乐七个一的教学管理模式，即一谋、一日、一评、一题、一析、一查、一赛。

（一）一谋。

学校领导坚持每学期初制定完备的各项工作计划，同时形成周——月——学期的周期性总结的良好管理习惯，做到每周必想下周事，每月必思下月事，期末必谋下期事。

（二）一日。

每学期都要进行有明确主题的领导听课日活动，做到次次有主题，周周有研讨，月月有汇报。

（三）一评。

《双语快乐生本课堂评价标准》《双语快乐教师评价标准》《双语快乐和谐团队标准》《双语快乐学生评价标准》等一系列评价标准的出台使学校的教师专业习惯及学生的学习、生活习惯得到了极大的提升。

（四）一题。

以国家级课题“快乐心作文”为引领，在课题组曾曦博士和市区教育局的引领下，学校还接待了河北省栾城县教育同仁 30 余人的参观学习。

（五）一析。

文本和口头相结合，日检测，周检测，月月知识调研并组织召开各个层面的质量分析会，共同查找考试中出现的问题，真正起到服务教学的作用。

（六）一查。

常规检查，反思梳理。制定《快乐领导听课反馈单》《快乐集体备课共研表》《快乐领导参与集体备课研修纪实》《快乐三表检查记录》《快乐本簿及教案检查记录》《快乐集体备课检查记录》《陕乐随堂测》等具有学校特色的常规检查，在反馈中提升，在反思中进步，在整改中成长！

（七）一赛。

每学期的教师“快乐高质生本课堂竞赛”“快乐教师评选”，学生的“快乐朗读小明星”“快乐演讲小明星”“快乐文明小明星”“快乐书写小明星”“快乐积累小明星”等一系列的评比活动，以赛促练，在练中推动教师的专业成长及学生的良好习惯养成。

七、学生学习八项习惯　快乐人生从此起航

（一）读记习惯

每天 12:40—13:00 为全校的共读时间，班级结合自己实际，选用读书漂流、读书报告会或读书分享会的多种形式，学校定期评选“优秀读书交流会”和“书香班级”。定期开放的校园图书室、各楼层的读书漂流岛和班级自主图书角，实现学生读书自主化、自助式。六年来，《珠玑必累》校本课程的坚持，既提高了学生语言表达能力，又丰富了学生的语言积累。

（二）书写习惯

规范姿势建立书写档案，提出了书写八字方针（正确、规范、工整、干净）和落笔口号（提笔就是练字时）。班级定期评选“书写小能手”，优秀作品上墙展示，学校每学期进行学习习惯大检阅，给予表彰，充分发挥榜样引领的作用，营造良好的学习氛围。

（三）倾听习惯

制定相关倾听规定（老师发言，认真倾听—同学发言，请先举手—倾听发言，听值复述—提出意见，形成见解），编写了倾听习惯拍手歌。通过倾听习惯的培养，课堂上学生的眼神一个个亮晶晶，生生之间的交流对话有了实质性的进步，课堂效率有了明显的提升。

（四）计算习惯

注重计算习惯“五个一”，即一看（看数字和运算符号认真审题）；一想（想怎样计算）；一算（根据想的认真计算）；一查（自觉检查并验算是否正确）；一练（练习题多样化）。同时，给学生提供两个平台，一个平台是班级的计算比赛，另一个平台是学校的年级比赛，定期评选计算能手，以赛代练，养成习惯。

（五）预习习惯

设计了《双语快乐预习本》从字词句段篇方面规定了学生预习的内容，并在全校开展预习方法的宣讲活动，由预习习惯培养好的班主任向全体班主任、由预习习惯好的同学向全校同学两级推广经验，既做到温故而知新，又做到预新而有感。

（六）合作习惯

生本课堂小组合作、科技活动小组合作、社团活动小组合作、集体活动中的合作，合作习惯做到无处不在，学校不同的班级、同一班级生与生之间的各种合作，培养学生的合作习惯，尤其是学校“快乐合作小组”“班级快乐合作小能手”的评选活动，推动了学生的表达、沟通及分享能力。

（七）锻炼习惯

每年一次的阳光体育节，每学期一次的运动会，每月一次的大型体育竞赛，每周一次的全员跳小绳，每天两次的阳光大课间和每天的快乐生本体育课，让学生都有一项体育特长得到充分地锻炼，促进身心的健康发展。

（八）自立习惯

学校每学期都会进行“我是节约小能手”“我是自理小能手”“我是爱校小卫士”等评选活动，结合学校的快乐星级班评比活动，对学生的个人卫生进行检查，让学生养成良好的节约、爱心、卫生和自立习惯。

总之，习惯教育已经成为船营教育的品牌，双语实验小学全体师生汲取了丰富的营养，养成了良好的习惯，托起了船营西部教育的天空！

奋斗筑梦忆党史　礼赞百年谱华章①

一百年的峥嵘岁月，

诉说着你为有牺牲多壮志的豪情；

一百年的丰功伟绩，

书写着你敢教日月换新天的壮举。

① 发表于《快乐红色智慧 + 党建 筑牢双语红色堡垒》第 1 期（2021 年 11 月）

镰刀锤头的交相辉映，
在七月的天空镶嵌出绚丽的旗帜；
漫卷苍穹的红旗高擎，
驱散无尽黑暗迎来新世界的曙光。

1921年，这个值得永远铭记的年代，
在轻烟拂渚的嘉兴湖面，
在满载梦想的南湖红船，
汇聚起中华民族最优秀的儿女。

一代又一代中国共产党人，
为了中华的崛起，
为了人民的解放，
敢为人先、不懈奋斗。
一大批视死如归的革命烈士、
一大批顽强奋斗的英雄人物、
一大批忘我奉献的先进模范。
红船精神、抗日精神、雷锋精神、
铁人精神、抗疫精神，
一系列伟大精神，
构筑起中国共产党人的精神血脉。

我们党的一百年，
是矢志践行初心使命的一百年。
我们党的一百年，
是筚路蓝缕奠基立业的一百年。
我们党的一百年，
是创造辉煌开辟未来的一百年。

我们怎能忘记？
八一起义的枪声，
井冈山头的号角，
长征路上的足迹，
指引着中华儿女奋勇向前。

我们怎能忘记？
从延安的窑洞
到西柏坡的灯光，
是中国共产党用卓越的智慧、博大的胸襟，
挽狂澜，定国运，救万民！

1949 年新中国成立，
中国人民站起来了！
1978 年改革开放，
中国人民富起来了！
2020 年脱贫攻坚全面胜利，
中国人民强起来了！

一名党员一面旗帜，
一个支部一座堡垒。
在党旗的指引下，
我们紧密团结，如钢似铁；
在党旗的指引下，
我们战胜风浪，驶过旋涡。
让我们缅怀过去，
牢记先辈沉甸甸的嘱托；

让我们面向未来，
为党旗续写崭新的一页。

亲爱的党啊！
你中流砥柱、穿越险滩，
你披荆斩棘、风雨兼程。

亲爱的党啊！
你永葆初心、历久弥坚，
你砥砺奋进、勇毅向前。

亲爱的党啊！
巍峨昆仑固守着你的尊严，
壮美泰山挥洒着你的豪迈。

我们是中华民族的儿女，
我们是奋战教育一线的先锋；

我们是崇尚理想、厚德包容、
拼搏务实、奉献担当的船营人；

我们是立德树人、勇于创新、
耕耘奉献、砥砺奋进的船营教育人；

我们是爱党爱国、快乐有爱、
健康向上、知行合一的幸福双语人。

在区委区政府区教育局的无限关怀下，

新建的厕所消除了安全的隐患。
在区委区政府区教育局的大力支持下，
改造的暖气温暖了师生的心田。
在区委区政府区教育局的关心呵护下，
五大主题校园成了孩子们的乐园。
在船营教育这片育人沃土上，
校园更加多彩美丽，
学生更加自信可爱，
我们更加快乐向上。

昨天，我们坚守在抗疫一线，
奉献师德大爱，彰显党员本色。
今天，我们执教在三尺讲台，
潜心立德树人，育人润物无声。

我们郑重宣誓，
坚定红色信仰，助力师生成长，
躬身入局，挺膺负责。

我们郑重宣誓，
发扬红色传统，传承红色基因，
传播真理，塑造灵魂。

我们郑重宣誓，
培塑党性修养，复兴伟大梦想，
对党忠诚，永远跟党走。

“十三五”完美收官，

"十四五"号角吹响，
党的百年华诞普天同庆，
崭新的时代必将铸就不朽华章，
快乐双语人一定会再创新的辉煌！

"我将无我，不负人民！"
"心有光芒，必有远方！"
以习近平总书记为首的优秀共产党人，
用铮铮誓言荡涤胸膛！
初心如磐，使命在肩，
采撷点点星光，
汇聚人间星河，
智慧双语人一定会成就万千家庭的梦想！

让我们在区委区政府、
区教育局区党委的正确领导下，
在十一小大学区的引领帮助下，
不忘立德树人初心，
牢记为党育人、为国育才使命，
坚持五育并举、教育公平高质，
为每名学生提供人生出彩的机会。

祝福我们全情投入、魂牵梦绕的学校蓬勃发展；
祝福我们无私奉献、生命以歌的教师幸福安康；
祝福我们多元发展、未来可期的船营教育蒸蒸日上。

预祝我们栉风沐雨、人民至上
伟大的党生日快乐，永驻辉煌！

第九章

引领示范——现场会讲话稿篇

“双减”落地　快乐加倍

2021年7月24日，中共中央办公厅、国务院办公厅印发《关于进一步减轻义务教育阶段学生作业负担和校外培训负担的意见》，8月30日，教育部又将“双减”工作定为督导工作的“一号工程”，在全国吹响了“双减”集结号。

站在“十四五”开局年、建党百年的重要节点，沐浴着教育改革的温暖阳光，在市区领导的引领下，多方联动，集思广益，双语实验小学搭乘上“快乐双减号”极速列车，开启了减负、提质、增效、赋能的探究之路。

学校牢记为党育人、为国育才重任，坚持立德树人教育的根本任务，增加育人高度，育人信度，育人温度，育人厚度，落实“双减”新政策，本着“让每一个孩子更有质量地学习，更有滋养地成长，更加快乐地生活”的教育愿景，还原教育本色。

双减，从提高认识开始，做中央决策的快乐执行者；从精细管理开始，做关爱学生的快乐守护者！

为满足孩子们的个性化发展，学校以作业管理和课后服务为切入点，从学校以“爱”为核心的“快乐教育”办学特色出发，召开多次分层座谈会，研究、制定《“双减”工作作业管理制度》《“双减”工作课后服务检查制度》《“多彩太阳花”走班课教师管理制度》《分层作业批改评价制度》等20余项工作制度，坚持一个核心、一个目标、六个原则、三个特征不动摇。

双减，从优化教学开始，做课堂提质的快乐探索者；从创新作业开始，做科学减负的快乐推动者。

学校从学生成长需求出发、从教师自身特长出发，探索、推出了“1+M+N”特色套餐式快乐课后服务新模式，让一批“色香味”俱全的特色课程走进孩子们的视野。

“1”作业辅导答疑课，即面向全体，尊重个性，分层作业。基础必选餐在夯实学科知识基础上，撬动孩子的高阶思维，提升孩子的综合素养。教师辅导、答疑面对面，批改、指导点对点，保障书面作业不出校。

“M”多彩太阳花教师走班课，即以生为本，送课到班，深耕赋能。蔡元培认为，“真正决定孩子一生的不是学习成绩，而是健全的人格”。营养均衡餐结合五大主题教育，聚焦核心素养。让红色基因浸润心田；让创新体验启迪智慧；让强健体魄筑梦成长；让音韵舞美陶冶情操；让劳动之花美丽绽放；让快乐阳光充盈心灵。

“N”多元社团活动学生自选课，即多方联动，挖掘师长，释放天性。40余个活动社团，打破年段、班级壁垒，100%自主选择。在这里，既有音乐素养等清新范儿的“爽口菜”，也有STEAM等科技范儿的“创新菜”，还有按需点菜等有滋有味的“传统菜”。

让“1+M+N”课程成为学校的“双减”品牌，滋养学生精神，让其在生命的赛场上，拓宽成长跑道。在这里，每个人都不一样！每个人都很棒！

双减，从阳光心育开始，做健康生活的快乐引领者；从热爱生活开始；做社会责任的快乐担当者。

“双减”政策开始已经两个月了，让我们走进孩子，躬身家长，听一听他们的声音。双减，从多方联动开始，做好减负、提质、增效、赋能的“加减法”。

“要看银山拍天浪，开窗放入大江来”。开窗，方能开阔视野；开窗，方能亲近自然；开窗，方能接触社会；开窗，方能融入新时代。

让我们协同社会，家庭多重力量，真正为孩子构筑起良好的教育生态，让孩子放心地玩，自信地学，不焦虑地成长。真正培养出德智体美劳全面发展的社会主义建设者和接班人，给党和政府交一份满意的答卷，真正做到“双减”落地，快乐加倍！

《“1+M+N”特色套餐式课后服务模式解读》

基于“为党育人、为国育才”的核心表达和美好教育哲学，结合未来学校的新特征和师生家长的课后服务共同愿景；基于大学区的“双减”工作共研，结合学校以“爱”为核心的“快乐教育”办学特色，从作业管理和课后服务为切入点，研究、推出了“1+M+N”特色套餐式课后服务模式。

“1+M+N”特色套餐式课后服务模式的基本内容为一个核心，即立德树人、全面发展、创新导向；一个目标，即响应政府号召，回应家长关切，提升课后服务质量，实现全面育人；六个原则，即全面、个性、时代、创新、多元、共享；三个特征，即动静结合、双向选择、循环滚轴。

一、“1”作业辅导答疑课：基础必选餐

保障书面作业时间不超40分钟，教师辅导、答疑面对面，批改、指导点对点。

二、“M”多彩太阳花教师走班课：营养均衡餐

北大校长蔡元培提出，“真正决定孩子一生的不是学习成绩，而是健全的人格”。因此，学校在德智体美劳教育中，特意加上了“心育”，建筑孩子的人格长城，促进全面发展、健康成长。

课堂特点：师动生静——专科教师结合时事热点及自身特长，送课到班，循环滚轴服务。

三、“N”多元社团活动学生自选课：个性自助餐

尊重每个学生的个性需求，让每个生命绽放光彩。学校坚持共性与个性协同发展，以“五育融合”促进全面发展，为学生提供个性化的社团定制活动课程，让学生们在充足的体育锻炼中增强体质，在丰富的社团活动中陶冶情操，温润孩子们成长。

课堂特点：生动师静——编班打破年段、班级壁垒，充分尊重学生兴趣爱好，自主选择，为学生搭建出彩舞台。

不减责任、不减质量、不减成长！真正实现“让每一个鲜活而具体的人在校园课后服务里获得自然舒展的成长机会”的师生家长的共同愿景。

家校智慧共育　合力扬帆起航

家是小国，国是万家！家庭是社会的细胞，家庭和睦则社会安定，家庭幸福则社会祥和，家庭文明则社会文明。朱永新说，“今天孩子的模样就是国家的模样，未来的家庭教育是王者归来，绝不亚于学校教育”。因此，家庭教育绝不是件私事，而是影响到国家未来命运的国事和大事。

2021年是“十四五”开篇布局，全面擘画之年，是向第二个百年奋斗目标砥砺奋进之年。站在特殊的历史节点上，落实立德树人的根本任务进入攻坚阶段，教育现代化的号角已吹响，学校不再是“教育的孤岛”。

习近平总书记在全国教育大会上指出，“家庭是人生的第一所学校，家长是孩子的第一任老师，要给孩子讲好‘人生第一课’，帮助扣好人生第一粒扣子”。

习近平总书记在《习近平自述：我的文学情缘》中也曾说，五六岁时，母亲就给他讲精忠报国、岳母刻字的故事，小小的他曾认真地问：“把字刺上去，多疼啊？”母亲笑着说：“是疼，但心里铭记住了。”是啊，幼年时的心灵篆刻记忆终身，母亲，在习近平总书记心里种下了爱国报国的种子，这颗种子不断地生根发芽，最终长成了“我将无我、不负人民”，带领中华民族谋复兴，带领中华儿女谋幸福的参天大树。每个孩子都是一张白纸，如何在孩子心中种下一粒爱党爱国的种子，培养子女浓厚的家国情怀和开放的国际视野，成为对国家有用的时代新人，无论于国于家，都具有非常深远的重要意义。

家校智慧共育，形成合力，才是提高育人质量的重要保证。但在推进过程中，经验理论不足，底蕴不够的短板也逐渐突显，因此我们需要更加专业、系统的引领来明确新的方向，我们需要更加灵活的培训方式拓展新的提升空间，我们需要更加丰富多元的交流平台实现新的资源共享！茫然困惑中，“全国规范化家长学校实践活动实验区”船营区启动大会正如春风化雨，恰如其时地给我们带来惊喜！

中国关工委、下一代教育基金会高屋建瓴的指导，省、市教育关工委以及市关工委的倾情助力，区教育局的高度重视，为新时代家校工作指明了新的方向。作为一名基层学校校长，是区域家庭教育深度发展破解课题的排头兵，推动家校共育的领头雁。

韩非子说，“吾见爱未必治也”，一部分家长对子女的关爱超出了必要的尺度。家长学历普遍在变高，但教育方法匮乏，焦虑且困惑，缺乏科学性和系统性。夏洛特·梅森说：“儿童及家庭成员，无论任何时候都要接受教育，同呼吸一样。”可见在推动家庭教育高质量规范化发展的“时代动车”上，只有“以共情促共育”共同学习，才能实现共同发展，激发每一位家长成为心智自由的主动学习者，家校共育智慧共生，打通“关节”，引领家长转变“理念”，改进“行为”。

严格执行相关文件的工作要求，积极采取各项措施，建立完善制度，在区家庭教育指导服务中心工作指导下，邀请“绿洲”讲师团深入学校开展讲学活动，让每一位家长都能接触最前沿的家教理论。同时，结合学校实际，因地制宜地开展好各项规范化工作。

“不懈奋斗与超越自我”是船营教育人最经典的文化符号，作为校长，我们有决心在今后做到学生入校，家长入学，教育好家长，“修己以敬”，在共情通心的氛围中画出最大最美的同心圆，培育出德智体美劳全面发展的，担当民族复兴大任的社会主义建设者和接班人。立足全人教育、全社会育人的视角，形成合力，与家长合力扬帆起！

坚守教育梦想　做快乐领跑人

我站在塑胶的操场上，看着多彩的教学楼，记忆的闸门打开，回顾幸福的往事，心里充满着幸福感、成功感和使命感。把时钟拨回到2017年7月6日的那一天，国家教育部均衡发展攻坚会考察组来到了我们双语实验小学进行考察，船营区仅有两所小学参检，作为城乡接合部的小学校，我感到光荣和骄傲，岳强副厅长拉着我的手说："你带出了一所好学校，带出了一个有特色品牌的学校，你是一位好校长，创造了城乡结合部均衡发展的奇迹。"话犹在耳，现在想来，依然会感动得泪流满面，这份肯定成了我一生勤奋工作的动力，我品尝到了辛劳付出后的幸福和喜悦。

十年前，同样是站在这片土地上，望着晴天满是灰尘，雨天到处泥泞的操场，这落后的办学条件，让我满是激情的教育梦想跌入深谷。怎么办？怎么办？执著的教育信念，局党委的信任让我重拾信心，唯有努力、努力再努力。就这样，一坚持就是十年，在区委、区政府、区教育局的大力支持下，在我的多方协调努力下，破旧的操场铺上了崭新的塑胶，落后的办学条件变成了先进的现代设备，班班配有电子白板、全新的创新科技馆、绚丽的舞蹈室、全新的微机室、最好的录课室、富有童趣的幼儿园……看着眼前这一切变化，我欣慰极了。十年来，每天的早来晚走，日夜加班，辛勤付出，得到了回报。

如果有人问我，是什么支撑你如此拼搏？我会毫不犹豫地告诉他，我靠的就是自己24年忠贞不渝的教育情结。有一种快乐，是心中有梦，有一种幸福，是梦想成真。从小身为大队长的我，深受启蒙班主任的影响，拥有一个美丽而执着的教育梦想。1993年师范毕业后，我成为一名光荣的小学教师，那一刻起，我就成为一名快乐的教育追梦人。我循着自己的脚步努力前行，用执着的热情不停地坚守着、实践着。回首我走过的每一个阶段至今想来历历在目，最难忘的是在船营十二小、船营四小任教班主任的十年里，早来晚走成为家常便饭，从未请假，连生孩子的前一天仍坚守在工作岗位，领导和老师们都劝我回家休息，可是一想到学生们在等着我，等着我教他们知识，我怎么舍得请假离开呢？怀有身孕还在上课的情景成为学生们最感恩的瞬间。还有那一次小产仅休假三天就重返课堂，这也成为我至今身体状况都不是很好的主要原因。那时候，我需要讲授近百节公开课，所有的休息日都在备课教研，不断地在各级各类的大赛中获奖，只要一休息就把学困生领到家中无偿补课，现在每每提起家长都赞不绝口。我用自己夜以继日的努力使所教班级的学生学习成绩、综合素质在全市首屈一指，圆了多少学生的重点大学梦……这期间我还身兼教导主任工作，繁忙的工作也锤炼了我的意志，提升了我的能力。

对岗位的尽心坚守，是要经得住诱惑，沉得下心气的。2001 年，我在吉林市船营区副局级后备干部海选考试中成绩突出，区里其他部门相中我，当时我还很年轻，可以走仕途在更高层面上锻炼自己，最终我拒绝了，因为我知道自己的最爱是心中难以改变的教育梦想。2003 年，我调任船营十一小任教学校长，全身心地投入十一小学的教学工作并取得了突出的成绩，我成为全区唯一获得全省五年课改先进工作者的教学校长。在经历了班主任、教导主任、教学校长各个阶段为期十余年的奋斗洗礼，我成长为了一名校长。国家教育部骨干校长、吉林省优秀科研工作者、吉林市优秀党员、吉林市党代表、船营区人大常委会常务委员、船营区劳动模范……一张张荣誉证书，一份份受奖佳报，多篇文章发表在教育教学刊物上，这些成绩的背后彰显的是我坚持不懈的教育梦。近几年社会主义核心价值观引领发展的中国梦，也成就了双语实验小学的快乐教育梦。我与智者为伍，与善者同行，心无旁骛用心做着教育，就连 2017 年有机会成为教育局副局长也放弃了，因为我深知学校是我能激情常在的地方，是我从中体现人生价值和快乐的地方。

我爱我的教育梦，我更爱我的双语学生们。那一次，我来到五年级三班王金玲家，那是一间破旧得不能再破旧的草房，极小的卧室里堆满了衣服与杂物，整间屋子连个能坐下的地方都没有，看着孩子冬天还在穿着一件单薄的秋衣时，那一刻，我就在自己的心里定下一个目标，一定要让贫困家庭的孩子也享受到最优质的教育。于是，我倡导启动了“爱的教育”德育办学特色，成立了“快乐爱心基金”，帮助那些家庭贫困的孩子们，同时我要做爱的使者，坚持把每年工资收入的 10% 捐给社会。

生活在双语实验小学这个大家庭里，我很快乐和幸福，教师德艺双馨，学生朴实勤奋。现在学校“快乐教育”的办学品牌享誉全区，全区率先启动的家校共研工作更是快乐教育品牌的一大亮点，如建立三级（校级、年级、班级）家长委员会，实行三级管理，从乐学善学、共同成长、全程参与到解决问题、勤于反思、颖悟前行，从“六室一馆四角”动起来，让快乐家长义工走进课堂，更有为孩子们安全放学保驾护航的“快乐护学队”，每天风雨无阻，已成为长春路、西安路上一道靓丽风景，为“有教无类的均衡教育”涂上快乐亮丽的底色，架起家校共教的彩虹，托起快乐成长的天空。

“世上山道多弯曲，攀高极目会有时”，正当我徜徉在工作幸福成功体验时，三年前的一天，我确诊了基底细胞癌，虽说是皮肤癌中最轻的一种（现在已基本痊愈），但这三年我的心理压力是极大的，付出的艰辛是常人不可想的。身心疲惫的我没有休息过一天，仍然坚持在教书育人的工作岗位上，依然是满脸的微笑，依然是快乐教师的代表。由于延迟到假期才进行手术，病情的加重让我忍受了莫大的痛苦，几天几夜，术后的创口疼得我睡不着觉，豆粒大的汗珠滴落脸颊，可那一刻我放心不下、反复询问的依然是正在施工中的双语实验小学。

从战胜病魔中走出来的我，术后不久就投入到了工作中，因为我放不下我的学校，我的老师，我的学生。由于我的努力，省市区各级领导对我校青睐有加，时任区委副书记的刘振华书记，在科技局的协助下，为我校建立了船营区首家科技创新中心，形成了我校的又一大亮点特色，感恩之心深印在每一名双语师生心中。

习近平总书记曾说过“树立梦想从学习开始”，我把远大的教育梦想变成一个具体的奋斗目标，“静心做教育——精心做好每一件有意义的事，成就他人，快乐自己”，把一份沉甸甸的责任背在肩上，所有的苦累抛在脑后，一直勇往无前。

作为城乡接合部的一所普通学校的校长，我“坚守梦想、终身学习、无限爱心、特色办学”，用自己的勤劳、奉献、智慧和努力，十年的坚守，几多心酸，几多付出，几多汗泪！做着平凡而伟大的事业，开创双语实验小学辉煌的今天（学校获得全国教科研工作先进单位、中国西部教育顾问单位、省级双语示范校、吉林省首家标准化家长学校、省教育科学“十二五”规划课题先进单位、吉林省教育科学百佳单位、吉林市教育学会两先一优先进单位、吉林市首届“校长论坛”先进单位、吉林市文明单位、吉林市先进单位、吉林市教学管理示范校、吉林市平安文明示范单位、市少先队“红旗大队”、区平安校园、区合唱一等奖等荣誉，实现了设备现代化、质量一流化、管理自主化）。

“因为爱着你的爱，因为梦着你的梦，所以快乐着你的快乐，幸福着你的幸福……”今后的岁月我一定会不忘初心、怀揣梦想、砥砺前行！做一个快乐教育的领跑人！为船营教育谱写新的篇章！

幸福的乐园　成长的沃土

——乡村学校少年宫　孩子们的快乐大本营

双语实验小学位于吉林市幸福美丽船营西部城乡接合部，由于地理位置的特殊性，学生一半是来自郊区的农民或农民工的子女。

学校始终坚持以“实施快乐教育　奠基幸福人生”为办学理念，坚持“五大主题”教育与“快乐八大节”活动，形成快乐教育的办学特色。在省、市、区各级领导的大力支持和关爱下，2017 年我校获得了专项彩票公益金支持，建成乡村学校少年宫项目。自快乐双语乡村学校少年宫成立以来，以全面推进少年儿童素质教育为主线，突显乡村学校少年宫的特殊教育职能，加强制度建设与辅导员队伍建设，创新办宫模式，使乡村少年宫逐步成为我校未成年人思想道德教育的快乐大本营，助力学校的快乐教育特色发展，使学生的核心素养得到极大提升，现将我校开展乡村学校少年宫情况汇报如下。

一、确立办宫制度，做好体系化多重保障

（一）建章立制，突出特色。

在市区文明办的领导下，在区教育局的直接指导下，按照中央文明办、财政部、教育部的有关文件要求，依托船营区乡村少年宫的总体规划，结合学校办学实际，确立“让少年宫成为少年儿童的好去处，素质教育的好载体，同学交流的好平台，师生互动的好场所，家长放心的好地方”的办宫愿景；形成“树立理想信念　发展兴趣爱好　成就快乐梦想”的办宫理念；明确“全面发展　健康成长

快乐生活”的育人目标；同时遵循“人人参与　创新合作　快乐分享”的活动原则。学校成立乡村学校少年宫管理办公室，制定《乡村少年宫社团活动管理制度》《乡村少年宫活动室管理制度》《乡村少年宫整体工作管理制度》《乡村少年宫档案管理制度》《乡村少年宫安全管理制度》《乡村少年宫奖惩制度》《乡村少年宫辅导员守则》《乡村少年宫学员守则》《乡村少年宫财务管理制度》《乡村少年宫出勤制度》等一系列保障乡村学校少年宫正常运行的规章制度，真正做到了为少年宫的长远发展保驾护航。同时，各级领导们的关心、关爱与助力为学校少年宫的开展奠定了坚实的基础。

（二）确立模式，凸显目标。

以“生态文明、科技梦想、传统文化、快乐教育、家国情怀”五大主题教育为基石，创新“一六六五四”办宫新模式。“一”是“一个核心”，即以“为每位学生提供公平而有意义的教育，促进每名孩子综合素质提升”为核心，达到“给每名学生创设人生出彩的机会，做最好的自己”的快乐教育育人目的。“六”是“六大原则”，即公益性原则、全员性原则、激励性原则、安全性原则、创新性原则、快乐性原则。另一个“六”是“六大保障”，即组织保障、制度保障、经费保障、场地保障、师资保障、课程保障。“五”是“五个结合”，即与教育教学相结合、与快乐助学相结合、与社区活动相结合、与信息技术相结合、与实践研学相结合。“四”是“四方共赢”，即学校特色均衡发展，教师专业能力提升，学生综合素质提升，赢得社会广泛认可。

（三）筹措挖掘，有力保障。

“校长既是管理者，又应是经营者”，公益彩票首批 20 万元资金的注入，无疑给乡村少年宫的孩子们打开另一扇窗。除严格按照文件精神要求使用外，学校还多方筹措资金，区委、区政府、区教育局无限关爱专项配套资金 100 多万元；文体科技局 50 万余元的青少年创新实践中心落户我校；人大代表捐献近 10 万元的电脑物资；学校“快乐爱心基金”的助力等有力地保障了我校乡村少年宫项目建设的全面开展。同时，挖掘一切可利用的教师资源。目前全校 70 名教师都担任少年宫兼职辅导员，还融合了有特长的快乐家长义工走进乡村少年宫的课堂；区文体局助力了轮滑、足球教练 3 名；区委、区政府关爱与学校自聘的世界、全国冠军教练2名；广泛邀请若干名业余教练、大学教授、大学生、退休教师、部队军官、教师家属、民间剪纸艺术家、走课书法家、市区博物馆讲解员等作为少年宫志愿者，十一小大学区助力教师2名。

二、创新办宫载体，实现多元化特色愿景

（一）创新课程载体。

在特色课程《孝心教育》的基础上，形成独具双语特色的乡村少年宫课程体系，我们创编了拓展性课程。如快乐国学课程、非物质文化遗产课程——二十四节气、娃娃科技课程、走向国际课程等一系列培养学生核心素养的拓展性课程也会在不久的将来丰富到我们的少年宫课程体系当中。

（二）创新活动载体。

紧紧围绕快乐教育的教育教学活动进行乡村少年宫的活动开展，加大学生走进社区、社会、自然的力度，孩子们的身影出现在部队、福利院、东北电力大学、街道、乡村田野、市区博物馆、吉林水师营等全市青山绿水大好河山中，拓展了乡村少年宫的活动范围。同时，紧紧围绕“我爱船营，我爱我家”系列活动培养学生的家国情怀，在各类研学中展示乡村少年宫学生素质风采。

（三）创新评价载体。

始终把公益放在首位，全部无偿服务。33个活动社团，学生快乐自主选择，学校合理统一分配，达到100%的参与率。把少年宫工作情况纳入教师考核体系，奖励性外出学习，定期征求学生、教师、家长意见，定期邀请家长参观。举办“学期末活动社团风采展示”“我和少年宫有个约会”快乐故事分享会、“社团快乐小达人”“优秀辅导员表彰”等一系列活动，都以激励赏识为主，激发师生参与热情，确保有序规范运转。大胆创新，形成特色“N+3”社团模式。成立少年宫社团QQ、微信展示群，注重向校外、社区、实践活动、节假日等延伸，使社团活动更加特色化、多元化。高度重视学生的安全，注入“快乐家长义工”协助管理。

三、提升办宫品质，彰显品牌化全面发展

（一）优化办宫环境。

为了真正让少年宫的每个角落都成为育人之处，无论是学校以五大主题为基

础的楼层文化，还是以“学生为本　洋溢快乐”的少年宫活动功能室文化，都浸润着学生的协作、智慧、快乐。

（二）提升课堂质量。

每到周三下午 2 点，学生们雀跃地来到活动室，每当完成一件作品时，幸福感和喜悦感就会洋溢在学生们的脸上。可能有些作品不是特别完美，但学生们通过活动所获得的自信是完美的，这也许就是少年宫活动的魅力所在，教师们及时捕捉这一瞬间，拍成照片和视频在家长 QQ 群、微信群里进行展示，达到了极好的社会效应。

（三）搭建展示平台。

近两年来，“吉林省青少年科学调查体验活动暨吉林市第八届青少年科技节启动仪式”在我校隆重召开；国家教育部全国义务教育均衡发展攻坚会在吉林省召开，我校是三所迎接考察学校之一；省总督学孙鹤娟对我校的快乐教育少年宫特色给予充分肯定；北京市丘成桐创新研究团队的专家们来到双语实验小学进行考察；省委改革办公室督导组来校考察均视察了乡村学校少年宫社团活动的开展情况，给予高度评价。在区职工健身运动会上，快乐双语 800 人的大型团体操及轮滑表演就是少年宫活动的成果展示。少年宫轮滑社团的学生们参加了吉林省轮滑比赛，学生们英姿飒爽的身影成了赛场上一道亮丽的风景线。

四、畅想办宫远景，展望现代化深层探索

学校做到了“层层负责，全程参与”，但学校空间有限，阵地狭小，限制和制约了学校乡村少年宫的壮大。另外，学校教师人数相对匮乏，特长教师不稳定，限制了特色活动项目的纵深开展。今后将实现少年宫课程课题化，加强少年宫信息技术化建设。借全国信息技术 2.0 会议的东风，加强 STEM 创客等领域探索，打造“智能智慧云端”少年宫。让每个孩子具有“国际视野、中国情怀”，真正成为富强民主文明和谐美丽的社会主义现代化强国合格的接班人。

“春风化雨润幼苗，只待大树参天时”。借着此次大会召开的契机，我们期待会有更大的支持。我们更会加倍努力，让乡村少年宫永远是学生们兴趣孕育的摇篮和快乐成长的大本营！早日实现中华民族伟大复兴的多彩中国梦！

小手牵大手　携爱快乐一起走

四面青山三面水，一城山色半城江。在北国江城西部城乡接合部有这样一所“快乐教育”品牌化发展的学校——双语实验小学校，学校承办的各项主题活动中也更加诠释了“快乐教育”的内涵。首家科技创新中心落成，使城乡接合部的孩子也享受到最优质的教育资源与来自社会各界的无限关爱。2017 年 5 月，吉林省科技节活动在我校召开，为孩子的创新梦想插上翅膀。2017 年 6 月，召开的“船承传统文化、营载文明之美”现场会，表达了师生对国家与家乡的热爱之情。2017 年 8 月，奥运冠军、船营区体育事业顾问李坚柔教练来到我校，师生奥运梦想在这一刻美丽绽放。现在学校的“快乐教育”已经成为一种特色、一种品牌、一种文化。

在学校的努力下，“快乐双语爱心基金”辐射到了社会各界，济群英语学校给孩子们一次送来 20 台价值 5 万元的电脑，让贫困家庭的孩子也做到了中国梦与世界梦的互通；2017 年 3 月 24 日，双语师生及社会爱心人士自发为患白血病的王浩任同学捐款 7 万多元，挽救了孩子的生命；“白金基金”多次对学校捐资助学；社会爱心人士自发奉献爱心；快乐家长传递爱的希望。

在社会主义核心价值观引领下的中国梦的基础上，学校的快乐双语梦又有了新的内涵。学校将每年 3 月的“爱心奉献节”延伸为爱的教育贯穿于全年德育活动之中。

学校结合中国传统五大节日开展各项主题教育活动，春节举行创意福字展、清明节举办诗词朗诵会、端午节创编历史剧《屈原》、中秋节开展“我为家人添道菜”活动，重阳节进行“走进敬老院慰问”等独具魅力的文化活动，得到了社会各界人士和家长的普遍好评。

在爱的教育与呼唤下，在全区拉开了家校快乐共研工作的帷幕，充分利用了身边的教育资源，拓宽了教育内容，快乐家长义工自发走进课堂；七彩插花课堂、动感舞蹈课堂、巧手结绳课堂等特色课让快乐社团的活动更加多元化；家长自发成立“快乐护学队”，为学生上学放学保驾护航，几年如一日每天坚守岗位的“快乐护学队”已成为长春路、西安路上一道靓丽的风景。

2016年初，在成艳春校长的倡议下，学校决定拓宽“爱的教育”渠道，在文体局于广骥局长的大力支持下确定了吉林水师营博物馆为学校爱国主题教育基地，聘请了博物馆副馆长王艺霏为学校爱国主义教育校外辅导员，学校先后组织教师、学生、家长多次参观水师营博物馆。开展“党员教师不忘初心行”“双语人寻根船营梦”“我爱我家毕业季”“亲子共游水师营”等系列活动，让大家深入了解吉林水师营历史和古船厂文化。学校德育处利用学校的“双语道德讲堂”面向师生及家长在吉林水师营大讲堂上了一次别开生面的爱国主义教育课《船营骄傲》，让大家身临其境地感受了作为船营人的骄傲与自豪。课后，孩子和老师兴致盎然，即兴创作了热爱船营的书画作品《我爱船营》《我爱我家》《厚德船营》和展示美韵吉林的国画《荷》。感谢吉林水师营博物馆的工作人员的热情接待与讲解，让双语实验小学的教师、学生、家长，能对家乡有如此之多的了解。

同为家乡人，共圆家乡梦。作为船营人，就要深入地了解船营的历史和文化，2017年初，成艳春校长提出船营历史进课堂的设想，在以践行社会主义核心价值观的校本教材《快乐梦想》的基础上，又编写了《快乐船营梦》的校本教材，已经试行半年之多。在编写的过程中，领导、教师更加了解船营，热爱家乡；在课堂的渗透、学习交融中，让学生更加了解船营的前世今生，让船厂“激流勇进，拼搏向上”的精神深深地印在学生的心田，并用自己清澈的双眸去寻找船营的美景、美事、美好之人，激发他们从小就爱学校、爱船营、爱祖国的情感，用实际行动诠释爱的教育。

2017年9月初，船营区委吕书记提出了“弘扬船厂文化，我爱船营，我爱我家”的倡议后，学校把“爱船营，爱家乡”的活动进一步延伸。学生们走入社区、来到广场把船营的历史文化，传播出去。这些快乐宣讲员的宣传，让社区居民进一步了解船营的历史、船厂文化以及今天船营的变化发展，激发了周边居民热爱家乡的美好情感。

在学校的引导下，学生家长自发走进大美江城，以班级为单位开展“大手拉小手，美丽江城巡游”活动，在头道码头，家长结合雕塑和吉林老照片为孩子们讲述各个阶段吉林的历史。亲子活动的开展激发了家长与学生的巡游热情，他们期待下一次出游北山、走进牛子厚故居、走入博物馆等活动。活动中，家长和孩子走出课堂，开阔视野，共同成长，共同提升。

在迎接国庆节和十九大的喜庆气氛中，学校抓住这个有利的爱国主义教育契机，开展了“我和国旗合个影”活动。鼓励学生走出校园，与身边“最可爱的人”和国旗合影。学生纷纷和清洁城市的环卫工人、保家卫国的战士、救死扶伤的医生护士、一线执勤的交警合影，一张张珍贵的照片彰显了学生爱国的情怀，一张张珍贵的照片种下了爱国的种子。

小小微电影可以反映大千世界，因此快乐双语在“我爱船营　我爱我家”系列活动中大胆尝试，号召学生和家长用手中的录像机和手机，记录自己对大美吉林、幸福船营的热爱。孩子们通过自己的眼睛发现家乡的美丽，用自己的行动践行船营的文明。微电影活动充分展现了家校共建的重要性，在活动中，真正将快乐双语爱家乡活动的宗旨落到实处。

在双语实验小学开展的一系列“我爱船营”的特色活动中，师生家长更加了解船营的大美与厚德，进而增加身为船营人的自豪与幸福感。“我爱船营”原创诗歌大赛是对国庆节与十九大的特殊献礼，师生家长在创作诗歌的过程之中更能走进船营；师生家长在朗诵过程之中更加激发对船营的浓浓热爱之情，让学校的爱国、爱家乡的教育通过小手拉大手辐射到家庭、社会，让爱在船营的每个角落传递！

十年来，在船营区委、区政府的关爱下，在区教育局的领导下，双语实验小学一直走在快乐教育特色发展的路上，小手拉大手，携爱快乐一起走。一双双小手拉起家长及社会各界人士的大手，你的手，我的手，大家的手，共筑爱的校园，共写快乐人生，共圆伟大复兴的中国梦。今后，快乐双语人将不忘初心，怀揣梦想，砥砺奋进，为船营教育事业谱写新的篇章！

少年宫宣传片解说词

几年来，学校始终坚持以促进“学生全面快乐成长”为办学目标，以“实施快乐教育，奠基幸福人生”为办学理念，以乡村学校少年宫社团活动和科技教育为全面推进素质教育的载体，旨在“给每名学生创设人生出彩的机会，让每一名学生都能做最好的自己”。2017 年，在省、市、区各级领导的大力支持下，乡村学校少年宫在我校落成。

“蓬生麻中，不扶自直”，学校注重凸显校园文化建设的教育作用。一年来，在区委区政府的无限关爱，彩票公益金、青少年创新基金等机构的助力与学校的多方筹措下，改善了少年宫的硬件环境，完善了各类活动教室，丰富了作品展示区，设计了新的文化理念。

“世有伯乐，然后有千里马”，学校重视充实师资力量助力少年宫发展。在发掘校内在职教师的才能与潜力的基础上，注重吸纳家长资源及社会力量参与乡村学校少年宫的发展。

“纸上得来终觉浅，绝知此事要躬行”，学校不断探索研究，创新办宫模式。在反复实践中，形成特色的“A+3”活动模式。“A”即 33 个常规社团，每周三下午活动 1 小时的活动原则，为保障学生活动顺利开展，促进学生全面发展，学校雷打不动的落实此项活动原则。“3”即校级花棒操社团、年级滑冰社团、班级种植社团 3 个学生社团。

“丹心一片育桃李，满园春色竞芬芳”。一年来，少年宫活动的开展，丰富了学生的校园文化生活，培养了孩子的核心素养，也让孩子们的童年变得丰富多彩。在船营区青少年业余体校的助力下，2018 年暑期快乐轮滑社团成立了。78 名零基础的孩子们，在国家冠军教练的专业指导下，在风雨无阻的刻苦训练中，不仅学会了轮滑技巧，还体验到了运动的快乐。经历了周期短强度大的专业化集训，参训的孩子们参加了吉林省首届“黑龙杯”学生轮滑锦标赛和 2019 年吉林省轮滑公开赛，展示了轮滑健儿拼搏向上、团结进取的精神风采。船营区职工健身运动会上，轮滑社团和花棒操、体操等社团的孩子们共同展示了近千人大型团体表演《放飞快乐梦想》，观众无不赞叹乡村少年宫中孩子们的快速成长！

10 月初，在船营区委、区政府无限关爱与博皓体育的支持下，在区教育局推进下，又成立了 200 多人的滑冰社团，少年宫的孩子们从校园走进了市体育运动中心。孩子们欣赏教练精彩表演、学习穿戴护具、与国际标准化冰场零距离接触、参与“我与世界冠军合影”等活动，瞬间点燃了孩子们的求知欲。在世界冠军肖涵的亲自指导下，孩子们从蹒跚学步到任意驰骋，从小心翼翼到自信满满，从跌跌撞撞到轻如飞燕，他们用行动诠释了什么是真正的冰雪运动，什么是真正的体育精神，家长们用朴实的话语感谢着区委、区政府对农村和农民工孩子的无限关爱。

2019年6月，滑冰社团的孩子们在吉林市船营区少儿滑冰运动展示活动中尽展风采，接受了来自中央电视台的采访，并荣登《北京2022》专题栏目，为2022年北京冬奥会加油助力！

乡村少年宫小记者社团的孩子们更是用手中的摄像机、小话筒定格校园内外的每一个精彩瞬间。全区一流的录课室是社团孩子成长的起点，一次次快播、一次次录制、一次次讲评、一次次成长，他们走进社区成为“我爱船营，我爱我家”系列活动快乐义务宣讲员。通过走进部队、走进电力大学、走进福利院、走进田野稻田、走进市博物馆、水师营博物馆、满族博物馆等，开展了一系列外出实践活动，拓展了少年宫活动范围，让孩子们与自然与社会更加和谐融洽。

结合“家国情怀”主题教育，学校深入研究开发民族文化社团，带领孩子们走进满族优秀文化，通过社团讲一讲、舞台演一演、博物馆听一听、运动场展一展等多种形式，激发学生民族自豪感，树立文化自信，培育家国情怀！

在“快乐八大节”之一的阳光体育节、校园足球赛中，让足球、体操、篮球等运动社团的孩子们在锻炼技能的同时，也憧憬着为国争光的梦想；区艺术节给合唱、舞蹈、国画、剪纸、纱线画等艺术社团的孩子们提供了筑梦舞台，让一个个美好的梦想，在他们心中开花，在校园结果；学期末“社团风采展示”“社团优秀辅导员表彰”“社团快乐小达人”评选等一系列活动，让每位教师感受到了作为乡村少年宫辅导员的幸福，让每个孩子享受到了少年宫活动的快乐，让每名家长欣喜地看到孩子们在少年宫的成长！

每个孩子都需要被关爱，农村孩子与农民工子女也不例外！省文明办主任刘绍军、市委宣传部文明办主任王媛、处长赵春媚，区委副书记陈本海、区委常委宣传部部长董玉兵、副区长施春敏、宣传部副部长牛成、区委宣传部文明办主任禚金月、区教育局纪委书记孟庆云等领导来到双语实验小学，视察乡村学校少年宫社团活动的开展情况。视察过程中，舞蹈社团、纱线画社团、啦啦操社团、沙画社团等多个社团学生的精彩展示深受领导们喜欢。领导们对学校“全员参与”

多达 33 个社团的少年宫活动给予了高度的认可及充分的肯定，鼓励学校乡村少年宫活动要长效快乐地开展下去，给每一名学生创造展示自我的舞台。

通过结合“走出去”和“引进来”，学校乡村少年宫得到了长足的发展。在区委吕庆龙书记的高度重视下，在人大常委座谈会对校长“既要善于管理又要善于经营”的谆谆教导下，在区政府李显辉区长的亲切关怀下，在区委陈本海副书记带领下，学校领导教师多次外出学习乡村少年宫的先进经验。船营区组织部于长富部长、郭艳波副部长到校调研学校办学特色时，对少年宫社团活动提出了很好的建议；船营区教育局冯立君局长等多次走访学校乡村少年宫；区文体科技局于广骥局长为学校乡村少年宫提供了体校专业教练资源、科技专业技术指导和投资 50 万余元的青少年创新活动实践基地；区教育局德育办段菲主任多次研究少年宫创建过程中需要解决的问题。

2018 年 11 月 29 日，学校作为吉林省专项彩票公益金支持乡村学校少年宫项目建设推进会的主会场，接待了省、市领导与参培学员 300 余人。来宾和学生们亲切交流、热情互动，并鼓励学生们一定要珍惜在社团活动的机会，培养技能，发展特长，提升自己的综合素质。

“关山初度尘未洗，策马扬鞭再奋蹄”，学校乡村少年宫感受到了来自省市文明办的关怀、彩票公益金的鼎力扶持和各级领导的无限关爱。船行千里，营造未来！快乐双语的每名孩子都沐浴在船营教育均衡普惠的阳光下，快乐向上成长，乡村学校少年宫真正成了孩子们快乐的大本营。

架起家校共研彩虹　托起快乐成长的天空

双语实验小学地处西部城乡接合区，共有学生 1078 人，其中很多是农民工子女、留守儿童及单亲家庭子女。结合学校师情和生情，秉承孝心教育和双语特色教育的精华，确定了我校的办学理念为“实施快乐教育，奠基幸福人生”。我们希望在“快乐教育”的引导和辐射下，让每一位教师享受到教书的幸福，让每一名学生感受到成长的快乐，让每一名家长都对学校的教育满意！

那么，如何让家长对学校的教育满意呢？我们首先认真调查、分析了家长的实际情况，多数家长没有学历，大部分家长没有工作，更有的家长不会写字。可见“每天进步一点点，每天快乐一点点”的快乐宣言不仅适合学生，同样适合家长。

一、提升素质，与孩子共同成长！

面对家长的现状，学校加大了对家长的定期指导和培训。开展“优秀从好习惯培养开始”专题讲座、“爱的教育”主题指导、“珍爱生命从防火做起”快乐培训、“与孩子共同成长”家长论坛、“责任高于一切”安全大会等活动，真正让家长感受到了家庭教育的重要性。

二、家长委员，让教育互通互助！

多年来，三级家长委员会已成为学校和家庭沟通的一座七彩桥，与我们共同打造学校的快乐教育。校级家长委员会把“弘扬正能量、提升快乐值”定为工作的方向。“六个一”（每月进一次食堂、每月进一次课堂、每月参加一次活动、每月参加一次学校行政例会、每学期召开一次家长委员会全体会议、每学期组织一次家长学校培训）已经成为他们的工作常态。在他们的配合下，很多学校难以出面解决的问题，都可以迎刃而解。众所周知，这条长达480米的原电东胡同是进入我校的必经之路，一到下雨天，道路狭窄而泥泞，我们的老师就需要把每个孩子背或抱过来，而且通往西安路的路段上有一个旧木材厂，地上经常有废弃的铁钉，存在着极大的安全隐患。在学校与家长委员会多次商议后，由我们的家长委员会刘鑫主任代表家长与上级反映，解决了路难走的问题。家长委员会又发出倡议，快乐家长义工在两个路口轮流站岗，为孩子们的安全、放学保驾护航。他们风雨无阻，干劲十足，成为学校另一道亮丽的风景线！年级和班级家长委员会把“提升学生综合素质”作为己任，出谋划策，与班主任一同创新性的组织开展班班有特色、生生有特长活动。

安全重于泰山！三级家长委员会代表一同与学校反复研究，多次修改制定了《学生快乐安全责任状》，于本月13日组织召开第二次全员安全教育家长会，学校与学生、家长签订了责任状，让安全警钟长鸣！

三、家长义工，入课堂百花齐放！

为丰富德育课程内容，培养学生全面发展，推动家校共建工作，我校开设了

“家长义工特色课堂”活动。调研、交流、尝试的全过程，让家长、孩子和老师都沉浸在快乐之中。这里有节拍强劲的爵士鼓课、电子琴课，有提升审美艺术的插花课、贴画课，有动感十足的舞蹈课，妙趣横生的实验课，动手动脑的绳结课等等。“请进来”“走出去”才是完美的结合，家长带领孩子走进电力大学，让孩子们感受到大学生活的别样精彩；走进部队，让孩子们了解部队严明的纪律，感受军营气氛；走进市福利院，送去他们最真挚的爱与祝福！

四、全员家长，同学生快乐成长！

学校的各种大型活动都会邀请家长们参与其中，在“红领巾相约中国梦”主题建队日，让家长和孩子共同感受加入少先队组织的神圣；全员素质教育展示会，请家长一同品尝成功的喜悦；“班班有特色，生生有特长”汇报会少不了家长们的鉴赏。快乐种植园、休闲葡萄区、忘忧草莓巷是家长和孩子们共同的劳动基地，也是学校的德育实践课程之一。每年春播季节，家长都会主动进校园，与孩子们一同设计播种方案；专职种植顾问李安祺姥爷在不同的时节，带给孩子们应时的播种指导。七年的种植园实践体验带给孩子的不仅是劳动的收获和快乐，更多的是懂得“春播、夏长、秋收、冬藏”的深刻含义，理解“一寸光阴一寸金”的道理！

参与校园活动的同时，家长们深切地感受到学校办学环境的大力改善，有位家长发自肺腑地说：“学校的变化太大了，我家老大没赶上这么美的学习环境，老二享受到了！”感谢船营区委、区政府对教育的大力投入，让师生和家长都享受最优质的教育！

五、爱心行动，助孩子快乐成长！

爱的教育是我校的德育特色之一，通过一系列的主题教育，不仅让孩子们学会付出与奉献，也让家长们纷纷参与体验，和孩子一起快乐成长！高乐是一名品学兼优的好学生，但是家庭贫困，学校领导一直给予亲切的关怀和资助，现在她已经顺利地进入了中学，学校和家长委员会主任们仍然经常走进孩子家中，送去温暖与鼓励！彭子俊是一个聪明可爱的小男孩，但是突如其来的疾病击垮了全家人，家长们得知这个消息后纷纷伸出援助之手，学校先后组织三次捐款，我带领领导班子成员到长春医院和家中探望，送去全校师生和家长们的爱心！八年来，学校爱心基金累计捐款 30 万元，其中有的家庭捐款近 4 万元。有爱才有教育，有爱才有快乐，我们愿与家长携手为孩子们撑起一片无雨晴空！

校长浅谈办学思想

一、全新的办学思想是学校发展的基石

苏霍姆林斯基说：“校长对学校工作的领导，首先是教育思想的领导。”一所成功的学校，要具备前瞻性的教育思想和管理理念。思路决定出路，先进的理念与方向，就是学校的灵魂。习近平总书记在党的十九大报告中对教育的发展方向提出了明确的要求，他指出：“建设教育强国是中华民族伟大复兴的基础工程，必须把教育事业放在优先位置，深化教育改革，加快教育现代化，办好人民满意的教育。要全面贯彻党的教育方针，落实立德树人根本任务，发展素质教育，推进教育公平，培养德智体美全面发展的社会主义建设者和接班人。推动城乡义务教育一体化发展，高度重视农村义务教育，办好学前教育、特殊教育和网络教育，普及高中阶段教育，努力让每个孩子都能享有公平而有质量的教育。”吉林省教育学院赫坚教授对党的十九大精神的深度剖析，也对教育要立德树人，培养德智体美全面发展的社会主义建设者和接班人，推进教育公平做了更加深入细致地阐述。

2017 年新出台的《义务教育学校管理标准》中也对提升学生道德品质做出了明确规定，“推动习近平新时代中国特色社会主义思想进校园、进课堂、进头脑，落实《中小学德育工作指南》《中小学生守则》，坚持立德树人，引导学生养成良好思想素质、道德品质和行为习惯，形成积极健康的人格和良好的心理品质，促进学生核心素养提升和全面发展”。

可见深入推进“立德树人”教育，培养适应新时代需要的全面发展的人已经成为当今中国教育的发展方向。因此，结合学校实际情况，在原有的“快乐教育”理念的基础上，我将积极开展理想信念教育、社会主义核心价值观教育、中华优秀传统文化教育、生态文明教育和心理健康教育作为学校的全新的办学思想。

二、集体的办学思考是学校发展的动力

吉林省第三批专家型校长的培训学习过程中，龚玲院长对名优校长专业发展的深度阐述以及陕西师范大学赵克礼教授等十余位专家的引领，与共同学习的各位优秀校长之间智慧的碰撞，让我确立了自己的办学思想。办学思想确立了，具体应该如何去付诸行动呢？一所学校的管理，不是校长一个人的事，还需要奋斗在教育一线的优秀教师们，一个有智慧的校长除了具有自己的、先进的、符合实际的办学思想，更要善于把它传递给全体教师，使其成为凝聚学校发展的力量，促进学校不断发展和更新。作为一校之长，既要关注学校的整体发展，更要带动全体师生家长共同发展，应该把明晰的办学思想落实在教育教学工作之中，引导广大师生甚至家长确立并形成科学的价值观，只有让全体教师发挥最大的聪明才智，才能助力学校发展。于是一场主题为“践行十九大精神‘2018——我们快乐一起出发’”的教师座谈会拉开了帷幕。座谈会中，满载着学习硕果从陕西师范大学归来的我，将自己在省专家型校长培训中的所学所感与教师们倾心交流。听了我的学习感悟，参与座谈的老、中、青不同年龄层面的教师都备受鼓舞，与我产生共鸣，他们结合十九大报告精神及新的《义务教育学校管理标准》的要求，从学校未来的发展谈到家国情怀的培养，从学生核心素养的提升谈到教师终身学习的重要性，字字句句都让我办好学校的信心倍增。最后让我们达成共识的是，课堂教学依然是学校发展的主阵地，核心价值观的植入、核心素养的培养、中华传统文化的熏陶……都要依靠课堂教学来实现。叶澜教授也曾强调，“课堂教学是实施素质教育的主阵地”。学校教育教学的每一天都是由一个又一个四十分钟的课堂所组成的。抓住了课堂，就是抓住了教育教学；推进了课堂，就是推进了改革；管好了课堂，就是管好了学校。集体智慧的结晶引发了我新一轮的办学思考，课堂教学是阵地，那么在课堂上实施的课程不就是开展教育的载体吗？要开发全新的课程体系，就要在课程开发中实现校长的办学智慧。

校长关于课程的思考

每个人都有自己的梦想，我的初心就是“做个快乐教育的追梦人”，怀揣着

这样的情怀开启今天的发言。

一、关于“课程”的理解

作为校长，在我的工作语境中，基本上认同课程既是关于学生生存和发展的顶层设计蓝图，更是代表着学校的文化个性、办学特色与育人理想。

二、关于“课程”的思考

好的教育要为学生提供一种全面平衡而和谐的课程体系，促进学生全面又有个性的发展。学校多年来大力实施快乐教育，从“一切为了学生发展需要”的视角出发，打破学科壁垒，整合学校一切资源，唤醒教师的课程意识。从“他山之石，可以攻玉”的激情学习，到“乱花渐欲迷人眼”的百花齐放，再到植根学校实际的特色课程坚守，以此开发了一系列的快乐校本课程，助推了学校的特色发展。

陶行知曾说：“校长是学校的灵魂！”校长的课程开发能力至关重要，是课程开发的核心人物。随着学校多年来追求的快乐教育特色更加鲜明、亮丽，作为学校的顶层设计师，在北京全国骨干校长头脑风暴式学习的文化碰撞下，在十九大精神的感召下，在相关理论的引领下，进行了新一轮的办学思考。

在课程建设中，如何在坚守中超越？如何赋予更多的灵魂？如何浸润孩子的心灵？如何结合时代的精神？有眼界就有境界，有境界就有思考，有思考就有行动，有行动就有改变。

（一）分析（SWOT 分析法）

1.S——优势（内部）

（1）在区委区政府的关爱下，办学条件日趋完善。

（2）快乐教育特色鲜明。

（3）家校工作形成特色。

（4）快乐课程多元发展。

编写多样的校本教材，形成一定的快乐课程体系——基础课程＋特色课程（必修＋选修）＋社团活动＋主题活动。特色课程在《孝心教育》的基础上创编《快乐英语》《珠玑必累》《快乐梦想》《快乐船营梦》，核心素养的研究引领新一轮的课程改革，而在这个“让情怀落地”越来越受欢迎的时代，如何让学生核心素养落地，是学校课程构建新的切入点。多样的课程与不同的呈现形式，改变了学生的视角，让我们看到学生在选择中成长，欣喜地发现课程唤醒了学生对身边事物的好奇，并通过多样的课程展示自己的全面素养，让他们找到更多的学习乐趣和意义。

2.W——劣势（内部）

（1）教师资源严重不足。每名教师每周 20 节课，工作量巨大，培养的骨干教师全部调出，顶层设计团队人员不足。

（2）课程意识不够深邃。课程开发缺少理论引领与支撑，教师学习积极性不高。

3.O——机会（外部）

（1）新时代新气象有新作为。新时代要有新气象，更要有新作为。十九大之后，新的历史时期教育被列为民生之首，是中华民族伟大复兴的基础工程。办好教育，会使人民有更多的获得感、幸福感与安全感。

（2）校校办学特色鲜明，形成百家争鸣的区域办学氛围。全区在各位校长的顶层设计与引领下，校校特色鲜明，呈现百家争鸣的可喜育人氛围，激发我校“见贤思齐”的思想。

（3）学校的社会认同率提高。从家长到社会对学校工作大力支持。

4.T——威胁（外部）

（1）对教育的要求不断提高。

（2）信息时代飞速发展。在信息时代高速发展的今天，各种形式的教育资源也铺天卷地般袭来，针对学校的实际情况，我们对于教育资源的整合与甄选可以慢下来、再慢些，也可以利用网络开展线上学习。

（二）调研

依据党和国家新的教育方针，积极邀请多层面的人参与调研与讨论、专业引领，区教育局和区进修学校的领导多次到校给予我们专业指导，为我们的工作提供理论支撑。

（三）关于课程的重构

凝聚集体智慧，重新扩展育人目标，凝练核心理念，共同制定新时期课程发展的愿景——重构独具特色的、有爱的“快乐＋生态”的深度快乐课程文化体系，达到“做最好的自己”的育人目标。旨在对每一个灵动的生命负责，帮助每一个学生攀上自己的峰尖。

经过前期的研究，学校形成初步的办学思想体系。快乐生态教育体系包括四个方面，分别是快乐生态课程；快乐善学学生；快乐有爱教师；快乐生态文化。

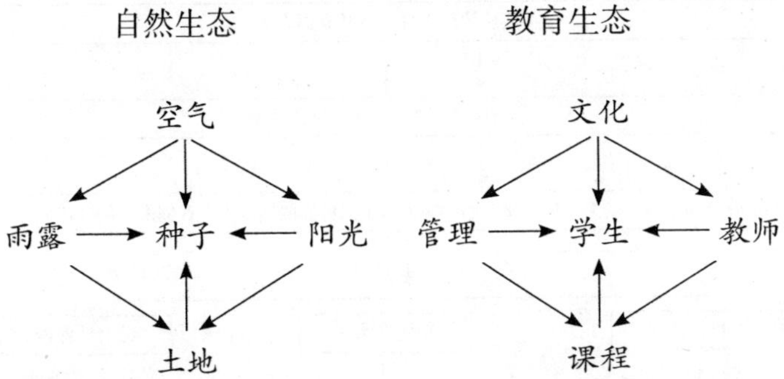

1. 学生文化

学生是成长的种子，要阳光生活，快乐长大。

2. 管理文化

管理是甘甜的雨露，从儿童的视角、孩子的立场、学生的需求出发，滋养生命，润物无声。

3. 教师文化

教师是温暖的阳光，呵护孩子天性，温暖有爱。教师精神生活质量决定学校的教育质量（过生日、登山、退休、广场舞、打篮球……）。

4. 课程文化

课程是肥沃的土地，可以延伸快乐，发展学生个性。

（四）课程建设的理由

1. 让校内外课程再简洁快乐些；

2. 让学生自主成长的时间和空间再多些；

3. 让教师的观念转变再快些；

4. 让学校办学思想再深入些。

（五）课程建设理念体系

1. 课程视野：立足当下　传承文明　放眼世界　着眼未来

2. 课程定位：让课程照亮每一个学生的快乐成长过程，让一切有利学生成长的因素都成为课程。

3. 建设理念：适合国情，适宜学生，适应未来。

4. 快乐生态课程体系的基本框架：

双语实验小学“快乐”课程体系基本框架图

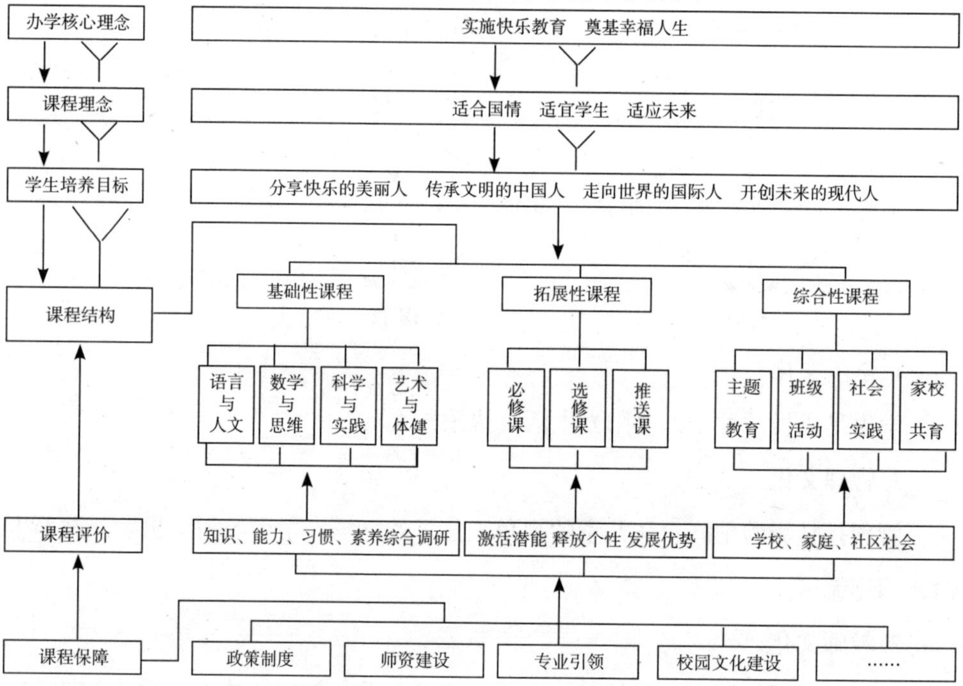

5. 课程设计：基础性课程，面对学生；拓展性课程，面对孩子；综合性课程，面对公众。在师生关系、家校关系、社校关系的和合共生中，达到培养全面发展的人的目标。

<table>
<tr><td rowspan="11">拓展性课程体系</td><td rowspan="6">必修课程</td><td colspan="3">现有课程</td><td colspan="3">现有课程未来展望</td><td rowspan="11">学科节
学科实践
自主式
外助式
兴趣活动
社团活动</td></tr>
<tr><td colspan="3">快乐英语</td><td colspan="3">娃娃科技课程</td></tr>
<tr><td colspan="3">孝心教育</td><td colspan="3">快乐国学</td></tr>
<tr><td colspan="3">快乐梦想</td><td colspan="3">非遗课程——二十四节气</td></tr>
<tr><td colspan="3">快乐船营梦</td><td colspan="3">走向国际课程</td></tr>
<tr><td colspan="3">珠玑必累</td><td colspan="3">……</td></tr>
<tr><td>选修课程</td><td colspan="2">社团课程</td><td>学科短期课程</td><td colspan="3">学生微社团</td></tr>
<tr><td rowspan="4">推送课程</td><td colspan="6">年级课程</td></tr>
<tr><td>一年级</td><td>二年级</td><td>三年级</td><td>四年级</td><td>五年级</td><td>六年级</td></tr>
<tr><td>入学礼仪</td><td>七巧板</td><td>小小书法家</td><td>创客工作坊</td><td>科技航模</td><td>毕业课程</td></tr>
<tr><td>……</td><td>……</td><td>……</td><td>……</td><td>……</td><td>……</td></tr>
</table>

6. 课程内容：

（1）基础性课程：整合优化，注重实效。

（2）拓展性课程：快乐学习，发展个性。

（3）快乐国学课程：浸润孩子的心灵和气质，让孩子走进国学经典，走出国学经典，回归国学经典。

（4）非物质文化遗产课程：二十四节气。二十四节气富有科学内涵、民风习俗、诗情画意、传统文化，值得学生去学习、体验、感悟、传承。

（5）娃娃科技课程：将科技活动向系统化的课程延伸。

（6）综合性课程：融入环境　融洽关系。

学校、家庭、社区、社会四位一体，共同实现孩子的全面发展。让关乎教育的各种关系和谐共生，让学生找到存在的价值。

（六）通过课程建设转变学习方式：

1. 更加注重情境化学习。

2. 更加注重游戏化学习。

3. 更加注重生活化学习。

4. 更加注重社会化学习。

三、关于“课程”的保障

重塑课程观。生活即课程，社会即课程，教师即课程，家长即课程。在深度建构课程体系的同时，我们加快推进课题研究和课堂教学改革，实现“课程、课题、课堂”联动，提升学校的办学品质。在学生核心素养与课程框架间智慧连接，用最美的、最生态的课程涵养学生的品行与素养。以评促教，重视课程评价体系建设，将校园文化与课程建设有机结合，让学生、家长都成为课程建构的主人；中国与世界结合，学生、家长都成为课程建构的主人。

将核心价值观引领下的核心素养与多元的快乐课程有机融合,形成独特的“快乐+生态”的学校文化，建构“最儿童、最快乐、最生态”的课程体系，使快乐教育向纵深发展，让孩子“做最好的自己”，为人生涂上亮丽的底色。

第十章

家校共育——各类讲稿篇

蔡元培曾说："教育者，非为已往，非为现在，而专为将来。"学生是学校的主体，是社会的未来。让现在的孩子成为未来社会合格的建设者是我们学校的职责，让孩子一生幸福是作为家长最大的心愿。因此，学校将与家长、老师一起共同助力为学生一生幸福做好奠基!

德国教育家福禄倍尔说："国民的命运，与其说是操在掌权者手中，倒不如说是掌握在母亲的手中。"学校教育永远离不开正确的家庭教育，假如没有良好、正确、合理的家庭教育相配合，再好的教师、再好的学校产生的教育效果也会很微妙。家庭教育的失败，往往导致学校教育事倍功半。为此，我在以往工作中，常常抓住小契机与全体家长、教师和可爱的孩子们对话，以快乐教育打造时代最强音，力求与家长、教师组成最佳搭档，与他们一起携手走在教育孩子们的快乐之旅中。以下选取了五篇发言稿与读者分享。

在最美的时刻遇到更好的自己

亲爱的快乐双语教师们:

大家上午好!

感恩祖国，我们在迎接新中国七十华诞的高光时刻，在日渐浓厚的节日氛围中，在我们共同分享身为中国人的欢乐、喜悦与荣耀时，我们又迎来了属于我们自己的节日——第35个教师节。

今天，快乐双语的全体师生共同欢度节日，祝福、快乐与感动充满校园的每一个角落。请允许我以一个有着 25 年教龄的同仁的身份向默默耕耘、快乐工作的双语教师们致以节日的问候！同时，向为学校的不断发展呕心沥血、恪尽职守的每一位双语教师表示最衷心的感谢！感谢大家为学校发展做出的卓越贡献，使学校成为船营西部学校的一颗亮丽之星。

教师节是平凡的节日，却有着深刻的内涵；教师节是普通的日子，却有着缤纷的色彩。百年大计，教育为本；教育大计，教师为本。教育是提高人民综合素质，促进人全面发展的重要途径，是民族振兴、社会进步的重要基石。

多年来，快乐双语人本着“实施快乐教育　奠基幸福人生”的教育理念，坚守在地处城乡接合部的校园，春播夏耘，秋收冬藏，携手互助，团结奋进，克服了重重困难，为一批又一批的双语学子插上了理想的翅膀，让他们有能力到更广阔的天地翱翔。今日的双语实验小学，校园环境越来越美，校园文化建设全区首屈一指，教师队伍不断壮大，全体双语人不畏艰辛、无私奉献所形成的强大凝聚力，就是我们学校不断发展的源动力。

在学校各项工作稳步提升的路上，快乐双语人用最平凡的行动汇聚了最可贵的点点滴滴。我记得老师们为学校发展提出的一条条好的建议；我记得我们共同战胜困难的每个精彩瞬间。

无所不能的班主任团队，把班级当成自己的家，把学生当成自己的孩子，在校园舞蹈节排练舞蹈、队会展示串联节目、团体操展示操练队伍……谱写了一个又一个感人的奉献乐章！

“萌老”教师团队，老骥伏枥，奋斗不息，甘为人梯，把全部的青春和热血献给了快乐双语，厚重的教学经历，因操劳而微霜的两鬓足以感天动地！

中年教师团队，具有强烈的责任心、丰富的阅历和敏锐的洞察力，拥有丰富的教育教学经验，是快乐双语的骨干力量，你们是当之无愧的中流砥柱！

青年教师团队朝气蓬勃，可塑性强，在学期伊始就可喜地看到了你们的成长，希望你们牢记初心使命，不负青春芳华。

中层领导团队齐心协力，砥砺奋进，为学校的发展倾注了大量的心血和智慧，用行动诠释了对快乐教育的孜孜追求。

今天有 35 位教师被评为“快乐优秀教师”，他们是全体双语优秀教师团队的代表，因为高风亮节而没有报名参加评比的老师们同样优秀。希望此次获得“快乐优秀教师”称号的老师们能够与时俱进，终身学习，将快乐分享、传递下去；希望全体双语教师能够与爱相伴，与快乐同行，时刻以有理想信念、有道德情操、有扎实知识、有仁爱之心的“四有”好老师的标准要求自己，坚定信念，志存高远，把个人梦想镶嵌于伟大的祖国复兴的中国梦之中，引领学生成为筑梦者、追梦者、圆梦者，共同将“快乐教育”推向一个崭新的台阶。

本学期，又有几位新教师加入了快乐双语大家庭，他们是张溪源、高文鑫、华姿萱、郭宇阳、张驰。在学校急需教师的情况下，他们提前来到学校，无私奉献，我代表全体双语人欢迎你们的加入，这是你们过的真正意义上的第一个教师节，希望你们把自己的优秀延续下去，用自己的热情与朝气，在快乐双语成为最好的自己。

习近平总书记指出：“一个人遇到好老师是人生的幸运，一个学校拥有好老师是学校的光荣，一个民族源源不断涌现出一批又一批好老师是民族的希望。”双语家人们，选择教师，就是选择了一生的责任。因此，我们既要有仰望星空的美好愿景，又要有脚踏实地的清醒认识。人无完人，事无完美，我们要正视自己身上的不足，用实际行动努力成为更好的自己。就像习近平总书记说的，“做党和人民满意的好老师”，就要厚植爱国情怀，自觉增强立德树人、教书育人的荣誉感与责任感，学为人师、行为世范，努力为每个孩子提供公平而有质量的教育，努力让每个孩子都享有人生出彩的机会。

无问西东，只为初心，我们快乐双语人要心有国家、心有自己、心有儿童，不忘教书育人的初心，牢记快乐教育的使命，把培养担当民族复兴大任的时代新人作为重要职责，让每个孩子对自己有信心，对未来有希望。“悦人，悦己，快乐一生”“每天进步一点点，每天快乐一点点”，我相信，在上级领导和社会各界的关怀与支持下，在全校师生的共同努力下，快乐双语的明天一定会更美好，每位师生家长都会把祖国放在心中，在最美的时刻遇到更好的自己！

再次祝大家节日快乐，身体健康，万事顺意！

2019年9月10日

病毒来袭，中华民族众志成城
抗击疫情，双语家人心心相系

亲爱的双语师生、家长朋友们：

春回大地，万象更新，2020年的新学期如期而至，然而由于新冠肺炎疫情还在持续中，我们今天只能以这样特殊的方式来开启新学期的征程。

地域有界，心却无疆，援鄂战“疫”，有春暖一定有花开。

疫情的肆虐，让2020年成为我们不可磨灭的记忆，这一年的新年，我们沉默坚守；这一年的开端，我们收获成长。面对这场没有硝烟的战争，中华民族再一次凝聚起强大的力量，在以习近平同志为核心的党中央的坚强领导下，每一个中华儿女都在以不同的方式贡献着自己的力量。党中央一声令下，各地各级干部和广大医务工作者立即行动，以迅雷不及掩耳之势冲向抗疫一线。李克强总理亲临疫情中心武汉督战抗疫情况，保障抗疫物资供给的承诺掷地有声；84岁高龄的钟南山爷爷第一时间搭乘高铁前往武汉，提及疫情几度哽咽，他就是我们每个人心中的巍峨大山；除夕夜，来自全国各地援鄂抗疫的最美“逆行者”们一呼百应，奔赴疫情前线，直抵核心战场，他们中有来自解放军的驰援医疗部队，有为了方便穿上防护服剪短头发的女医生，有奔向一线记录每个瞬间的记者们，还有来自全国各省的医疗团队，正是这些平凡中见伟大的“逆行英雄”们，让我们明白了什么是“若有战，召必回，战必胜！”。英雄们现在还奋战在一线，用自己的身躯，为我们筑起防疫的堡垒，我们坚信胜利最终属于他们，让我们双语人向逆行者致以最崇高的敬意！

用爱坚守，奉献担当，严控疫情，有我们请你们放心。

接到疫情防控命令后，船营区各单位积极进行防控工作的推进。区委、区政府领导亲自带队深入到乡镇、街道、企业、小区、村囤……检查疫情防控工作开展情况，提出指导意见。

区教育局总是第一时间将党中央、省、市、区重要指示精神传达给我们基层学校，同时利用微信和QQ工作群对我们的防控工作进行周密部署，让我们认识到疫情防控工作的严峻性和紧迫性。以冯立君局长为首的局领导，亲自深入到辖区内的各基层学校，指导防控工作，从值班人员的自我防护到值班室及周边活动范围的消毒、通风、校园封闭、教师返岗上班前的准备等情况都一一落实，并及时协调解决学校防控工作中存在的困难和问题，有他们做坚强后盾，让我们更加坚定了战胜疫情的信心和决心。局机关及直属事业单位党员干部成立志愿者团队，分别到多个小区门口，全力配合社区工作人员开展人员登记、车辆登记和疫情防控知识宣传等工作。

区卫生健康系统的广大医护人员和全体机关工作人员不畏艰险，全力投入疫情防控工作，有效构筑群防群治抵御疫情的严密防线。

像这样为船营区的疫情防控工作操劳付出的人还有很多，面对疫情，我们需要做的可能只是不出门，少聚集，而他们却要在寒风中奉献坚守。严冬虽寒，暖阳犹在，家国蒙难，勇者当先，有人说我想岁月静好，却不知有人正默默地为你负重前行，让我们为这些默默坚守的船营人点赞！

快乐双语，心心相系，执行命令，双语人必义不容辞。

我们双语实验小学多年来践行着“快乐教育”的理念，“悦人，悦己，快乐一生”的校训已经根植于每一名双语师生、家长的心间，快乐双语人总是能用“聚是一团火，散是满天星”的信念出色完成每一项上级布置的任务，抗击新冠疫情，我们同样义不容辞。疫情就是命令，防控就是责任。学校领导高度重视省、市、区及区教育局的每一项工作部署，建立完善的防控组织机构，职责分工明确到人，制定严密的防控工作方案、应急预案和各项制度，做好师生心理疏导，指导实施理性防控。采用电子书信的形式号召双语家人众志成城，科学防控；精心设计健康手册、居家运动、消毒指南等，关注每一位师生、家长以及退休老教师的身心状况；教学领导集体研究的生态文明小课堂和家国情怀小课堂，更是深入挖掘疫情背后的故事，教育孩子们要在提升自我防护能力的同时，懂得保护生态环境的重要意义，用发现美的眼睛点赞抗疫英雄，树立“家是小国，国是万家”的爱国情感。德育领导通过音频、视频、链接等多种形式，直观地给予学生专业指导，培养锻炼的好习惯，理解健康和生命的意义。每一项工作都包含着双语实验小学领导班子的缜密思考与无私奉献。

作为教育系统阻击新冠疫情的主力军，我们的各位班主任老师坚持在落实工作的最前线，传递着党和国家的温暖，解答着党和国家的政策，安抚着上千个孩子，安稳了上千个家庭，把教育的温度普洒千家万户。班主任与家长的联系几乎没有停过，每天记录、上报、传达各种信息，每一次精准摸排的数据背后都有班主任老师的泪水与汗水，大家对教育事业的忠诚和大爱都让我这个校长为之动容，由衷地为我们的教师团队而自豪！

家长和孩子们更是学校疫情防控工作最坚强的后盾，在进行家长抗“疫”承诺书、“中国加油”小抖音、“我心中的英雄”儿童画、“共建生态家园”宣讲、“助力中国”手抄报、“最美逆行者”诗歌创编、每天运动打卡等工作时，有你们的支持与配合，我们的疫情防控工作才能进行得如此政令畅通。

抗击前线的白衣天使打的是硬仗，阻击后方的我们筑的是防火墙，有了这些在前方冲锋陷阵的最美“逆行者”和在后方默默奉献的快乐坚守人，我们一定会取得这场战“疫”的最终胜利。

这场疫情，让我们看到了中华民族为抗击疫情做出的努力和坚持；这场疫情，改变了我们学习的方式，但不变的是我们学习的意志；这场疫情，更应该让我们知道学习的课堂不仅仅在学校，生活中处处皆课堂，人人皆吾师，而此时此刻在抗击疫情的过程中让自己学到更多，感悟到更多，就是我们对抗疫英雄们最好的致敬方式。作为你们的校长，也是你们最知心的“大朋友”，在这里给你们送上以下几点希望。

第一，我希望你们要学会理性的判断。在抗击疫情的过程中，每天都会出现各种各样、真假难辨的信息，我们要学会判断，不能都相信所有的信息，因为盲目地接受错误的信息，很容易会让我们出现不知所措的情绪，我们要做到不信谣、不传谣，相信党和政府会带领全国人民打赢这场没有硝烟的战斗。你们要记得，心中遇到任何的问题，都要第一时间问问老师、问问爸爸妈妈，他们会告诉你正确的答案。

第二，我希望你们要学会迎接变化和挑战。对于你们来说，这个新学期注定是“特殊”的，因为疫情让我们无法在熟悉的课堂进行学习，学习环境变了，学习方式也变了，我们要调整好自己的状态去应对变化。按照学校“延迟开学不停学”的学习安排，合理规划好自己的学习生活，自觉行动，自胜者强，当前的形势对我们的学习而言是挑战，更是难得的机遇。人的一生中，机遇无数，小的机遇会带来小幸福，大的机遇则能改变命运，这次疫情就是一个独特且会深刻影响我们未来生活的机遇，相信你们能抓住机遇，自觉行动起来，都成为自强不息的成功者！

第三，我希望你们要学会感恩。在这场抗击疫情的战斗中，有无数的人牺牲了自己的休息时间，放弃了与家人团聚的机会，冒着被感染的危险，在各自的岗位上默默坚守。钟南山爷爷、李兰娟奶奶，还有医生、解放军、警察、志愿者、老师……正是他们用平凡造就了一个国家的伟大，在祖国和人民需要的时候，救民于水火，助民于危难！我们生活的安全与安宁是因为有他们的共同守护，所以我们要学会对他人、对社会、对国家常怀感恩之心！

第四，我希望你们要学会敬畏。人类总以为凭借自己的智慧可以主宰一切，但其实我们也是地球上渺小的一粒沙，有些人自以为那些野生动物不是人类的对手，以食用野生的珍禽异兽为荣，是非常愚昧的表现，随意捕杀买卖野生动物，使这些没有经过任何检疫，病毒丛生的动物在市场售卖，最终给人类带来了难以挽回的灾难。我们要从自身做起，树立生态意识，保护自然，善待自然，与自然界的每一个生命体和合共生，让我们生存的环境更加健康、和谐、美丽。你们是此次疫情的亲历者，更是祖国未来的主人，希望你们要以这场疫情为警醒，用自己的实际行动维护大自然的和谐！

第五，我希望你们能更加热爱我们的祖国。爱国是教育之魂，爱国是我们人生的第一课。在这次抗击疫情的过程中，医护人员用自己的专业知识去救死扶伤是爱国；社区工作人员挨家挨户寻访、排查，帮助居民进行正确防护与隔离是爱国；各行各业的工人师傅加班加点建医院、运物资也是爱国，作为学生的我们在自己平凡的位置上做好自己该做的事，不给国家添负担就是我们爱国的最佳表达方式！

同学们，让我们保持健康的生活方式和良好的、积极的心态，共同接受这场生命、信念、科学、道德的洗礼，重塑正确的世界观、人生观、价值观，用坚韧不拔的奋斗精神和胸怀天下的家国情怀，同我们的伟大祖国共同面对危难，共同见证成长。

春天是千帆竞发的好季节，春天是百舸争流的好时光。在这个特殊的开学季，我相信我们的每一位教师、每一位家长、每一位学生都能真正做到“风雨同舟、携手共进”，用我们的每一份付出与努力积蓄战胜疫情，迎来春暖花开的那天，待到山花烂漫，让我们快乐的校园再次响起琅琅书声！

最后，祝福我们伟大的祖国否极泰来，繁荣昌盛！祝愿双语学子肩负责任，奋发向上，成为新时代的弄潮儿。

2020 年 2 月 24 日

清浅六月晴方好　你我皆安迎重逢

亲爱的同学们：

清浅六月晴方好，你我皆安迎重逢。经过了前所未有的超长假期，你们是不是很想念校园里树下的嬉戏，教室里那张属于你的课桌，还有运动场上的奔跑呐喊？今天，我们再次相聚在美丽的双语实验小学。严峻的新冠肺炎疫情虽然牵动着我们每一个人的心，可是自古多难必兴邦，疫情带来的启发和体悟会赋予我们更多的正能量，“心有光芒，必有远方”“使命与我们同在”，激励我们向更美好的明天迈进。

在这个草长莺飞的美好时节，为迎接你们的快乐回归，学校领导、教师齐心协力做好了开学的各项准备。那么，背起书包，再一次走在上学路上的你们，是否也要问一问自己，你准备好了吗？作为校长，也是你们的大朋友，在开学之际，有几点忠告想和你们分享。

一、尊重自然，珍爱生命，关注自己的健康。

因为疫情，你们也许有生以来第一次知道，并且体会到了什么叫“隔离”，在你们青春年少的岁月里，恐怕未曾有过这般长时间的“闭关”生涯。因为疫情，你们也第一次体会到了“当身体的自由受限，心也逐渐变得焦虑”是一种怎样的感觉。

现在，疫情已经得到有效控制，我们应该痛定思痛，幡然警醒，与大自然和谐共生，做到热爱生活、尊重自然。在这场“抗疫”战争中，我们再次感受了人类生命的脆弱，一个小小的病毒竟然可以使成千上万人陷入生命危机，使上亿民众陷入焦虑与恐慌。在大自然面前，人类是渺小的，人类想要在大自然中得以更好的生存，就要调整自己与自然的关系，收起傲慢，敬畏生命。

人最宝贵的东西莫过于生命，生命安全和身体健康是我们应该坚守的底线。为了自己和家人的健康，请同学们按学校要求做到按时测量体温、勤洗手、戴口罩、分组就餐、分组活动，坚持健康的生活作息，保证充足睡眠，加强锻炼，增强自身体质和抵抗力，让健康快乐成为我们成长的主旋律。

二、心怀感恩，择善而行，树立正确的方向。

疫情过后，我们要心怀感恩。同学们，当你们捧着课本读书的时候，当你们打开网络视频进行网课学习的时候，当你们背上书包重返校园的时候，可曾想过，是谁为你们撑起了一片安全纯净的蓝天？是 84 岁仍带队出征的钟南山院士，是 73 岁每天只睡三个小时与死神赛跑的李兰娟院士，是那些医者仁心的医生护士，是精心为你们准备网络课程的老师，始终陪伴在你们身边的父母，是那些一线执勤的公安干警，还有社区工作人员、乡村干部以及一批又一批无私奉献的志愿者们……哪有什么岁月静好，只不过是有人为你们负重前行！孩子们，他们当中有的年龄比你们的爷爷奶奶还大，本该颐养天年、享受天伦之乐，可是当国家有难、人民需要之时，他们毅然挺身而出逆行在疫情一线。他们当中也有许多普通人，他们也是父母的孩子、孩子的父母，是他们忠于职守，使你们在疫情之下，还能够居家读书、学习，请向他们致敬！更要感恩他们为你们树立了正确的人生导向，指引你们成长的正确方向！

在吉林市的疫情反复时，为了保障江城人民的生命健康，你们最熟悉的人——我们快乐双语的老师们还未来得及卸下网课教学的疲惫，就主动请缨，下沉到毛纺社区卡点，为小区居民扫码、测温、登记，筑起了最牢固的健康长城，每天长达 16 个小时的站岗职守，防护服里的衣服被汗水浸透，是对我们双语校训“悦人，悦己，快乐一生”的最好诠释，榜样就在身边，让我们向他们致敬的同时，向他们学习，更要用他们无私奉献的精神之光照亮你们前行的路。

三、热爱祖国，肩负责任，增强民族自豪感。

疫情过后，我们更应该看懂我们的国家，增强民族自豪感和自信心，牢记疫情肆虐，灾难当前，是祖国带领全国人民闻令而动，众志成城，不遗余力保护我们。团结、自信、实力，这就是中国，强大的中国、团结的中国、担当的中国。所以我们要让爱党爱国的种子根植在我们幼小的心田。

当你们牢记那一个个前赴后继的身影时，作为校长我也要为你们在疫情期间的优秀表现点赞加油。当你们能够以平稳心态面对突如其来的新冠疫情的时候，当你们学会了如何科学做好居家防疫的时候，当你们踌躇满志地重新规划自己的学习计划的时候，当你们满含爱意主动关爱照顾自己家人的时候……你们就已经学会担当，实现了自身的成长！成长是一种力量，会让我们变得更加强大。你们真正强大了，我们的祖国才会更有希望！相信在“快乐教育”理念的浸润下，你们一定能够找到“最好的自己”，因为你的样子就是中国未来的样子，明确自己肩负的责任与担当，在未来的日子里，去保护需要保护的人，去守护我们伟大的祖国。

四、坚持向学，不负韶华，体会成长的快乐。

少年易老学难成，一寸光阴不可轻。时间对每个人是公平的，但自律自觉者将拥有更多的时间。同学们，对于现在的你们来说，主要的任务就是坚持学习，不负好年华。就像我们的老师，为了尽量减少疫情给你们的学习带来的不利影响，深入落实“停课不停学”的要求，他们在最短的时间内迅速转型为网课教师，写教案、备课、直播、互动、批改作业……第一次当主播的他们，精彩的表现是否让你们惊艳？这一切不正是缘于老师们的只争朝夕，不负韶华，学无止境吗？

一个人的内生动力是无穷的，只有真正唤醒、激发我们的内生动力，我们才能够自主成长，而自主成长需要付出一定的努力，越努力的人越优秀，也越幸运！“很多优秀的人，做得比你还努力”，这是在央视主持人大赛新闻类总决赛现场撒贝宁说的一句话。同学们，我想把撒贝宁的这句话送给你们，我更想告诉你们，你们若努力，生命自会精彩！相信你们会珍惜这次复课的黄金时间，不断充实自己，用自己对知识的渴求与执着，体会成长的快乐！

延期开学，眼前发生的一切就是一本生动而深刻的教科书，让我们向阳而生，同气连枝，期盼春来，寒冬散尽，星河长明。没有一个寒冬不可逾越，我们期待已久的春天已然来临，我们终于得以重返熟悉的校园！我相信，同心战“疫”，同“屏”共振，疫情之后，经过全民防控、在线教育、居家自学，反复淬炼过的全体师生，对教育必将有新的期待和思考。点点萤火，汇成人间星河，用长远的眼光看待国家和生活，学会在逆境中温暖彼此，在忧患中奋发向上，涅槃之后的重生，突破极限之后的超越，会更加美丽与美好！同学们，新的学期孕育着新的期盼，校园里枝繁叶茂，鲜花烂漫，彩虹跑道等你们飞奔驰骋……万物向荣，只待你归。新学期即将拉开帷幕，一切明朗，未来可期！

2020 年 6 月 29 日

初心如磐，使命在肩

快乐双语最可敬的家长朋友们：

大家好！

带着对寒假生活的美丽憧憬，满载着一学期学习生活的丰硕成果，我们今天又相聚在云端，共同为双语师生一学期的工作和学习画上完美的句号。首先，我代表双语实验小学的全体教职员工向在百忙之中能认真参与我们的线上家长会的各位家长表示衷心的感谢。

2020 年，对于中国人民来说是不平凡的一年，严峻的新冠肺炎疫情牵动着我们每一个人的心，自古多难必兴邦，疫情带来的启发和体悟赋予了我们更多的正能量，“心有光芒，必有远方”“使命与我们同在”，激励着我们向更美好的明天不断迈进。2020 年，对于全体双语人来说是不断超越的一年，在严格执行上级疫情防控工作要求的同时，双语师生砥砺奋进，久久为功，顺利而出色地完成了各项教育教学工作。

“一个好校长就是一所好学校”，我个人认知正好相反，应是“一群优秀的教师成就一个好校长”。快乐双语的硬件条件、教师人数、学生来源都不是最好的，但我们有一支令人感动的“快乐有爱”的教师队伍是其他学校无法可比的。“躬身入局，挺膺负责”的校级领导团队和谐创新，引领发展；“脚踏实地，倾情奉献”的中层领导团队互相扶持，务实工作；“我是党员，我必先行”的党员队伍担当责任，榜样示范；“老骥伏枥，志在千里”的老教师们顽强坚守，新老传承；“慈爱温情，歌唱生命”的班主任队伍，教学一时，想学一生；“阳光向上，乐学善思”的青年队伍快速成长，双语实验小学，未来可期；“晨耕暮鼓，以校为家”的后勤团队，更是给快乐校园筑起安全的铁壁铜墙……“三寸粉笔，三尺讲台系国家；一颗丹心，一生秉烛铸民魂！”每一个双语人都在平凡的岗位上非凡地付出着，每一帧有爱的画面与故事都感动着我，感染着我，激励着我，坚定了我做一名“以爱育爱”的校长的初心，办一所“有温度、有人性、有故事”的暖心平民学校的决心。

一支不忘教育报国初心，牢记为党育人、为国育才使命的教师队伍，会让一所学校的发展走得更远，但一所学校的发展如果想走得更快，就需要有一支与学校同心同德，无条件支持学校工作的家长群体，很幸运我们快乐双语就拥有这样一群可爱的家长。作为校长，每一次与质朴、热情的家长们接触交流后，都被深深地感动着，不畏严寒酷暑，准时到岗确保学生上学放学平安的“快乐家长护学队”；参与学校各项决策，提出合理化建议的“家长委员会”；大到学校“十四五”开局整体发展规划的意见征求，小到食堂营养配餐、学生校服订购……每一项工作、每一次活动家长们都全力配合，不讲任何条件，可爱的双语家长们为学校的发展做出了不可磨灭的贡献。我是快乐双语的校长，但我更想跟所有的双语家长成为无话不谈的朋友，我承诺，家长们在日常生活和孩子教育方面有任何的困难需要我的帮助，我一定全力以赴，因为你们也是快乐双语不可或缺的成员，对你们负责同样是我作为校长义不容辞的责任。

初心如磐，使命在肩，在未来的工作中，我将一如既往克难求进、锐意进取，和双语实验小学的师生、家长共同行走在“文化立校、文化树人”的征途上。

2020 年 12 月 30 日

征途漫漫，唯有奋斗

亲爱的老师们、同学们：

大家上午好!

一元复始,万象更新,新学期的脚步如期而至。回顾过去的2020年,时疫无情,唯爱不息，我们携手并肩从千难万险中走来，我们每一个人都更加懂得珍惜生命，珍惜情谊，珍惜平安。无论是抗击疫情，还是戍边卫国，无论是在线教学，还是返校复课，总有人在默默付出，负重前行，党中央“人民至上，生命至上”的承诺，更是在危难时刻，坚强有力，鼓舞人心。中国精神、中国力量、中国担当，让特殊的2020年深深嵌入每一个国人心中,汇聚成众志成城的磅礴之力。2021年，我们注定会冲破乌云，迎来阳光。2021年，“十四五”的开局之年，全面建设社会主义现代化国家新征程的开启之年，我们伟大的中国共产党成立100周年，每一件大事都催人奋进。站在高质量发展的新起点，我们永不服输的双语人一定会坚定目标，不负韶华，真抓实干，续写辉煌!

回眸“十三五”，快乐双语全体师生秉承“悦人，悦己，快乐一生”的校训精神，同心同行，拼搏奋进，学校的办学条件和教育教学水平都得到了极大的提升。在上级领导的关爱下，学校改建了厕所，进行了教学楼的防水建设和暖气的整体改造，增设了五大主题的校园文化，可以说“十三五”的五年是学校坚持顶层设计、突出愿景引领、全面推进培养学生核心素养的五年；是全体双语人不懈努力，突出质量立校，全面推进立德树人根本任务的五年；更是疫情来临时，众志成城，舍小家、保大家，打赢防疫阻击战的五年。2021年，是学校“十四五”规划的开启之年，初心如磐，使命在肩，作为校长，也是与你们并肩奋斗的伙伴，向大家提出几点希望。

征途漫漫，唯有奋斗！希望全体领导干部坚持目标引领，加强责任担当，坚持精致管理，严格过程要求，坚持服务师生。做到在教育质量提升上求突破，在管理效能提升上求突破，在服务水平提升上求突破。

征途漫漫，唯有奋斗！希望全体教师牢记习近平总书记“不忘立德树人初心，牢记为党育人，为国育才使命”的嘱托，加强自身政治理论学习，严格落实

《新时代教师职业行为十项准则》，以“有理想信念、有道德情操、有扎实学识、有仁爱之心”为标准，提升个人修养和师德师风建设，做道德之师，人格之师，注重学生核心素养的培养，注重学生德智体美劳全面发展的培养，做好学生的引路人。

“胸无点墨心常怯，腹有诗书气自华”。学校是教书育人的圣地，是学习提升的净土，新的学期让我们拉开“创建学习型校园”的帷幕！打造有高度、有深度、有温度的思政教师队伍，开发思政课堂新模式，探索五育融合的品质课堂教学实践路径，开展“中华经典诵读”系列读书活动，教师硬笔书法再提升、粉笔书法每日展、软笔书法晒图打卡等强化基本功活动，为老师们的学习提供有力支撑，希望老师们学习先进的教学理念，形成科学的工作方法，争做创新型、发展型教师，学校会努力为你们搭建展示和提升的舞台，让你们的教学生涯熠熠生辉。

征途漫漫，唯有奋斗！希望全体同学牢记自己学习之天职，勤奋读书，刻苦求学。习近平总书记说：“心中有阳光，脚下有力量，为了理想能坚持、不懈怠，才能创造无愧于时代的人生。”同学们，我们的党和国家比以往任何时候更加重视科学和教育，重视人才的培养。所以，我希望同学们能牢记习近平总书记对你们的寄语，从小树立远大的理想，并为了自己的理想去努力，去奋斗。我们要从小培养爱党爱国的美好情怀，我们都知道，今天美好的幸福生活都是在党的领导下，无数革命先辈抛头颅、洒热血奋斗出来的，今年又是我们的党成立100周年，希望同学们积极参与到学校组织的“学党史、颂党恩、听党话、跟党走”的活动中来，在活动中了解党的历史，进一步坚定热爱中国共产党的理想信念。

今年，学校将把劳动教育同树德、增智、强体、育美充分结合起来，从劳动氛围的创设、劳动实践活动的开展以及劳动素养的评价入手，引导同学们树立正确的劳动观，崇尚劳动，尊重劳动。希望同学们在丰富多彩的活动中增长知识，拓宽视野，锻炼意志，提升技能。

本学期是属于六年级同学们的毕业季，六载春秋转瞬即逝，六年前我俯下身牵着你们的手走进双语实验小学，如今你们长高了，高得我要仰脸和你们交谈，在这一“仰”一“俯”中，我越来越为你们骄傲，因为你们长的不只是身高，还有知识、见地和智慧。希望你们在小学阶段的最后一个学期里，能一如既往是阳光向上、乐学守纪的少年，为低年级的弟弟妹妹们做好榜样。在你们即将开启新的学习旅程的时候，作为校长我要送给你们几句忠告，在人生的每一个关键时刻，要反复盘问自己“梦在何处，路在何方”。只有心中有梦，才能规划好自己的人生；只有心中有梦，才能创造属于自己的幸福未来！希望你们把握好这最后一个学期，为自己的小学生涯画上完美的句号，也为自己的初中学习做好充足的准备，祝福你们越来越好！

征途漫漫，唯有奋斗！在教育孩子成才方面，家庭和学校一样承担着不可或缺的责任，面对多变的世界，只有学校的教育是单薄的，所以我们更需要家长们的大力支持。在新的一年里，希望全体班主任老师全力配合学校的“家长学校”工作，用你们的人格魅力和沟通艺术让家长时刻和我们站在一起，成为我们的“同盟军”，在学生人格塑造、思想品德培养、学习能力提升方面与我们达成共识，助力我们取得教育的最大效果。

征途漫漫，唯有奋斗！“十四五”的号角已经吹响，希望全体双语人在学校“实施快乐教育，奠基幸福人生”办学理念的引领下，弘扬“爱党爱国，快乐有爱，健康向上，知行合一”的学校精神，为把学校建设成为全面发展、内涵丰富、特色鲜明的高品质学校而努力奋斗，以优异成绩向党的百年华诞献礼！

当前，国内疫情呈现零星散发和局部地区聚集性交织叠加态势，毫不松懈抓好常态化疫情防控，依然也必然是我们今年各项工作的基本前提。全校上下要认真贯彻落实上级关于疫情防控的部署安排，坚决克服麻痹思想、厌战情绪、侥幸心理和松劲心态，始终保持临战状态，慎终如始守好学校疫情防线。学校会进一步落细落实“外防输入、内防反弹”总体防控策略，加大力度抓好疫情防控各项工作，切实守护好师生生命安全和身体健康，以精准防控的措施，构建平安、快乐的双语实验小学。

老师们，同学们，2020，我们走得很坚定；2021，我们更有信心迎接机遇、直面挑战。让我们牢记习近平总书记的“三牛”精神，像“老黄牛”一样踏实肯干、脚踏实地；像“拓荒牛”一样破局开路、敢于创新；像“孺子牛”一样甘于奉献，服务于人，乘着新时代的东风，奋蹄追梦，俯首犁春，耕植沃土，践行初心，为实现我们的伟大中国梦，快乐双语梦，拳拳师者梦而不懈努力！

最后，让我们共同祝愿伟大的祖国更加繁荣富强！祝愿我们的学校明天更加美好！祝愿我的老师们新学期工作顺利，心情愉快！祝愿快乐双语的孩子们阳光向上，健康成长！祝愿我们 2021 年都能遇见最优秀的自己！谢谢大家！

2021 年 2 月 22 日

第十一章

受益匪浅——学习感悟篇

2019 年 10 月，作为省专家型校长培养对象，我和来自白山市江源区的 100 名中小学校长共同参加了为期 3 天的集中学习培训。三天里，大家共同学习思考，交流碰撞，收获成长。

历时三个小时“快乐源、快乐基、快乐翼、快乐行、快乐思、快乐帆”六大主题的分享，从培训前材料的梳理到培训中大家畅所欲言的倾心交流，都使我的办学思想得到了进一步的升华，也让我对办好党和人民满意的教育充满了信心。

送培到县助推校长发展　不忘初心追求品质办学

——省第三批专家型校长培养对象送培到县项目活动

※ 吉林省第三批专家型校长学习

“一位好校长，就是一所好学校”，校长的引领和示范带动作用关系到学校的发展和教育的兴衰。船营区教育局关注校长培养，杨柳副局长多次强调，“校长要加强学习，苦练内功，不断提升管理学校的水平和能力，要真正把心思沉下去，才能把教育质量升起来”。因此，区教育局一直把支持校长外出学习培训作为一项重要工作来实施，船营区进修学校作为培训工作的具体落实单位，更是深知培训学习对于校长成长的重要意义，按照教育局的要求努力为校长们创造并提供学习的平台和机会。

2019 年 10 月 15 日—17 日，按照“省培计划（2019）——吉林省第三批专家型校长培养对象学校改进指导力提高培训”的统筹部署和具体要求，由吉林省教育学院承接的“省培计划（2019）——吉林省第三批专家型校长培养对象送培到县——学校办学实践成果辐射”主题研修活动在吉林省白山市江源区拉开帷幕。在区教育局领导的大力支持下，我作为省第三批专家型校长培养对象在活动中进行了专题汇报讲座，来自江源区的100名中小学校长参加了为期3天的集中学习培训。三天里，大家共同学习思考，交流碰撞，收获成长。

聚集送培主题“学校办学实践成果辐射”，通过“专题讲学”“送培进校”“改进指导”等方式，参培校长按照“训前发现问题，训中求解问题，训后研究问题”的培训路径，实现了立足校本的办学理念的系统梳理与办学实践的动态优化。吉林省教育学院的赫坚书记、中小学校长培训中心管理办陈贺主任以及来自白山市江源区教育局和进修学校的领导们参加了开班仪式。赫坚书记做了重要讲话，他指出：“高效合理的学校管理体系是保障学校各项事业稳定高速运转的重要基础，校长应该重视学校管理体系的建设。”同时，对参培校长们提出了殷切的期望，希望他们在本次培训中能学有所获。

一、专题讲座篇

专题讲座环节，4位来自不同地区的省第三批专家型校长培养对象将自己多年来在办学理念与方向上的思索与成功做法向与会的各位参培校长做了汇报。

我作为优秀专家型校长的代表，以《实施快乐教育　奠基幸福人生》为题，从如何办好小学教育的角度进行了精彩的汇报。我将自己的办学经验总结为“快乐源、快乐基、快乐翼、快乐行、快乐思、快乐帆”六大主题，分别从办学理念构建、快乐党建、多维文化育人体系、快乐生态课程重构、教育敏感问题解决和助力教师成长这几个方面将学校的“快乐教育”办学理念立体地呈现给与会的各位校长、教师。汇报中，我讲到的学校家校教育、少年宫社团教育、科技教育的宣传片更是让参会人员直观感受到“快乐教育”的魅力。

二、送培指导篇

10月16日，4位专家型校长培养对象又走进江源区的小学和中学进行实地指导。在江源区实验小学会场，以圆桌会议的方式，我与江源区各小学的校长面对面交流，帮助他们答疑解惑。

江源区实验小学的李校长在汇报了自己的办学工作后，提出了校长如何合理分配时间，平衡繁杂的日常工作与专业提高之间的关系的困惑。我知无不言，言无不尽，将自己的成功经验与大家进行了交流。我主张的“人文管理，制度先行，以身作则，示范引领”的理念让在座的各位校长获益良多。

“读万卷书不如行万里路,行万里路不如阅人无数,阅人无数不如名师开路”。在此次培训中，虽然自己是作为送培专家参与培训，但是在培训过程中与共同送培的专家型校长们一起探究教育智慧，汲取教育精华，同样让我深切感受到自己在办学理念与方向上发生了质的变化。在区教育局领导的鼎力支持下，在区进修学校的精心安排下，我会珍惜每一次学习的机会，在未来追寻品质教育的路上，走得更远，遇见最好的自己！

有缘来相聚

——快乐心理辅导活动

※ 陕师大学习

普希金在《假如生活欺骗了你》中说：“一切都是瞬息，一切都将会过去；而那过去了的，就会成为亲切的怀恋。”

2018 年 1 月 12 日，“有缘来相聚”的破冰之旅（心理活动）让我们五十多位校长齐聚一堂，其乐融融，释放压力，放飞心情，享受着这份具有童真童趣的饕餮大餐，欣赏着每组的完美 LOGO 与快乐展示。我们在亲自实践中感悟，在参与体验中快乐，在同伴互助中增进感情！

破冰之旅像春风，感激之情溢满怀。感受情感的交融，分享合作的喜悦！解读 LOGO 中的一言一语、一举一动，这是一种触动，是一种生成，更是一种提升。活动点燃了诸位校长情感的火花，化解了一年的疲劳与压力，激励了校长们以最优的状态进行下轮专业的培训学习。我们深刻认识到，在漫漫教育路上，只有敢于突破自己、执着追求心中的教育理想，才能在平凡的教育岗位上塑造一个不平凡的自己，一个乐业善学的自己，一个真正享受职业幸福的自己。

破冰之旅如活水，源头之清汇于此。每个小组都体现了团队合作的协作性，每位校长都彰显了无限的魅力。我们洗去一路的风尘，展露会心的笑容，激发快乐的潜能，助力长足的学习。每位校长都深深感受到了在探索之路上只有不断提高自己的专业知识水平，才能找到工作中的愉悦感和成就感。此次破冰之旅我更加明确了做任何活动、任何工作，“乐”是不竭的动力与核心！

校长，职业幸福的原动力就是实现用人格魅力感染人、执着精神鼓舞人、专业发展成就人、终身学习提升人，教育就是以生命影响生命的事业！在这次培训中，我们不断地给自己“充电”“补氧”，内化于心、外化于行，拥有智慧、富有激情，亦步亦趋、且思且行，提升理论修养、个性修养、情感修养和能力修养，真正做到“腹有诗书气自华”。

破冰之旅似甘露，快乐之心情谊深。我们每一位校长都拥有“千磨万击还坚劲”的实干精神，诠释着“一片冰心在玉壶”的恒久信念，智慧地引领着一方教育的发展，体味着教育幸福的真谛！ 在“悦读、悦教、悦学、悦动、悦心”中相融。2018 年 1 月的“西安有约”，因为有了我们的相聚、相逢与相知，注入了快乐的元素，拉近我们之间心与心的距离，让每一个日子都是如此的温馨和阳光灿烂。一次次的专家引领、团队共研让我深深地感受到每名校长都是那么优秀，值得我学习的地方太多，能够跻身其中，十分荣幸。我非常珍视此次学习机会，内心深处如饥似渴地汲取专家与同伴的教育思想与实践良策，聆听自己思想拔节的声音。深深感到身边有那么多优秀的校长做同学、做学生真好——与智者为伍，与善者同行！收获真情，共同交流，促进反思，互相受益，把终身学习作为自己的生存状态。

相信，快乐而难忘的破冰之旅将开启我们快乐而充盈的两年培训生活，我们将聆听同行的感悟，接受思想的洗礼，助力学校的发展！我们一定能做到聚是一团火，散是满天星，不负吉林省教育厅与省学院的厚望，不负学校师生的期望！从这一刻起，润泽心灵、快乐学习！

《每课三得》之一

※ 根据“国培计划”——第二期中小学名校长领航工程整体部署和北京教育学院培养基地培养方案，我有幸在 2019 年 10 月参加了集中研修活动，并在为期一周的学习培训中收获颇丰。

一、基本信息

时　间：2019 年 10 月 27 日下午。

地　点：北京市稻香湖景酒店牡丹厅（2019 教育部“国培计划”名校长领航工程研修活动室）。

题　目：《文化引领、打造高品质学校》。

主讲人：张洁（辽源市龙山区多寿路小学校校长、教育部领航名校长）。

主持人：胡淑云教授（北京教育学院院长）。

二、印象深刻的内容

由于时间关系，张洁校长以《文化引领、打造高品质学校》为题目，先向大家概括了“学校文化就是师生在学校如何过日子，是学校教育教学的一切行为”，并从学校文化建设方面（物质文化、制度文化、行为文化）简单向与会同仁介绍了是如何打造高品质学校的，令我印象最深刻的一点是，校长的行为方式“修信念之道、修品性之道、修专业之功”；追求的领导风格，“用思想引领发展、用品德凝聚人心、用智慧做好管理、用学识带动成长，用愿景激发动力”。

三、主要感想

（一）对内容的感想

“一名好校长，就是一所好学校”“一名好校长，成就一所好学校！”这两句话是对校长最直白的夸赞，我个人认为此语境概括在张洁校长身上最恰当不过、最真实不过。在推动学校卓越发展的过程中，她真的做到了“受得住美丽诱惑、守得住教育初心、经得起各种磨砺、担得起育人责任”，诠释了“真正的领导能力来自让人钦佩的人格”的精神内核。多寿路小学的教师、学生是幸运的，因为他们与这样一位快乐、有温度、有情怀的校长美丽相遇。在她的带领下，平凡的人生注定写满了不平凡，追梦的路上洋溢着快乐、感动与幸福之情。

而我更是幸运的，在办学瓶颈时期，遇到这样一位校长为导师，为自己前行之路指明方向。张校长与我的邂逅始于省教育学院龚玲教授送我的《快乐生活幸福成长》一书，详细拜读后，高屋建瓴、创新深邃的教育思想让我受益匪浅，醍醐灌顶，快乐教育的温度感染着我，召唤着我向她走近。

一个偶然的机会，经省专家型校长班同学推荐，我来到心心念念的张校长所在学校——多寿路小学，参加了 2019 年 10 月下旬的张洁校长工作室校长交流活动。活动中参观了多寿路小学的校园文化，聆听了张洁校长题为《办好学校是校长的天职》的专家报告，参与师生核心素养的特色展示汇报和交流互动、指导答疑等一系列培训。参培的校长们在工作室的引领与同研的互助下，自身的管理水平和办学水平均有所提升。

张洁校长是良善的，亦是厚德的，一次辽源培训，我也有幸成了张洁校长工作室辐射学校的成员之一。高端、充实、令人难忘的北京教育学院培养基地校领航校长张洁工作室研修活动就这样开始了！工作室的成员在张洁校长的带领下，一次次参加专家讲座，学圣贤之道，醍醐灌顶，静心洗脑；一次次进行同伴交流，借石攻玉、分享功成；一次次前往学校参观，观特色办学，开阔视野，领略深邃；一次次进行反思自省，念自我提升，涓涓细流，润心有声。因为期待所以精彩，因为有您所以温暖，因为梦想所以成长！“追求卓越成为习惯，快乐仁爱引领前行，学习团队凝聚力量，教育责任担在肩上”是张洁校长的缩影，更是让我们向其看齐的精神航标。

感恩这次美丽的遇见，遇见更好的自己！打造品质学校的精神内核，就是一个像张校长这样的校长的引领下学校从普通走向优质卓越的过程。

参培过程中，有名李校长不经意间说了一句“快乐教育是最大的谎言！”当时让身在城乡接合部艰难坚守“快乐教育”的我感觉非常刺耳，主观片面的话语后是他没有真正走近多寿路小学“有意义的快乐”，体味学校办学的特色与精髓，感受“儿童站在学校中央”的快乐绽放。领略“国际视野、中国情怀”的高端展望。

太多的感动让我回味，心灵的震撼经久不息，见贤思齐的激动在生命里燃烧、学习、思考、实践。参培结束，带着感激，带着满足，带着收获，我将回归自己的学校，让自己的“快乐教育”在张校长的引领与指导下，不断完善，不断创新，同时树立自己身为校长的教育生涯里崭新的方向，让自己的成长之路更加丰盈、更有温度。立志真正做到张校长汇报结尾所说的“以文化领导学校，使文化支配下的教育行为成为学校之本能，提升办学品质。教育需要安静、耐心和从容。做校长，要始终致力于提升学校办学品质，让每个孩子学会真诚善良，内心美好、谦和乐群，积极向上，让孩子们因我们的呵护而健康美丽，因我们的牵领而幸福快乐”。努力做一个精神上有追求、思想上有创新，安心在教育中静待花开的好校长，心动不如行动，努力在当下！

（二）实践、反思与改进

结合我区吉林省教育科学“十三五”重点规划课题《基于核心素养理念下品质学校建设研究》，我们将在“营造育人文化，打造品质学校”上实现新的跨越。

首先进一步了解品质学校的内涵和基本思路。王宝华在《人民教育》中指出“学校品质是一个综合概念，包含诸多要素，涉及多个主体。构建和提升学校品质，先进的思想和正确的理念是先导，优秀的校长和敬业的教师是主体，达标的硬件和规范的管理是基础，优秀的学生和社会的认可是目标”。总之学校品质是质量、内涵、文化、特色、信誉的集合体。

陶兆媛认为，“创建品质学校，提升教育质量，要以先进的思想和正确的理念为先导，尊重科学，遵循规律。具体操作可以以‘队伍建设为基、爱上课堂为本、校园文化为魂、德育活动为韵’，为品质学校创建四条主线”。

然后通过结合专家论述与本次学习的收获，作为校长在实践中思考，如何在制定学校发展规划、培育特色文化、构建科学课程、强化师生主体、凝聚民主参与等方面，“营造育人文化，打造品质学校”。注重学生全面发展和个性发展相结合，落实立德树人的根本任务。推进学校制度建设、加强学校教科研工作、凝练独特校园文化，真正做到在培养核心素养理念引领下的学校顶层设计、制度设计、路径设计，构建学生喜欢的课程体系，形成科学的人文管理制度，打造师生认同的学校特色校园文化。

校园文化作为一种文化形态，它所包含的内容是十分广泛的，它通过丰富多彩的内容和各种各样的形式对学生价值观念、道德情操、思想内涵和行为模式的形成和发展起着较深的影响。而校园文化建设的方式又是多种多样，可以从校园的精神文化、制度文化、行为文化、物质文化、课程文化等几个方面来立体呈现。

精神文化层面，为了扩大"快乐教育"的外延，我们将重构"快乐 + 生态"的教育理念，届时学校传统文化的传承和与时俱进全新文化的交融将使快乐双语焕发出崭新的活力。

制度文化层面，为了突显制度育人的优势，让学校管理有据可依，我们将重新梳理健全学校各项制度,形成全新的学校《吉林市船营区双语实验小学校章程》,建立制度化与人性化有机结合的学校管理模式。

行为文化层面，学校将进一步规范师生的行为方式，全面实施素质教育，贯彻立德树人的目标，建立富有鲜明个性的教学模式和德育模式，通过形式多样的仪式和活动，让快乐双语的校园生活更加富有仪式感。以区域课题《基于核心素养理念下的品质学校建设研究》为依托，全面落实学生发展核心素养的各项要求，同时构建科学有效的师生综合素质评价体系，让核心素养在校园真正落地。

物质文化层面，我们将进一步完善"五大主题"教育文化的育人功能。生态文明教育长廊为学生呈现动态的水循环系统，树立垃圾分类的意识；科技梦想教育长廊让学生们体会人工智能给我们生活带来的便利；传统文化教育长廊带领学生们走进中国上下五千年，树立文化自信；快乐教育长廊继续将学校生活的快乐瞬间立体呈现，让学生感受校园生活的丰富多彩；家国情怀教育长廊帮助孩子们树立爱党爱国的理想信念，为祖国的腾飞而读书。

课程文化层面，继续充实"三位一体"的课程文化体系，基础性课程，面对学生；拓展性课程，面对孩子；综合性课程，面对公众。在师生关系、家校关系、社校关系的和合共生中，达到"培养全面发展的人"的育人目标。

"经济决定今天，政治决定明天，教育决定未来"。在经济条件艰苦的学校建设中，我们要像张洁校长说的那样，"无法左右政府的投入，物质建设虽稍显滞后，但我们可以在学校精神文化、制度、课程、德育等一系列其他方面下功夫，把优秀文化融入学校教育"。是的，用学校教育带动优秀文化，真正做到以文化引领，打造品质学校。而品质（优质）学校的创建要深深根植于本校实际，让其富有灵魂和气息，让其成为其他学校无法复制的文化。真正达到以习近平新时代中国特色社会主义思想为指导，全面贯彻党的教育方针，坚持五育并举，发展素质教育，培养德智体美劳全面发展的社会主义建设者和接班人的育人目标，为每一名学生的人生涂上快乐幸福的底色。

《每课三得》之二

一、基本信息

时间：2019 年 10 月 26 日上午 8:30—12:00

地点：北京市海淀区育英中学会议室。

题目：学习新思想，担当新使命——深入学习习近平总书记关于教育的重要论述，努力建设高质量基础教育。

主讲人：杨银付教授（中国教育学会秘书长）。

主持人：李雯教授（北京教育学院科研处处长）。

二、印象深刻的内容

杨银付教授以《深入学习习近平总书记关于教育的重要论述，努力建设高质量基础教育》为主题，以“九个坚持”为内容，对国家教育方针政策做了系统而准确的解读，让我们对我国教育事业规律性有了深化的认识，让大家真正从国家的教育政策层面上了解学校的办学方向和教育目标。印象深刻的内容就是“坚持党对教育事业的全面领导”和“坚持立德树人作为根本任务”。

三、主要感想

（一）对内容的感想

“坚持党对教育事业的全面领导”，突显党对教育的高度重视，党的十九大报告提出，新时代党的建设总要求是“坚持和加强党的全面领导，坚持党要管党，全面从严治党，以加强党的长期执政能力建设、先进性和纯洁性建设为主线，以党的政治建设为统领，以坚定理想信念宗旨为根基，以调动全党积极性、主动性、创造性为着力点，全面推进党的建设，不断提高党的建设重量”。“坚持加强党对教育事业的全面领导”，为中国特色社会主义教育事业提供根本保证，各级各类学校的党组织要增强“四个意识”，坚定“四个自信”，坚定不移维护党中央权威和集中统一领导，自觉在政治立场、政治方向、政治原则、政治道路上同党中央保持高度一致。可见，把抓好学校党建工作作为办学治校的基本功，把党的教育方针全面贯彻到学校工作各方面，真正做到用“四个意识”导航，用“四个自信”强基，用“两个维护”铸魂，加强学校思想政治工作，把思想政治工作贯穿学校教育管理全过程，是重中之重的大事，是教育管理的首要任务。

（二）实践反思与改进

作为基层学校的党支部书记，对党建工作有一定认识，自认为也建立了一套自己的工作方法，但经过本次培训后，才认识到自己在开展党务工作时，高度站位还不够，工作开展也不够系统。因为我一直认为学校就应该把教育教学工作放在首位，而党建工作可以与其他工作并列退而次之，聆听了杨教授的讲解，我豁然开朗，能站在更高的高度去理解办好中国的事情，关键在党。作为一名新时代的校长，应该有更高的政治站位，坚定党是最高的政治领导力量的信念，不忘教育初心，牢记育人使命，系统深入地开展学校的党建工作将成为我今后实施学校管理的工作重心。

1. 以党建促教师队伍建设，建设高素质专业化发展的教师队伍。

习近平总书记曾提出“四有”好老师的标准“有理想信念、有道德情操、有扎实知识、有仁爱之心”，学校一直把这个标准作为教师队伍建设的培养目标，我认为有效促进教师迅速成长，实现“四有”好老师发展目标的最佳途径就是抓好学校党建工作，充分发挥党组织的核心引领作用，建立党员教师与其他教师同学共进的学习共同体，强化学习型党组织职能，构建组织文化，以党建促教师队伍建设，提升教师队伍素质，为学校教育事业的发展提供有力支持。

如何帮助教师树立理想信念，是我首先要解决的问题。切实发挥党员教师的先锋带头作用，以点带面，激励更多的非党员教师见贤思齐，积极投入到教育教学工作中，并感受到党的先进性，对党组织产生向往之情，积极向党组织靠拢，“把党员培养成名师，把名师培养成党员”是我要达成的培养目标。我计划建立党支部学习与教师培训相结合、党员学习交流与群众教师互动相结合、党员帮扶与青年教师成长相结合的三个结合学习共同体，在教师中倡导“学而强能、学而促修”的学校团队文化氛围。首先，在党支部层面开展学习，重点学习《习近平关于“不忘初心、牢记使命”重要论述摘编》和《习近平新时代中国特色社会主义思想学习纲要》中的相关理论，开展党员教师与群众教师“手拉手、心相连、促提升、共发展”为主题的党员结对活动，让党员教师将学习到的理论向结对教师互动交流进行再培训，把个人的认识收获与集体分享，达到向学校教师全员宣传党的方针政策的目的。

青年教师是学校发展的后备力量，因此帮助青年教师树立以为祖国培养未来建设者和接班人为己任的信念是学校实现可持续发展的不竭动力。要充分发挥党员教师的辐射引领作用，让党员教师与青年教师“师徒结对”，指导青年教师树立个人发展规划目标，撰写个人五年发展规划，让青年教师参与“传、帮、带”活动，向青年教师提出“一年过关，二年上水平，三年出成果”的“123”奋斗目标，切实提高青年教师的教学技能和理论水平以及科研能力。通过课堂展示、业务培训、结对帮教、苦练内功，促进新教师尽快成长，使一部分青年教师逐渐成为教学骨干，业务素质的提升会让青年教师驾驭课堂、班级管理更加游刃有余，就会体会到教师职业的幸福感，“不忘教育初心，牢记育人使命”的理想信念也就自然而然地树立起来了。

2. 以党建促学校德育建设，贯彻落实“立德树人”的教育思想。

党的十九大提出把立德树人作为教育的根本任务，2019 年 6 月出台的《中共中央国务院关于深化教育教学改革全面提高义务教育质量的意见》中又提出了培养德智体美劳全面发展的社会主义建设者和接班人的要求。学校党支部会切实指导学校德育建设，加强学生的思想品德教育工作，增强他们的共产主义信念，激励他们争做“有理想、有本领、有担当”的社会主义建设者和接班人。

“快乐教育”是学校一直秉承的办学理念，旨在让快乐双语的孩子们乐学、善学，学校将结合“快乐八大节”和“五大主题”教育，努力创新德育形式，努力形成全员育人、全程育人、全方位育人的德育工作格局，充分发挥党组织对学校德育工作的指导作用，能够有效促进学校德育体系的形成。2017 年教育部印发的《加强中小学德育工作指南》中强调，要“始终坚持育人为本、德育为先，大力培育和践行社会主义核心价值观”。同时，《指南》中还明确提出德育工作目标、内容、工作原则以及实施途径等，为党组织更好的指导德育工作起到了重要的指导作用。首先，要强化学校党建引领，为《指南》实施保驾护航。其次，为了更好地落实立德树人根本任务，提高德育工作实效。最后，发挥党建引领和政治把关作用，学校党支部将从完善党管德育工作机制、“快乐教育”文化体系建设、师德师风建设等方面发挥党支部的战斗堡垒作用，确保《中小学德育工作指南》的贯彻落实。《中小学校党的建设工作的意见》的第四部分、第五部分明确提出中小学校党组织要把德育、思想政治工作、师德师风作为建设现代学校的重要任务来抓实抓好，要从管理体制、责任落实和要素保障等方面明确如何加强中小学校党建工作领导。因此我们将完善一系列保障措施，以下为具体内容。

（1）修订《学校章程》，将党组织的机构设置、职责分工、工作任务纳入学校管理体系，发挥政治把关作用的长效机制。建立党组织主导、校长负责、少先队组织参与、家庭社会联动的德育工作机制。

（2）制定《党组织指导德育工作实施方案》，定期指导德育干部研究、确立年度德育工作目标和任务；专题研究和解决学校德育工作中存在的困难和问题。

（3）发挥主导引领作用，教育引导党员教师努力搞好自身政治理论学习，提高自身素质，成为学校德育工作的参与者、引领者和主力军。坚持书记上党课、开展形式多样的学习研讨活动，引导广大干部教师争做“四有”好老师和“四个引路人”。

“学无止境”“学以致用”，在今后的工作中，我会努力做好师生的引路人，坚持以习近平总书记新时代中国特色社会主义思想为指导，全面贯彻党的教育方针，落实立德树人根本任务，遵循教育规律，让双语师生共同沐浴在党领导的普惠的教育阳光之下。

独学寡闻　车在马前

——吉林省第三批专家型校长培训下校指导走进双语实验小学

※2020年11月，作为吉林省第三批专家型校长，接受了省教育学院的专家团队对学校整体办学工作的分析与诊断，为学校的发展指明了新的方向。

《礼记·学记》中有“始驾马者反之，车在马前”之说，意思就是学任何事物，只要有人指导就会收获事半功倍的效果。为积极助推吉林省第三批专家型校（园）长培养对象有效凝练办学思想、切实优化办学实践，按照吉林省第三批专家型校（园）长培养工程整体方案和具体模块实施的安排，由吉林省教育学院中小学校长培训中心组织实施的“省培计划”（2020）——第三批专家型校（园）长办学思想与办学实践优化培训如期举行，为参培校长们提供了有效而专业的指导。吉林市船营区双语实验小学有幸成为吉林地区接受实地诊断指导的两所学校之一，对学校校长的办学理念和学校整体的办学实践是一次考验，更是一次成长的契机，一个崭新的起点。

2020年11月17日，吉林省第三批专家型校长培训入校实地诊断指导的专家和参培校长们齐聚吉林市船营区双语实验小学，对学校的整体办学工作给予有针对性的分析和指导，真正为快乐双语的发展规划了新目标，指明了新方向，理清了新思路。

在上午的活动中，我陪同来自省教育学院的夏斌老师和教育资深专家赵准胜处长、全国卓越校长丁国君以及省第三批专家型校长培训的参培校长们分别参观了以生态文明、科技梦想、传统文化、快乐童年、家国情怀“五大主题”教育为依托，特色鲜明的各楼层校园文化，观看了乡村学校少年宫口琴、合唱、绳编、轮滑、诗韵飞叠杯等部分社团学生的精彩展示。同时，专家和领导们走进学校科技馆，在小解说员们准确熟练的解说中，和孩子们轻松活泼的互动中，感受学校科技教育的魅力。整个参观环节孩子们的完美演绎让专家领导领略了快乐有爱的双语精神已经浸润在校园的每个角落，核心素养已经在快乐双语落地生根。

为了更直观立体地展示学校的教育教学成果，一节别出心裁的社团课《国韵——云肩》将双语实验小学“五育并举，融合育人”的教育教学理念呈现在领导和专家们面前。课堂上以传统服饰元素“云肩”的制作为主要内容，既有传统文化知识的介绍，又有美术纹理、造型的讲解，还涵盖了数学的对称思想，以古典的古筝曲导入更是将音乐与美术完美结合，课堂教学效果非常理想。在课后的评课环节，学校的三位校长和语文、数学、美术、音乐不同学科的老师分别对课上的亮点和需要改进的地方提出了自己的见解，充分展示了不断超越、追求卓越的双语教师团队的风采。船营区进修学校干训部的谭悦主任和孙元波老师全程参与了听评课环节，对校长的听评课能力给予了有效指导。

下午，船营区教育局刘新副局长和进修学校林卉校长专程赶到学校，跟省专家型校长培训团队的专家和领导们共同聆听我做的题为《凝练多元办学智慧 打造快乐有爱学校》的学校教育教学工作专题汇报。我从“立足学校师生实际，形成快乐教育特色”“踏上专家校长之旅，收获理念完美蜕变”“凝练提升办学智慧，引领师生快乐成长”“展望学校远景规划，快乐教育未来可期”四个方面向各位领导专家重点汇报了学校凝练“快乐教育”办学理念、打造健康向上学校文化的历程和个人成为省专家型校长培养对象后，在省学院中小学校长培训中心项目团队的组织下与众多的专家型校长同仁们同研共进、理念碰撞迅速成长的经历，让领导和专家们了解了一所城乡接合部的普通小学在发展过程中的艰辛与不易，更深切地感受到在学习型、智慧型校长的引领下双语师生的快乐有爱，教师、家长、学生的幸福感与获得感。

在专家点评环节，丁校长阐述了自己参观双语实验小学后发现学校的四个亮点，分别是立德树人目标明确、学校文化层次强、师生快乐指数高、办学理念成熟。同时，丁校长对课堂教学环节的评价融入了个人深邃的思考，从教学引领高站位、有深度的对自己学校全新办学理念进行了介绍，让与会的领导和老师们看到了一名教育家型校长的高瞻远瞩。赵处长娓娓道来对快乐双语的评价，让在场各位老师如醍醐灌顶，豁然开朗。他表示，双语实验小学让他欣喜地看到有细节故事的学校、鼓励课堂创新的学校、集热情与智慧于一体的校长和参加专家型校长培训三年来明显的学习收获。同时，为了帮助学校更快更好地发展，两位专家也提出了中肯的指导建议，如课堂创新可以再大胆些，可以进一步升华校园文化，要有问题意识，强化教科研工作，用独具双语味道的故事，加大对学校的宣传等，每一条建议都为快乐双语未来的发展指明了方向。省学院的夏斌老师对整体的活动进行了详尽的总结，他对两天来全程参加活动的专家和参培校长们孜孜以求的学习精神给予了高度评价，同时表示本次活动中大家彼此之间教学思想的交流和碰撞达到了帮助培训学员进一步梳理办学理念和办学经验的活动目的，活动效果超出预想，能够跟大家共同完成省第三批专家型校长的学习非常荣幸，也希望各位校长在今后的日子里，能够彼此之间多交流，有机会多到各自的学校去学习借鉴，实现更长足的成长。

专家的指导建议使我受益匪浅，接下来将以本次入校实地诊断指导活动作为自己新的起点，在各位专家的助力下带领双语师生继续砥砺奋进、久久为功，奔跑在筑梦、逐梦、共圆快乐梦的教育之路上。

本次入校实地诊断指导活动，得到了吉林省教育学院中小学校长培训中心项目团队的高度重视，项目负责人张岩主任精心谋划，两位班主任陈贺老师和夏斌老师细致组织，让参培校长们真正享受了一次学习盛宴，专家的引领更让参培校长们站在了巨人的肩膀上，站得更高，看得更远，又一次实现自身成长的飞跃！

《主动应对教育改革发展新挑战》讲座研修心得

※ 全国教育部第87期校长培训班学习心得之一

12月8日，中国教育学会会长，北京师范大学和东南大学教授、博士生导师，清华大学兼职教授，英国卡迪夫大学名誉研究员钟秉林教授为吉林省名校长研修班的学员们带来了题为《主动应对教育改革发展新挑战》的讲座。钟教授的讲座与时俱进、阐释深刻、内涵丰富，既有高屋建瓴的宏观视野，又有生动具体的微观把握，对全面把握教育改革发展趋势，转变教育思想，更新教育观念，推动学校内涵发展，具有重要启发与指导意义。

钟教授从教育发展、高考改革、网络教学、STEAM教育新挑战、教育国际化五个方面具体阐释了时下教育改革发展领域的新挑战。在认真聆听了钟教授对教育改革发展新挑战的分析后，“STEAM教育新挑战”这一专题引起了我的兴趣，也启发了我作为校长的一点思考。

STEAM教育理念最早源自美国政府的一项教育倡议，在推进基础教育改革的过程中，美国不断提高对STEAM教育的重视程度。近年来，随着互联网、人工智能等科技高速发展，科技携手教育已然成为一种趋势，STEAM教育也引起了英国、德国等教育发达国家的高度重视。在教育全球化背景下，从2016年，STEAM教育写入教育部教育信息化文件到2017年中国教育科学研究院发布《中国STEAM教育白皮书》，提出《中国STEAM教育2029创新行动计划》，STEAM教育已经得到国家教育部的密切关注，可以说STEM教育迎来了新的时代。

如何迎接STEAM教育带来的新挑战，让STEAM教育落地生根，推动学校教育教学信息化发展，我作为校长进行了一些大胆的构想。

一是以“研”为本，提高教师跨学科综合能力。教师无论是学生学习活动的组织者、引导者还是合作者，都是教学过程中的关键角色，而教师的跨学科综合能力则关系到学校STEAM教育走向何方，能走多远。我觉得提高教师跨学科综合能力应该利用两大抓手，一是网络研修，二是团队研修。网络研修即利用网络资源，比如吉林省教育资源公共服务平台，吉林市智慧教育云平台等，在云端上了解、学习、探索STEAM教育，从中获得知识、方法，开阔自己的眼界，启发自己的思维，更新自己的观念。团队研修即教师按照STEAM教育的需要，按照科学、技术、工程、艺术、数学专业学科组建教师团队，集思广益，取长补短，形成合力，在团队的学习与探索中碰撞出思维的火花。

二是以“生”为本，转变学生学习方式。我们教育活动的出发点和落脚点就是培养德智体美劳全面发展的社会主义建设者和接班人。在STEAM教育开发的过程中要时刻以学生的视角出发，始终牢记学生是学习的主体。STEAM教育不仅仅是这五个学科知识的学习，更是一种新的教学方式，让学生们自己动手完成他们感兴趣的、和他们生活相关的项目，在过程中学习各种学科以及跨学科的知识。多年来，我校一直秉持“快乐教育”的办学理念，我始终认为玩乐是孩子的天性，会玩的孩子才会学。我理解的STEAM教育的学习方式应该是一种综合学习、体验学习、自主学习、合作学习，更是一种快乐学习。STEAM教育“玩”出来，是符合孩子天性的，是可以启发兴趣爱好的，是可以培养能力的，是可以锻炼身体的，甚至是可以启迪大智慧的。

三是以“课”为本，拓展STEAM教育的外延。STEAM课程提倡跨学科交叉融合，将原本独立的、分散的学科形成一个完整体系，鼓励学生自主选择感兴趣的项目，培养学生的跨学科思考能力，提升知识应用与创新的意识。STEAM课程开发需要打破学科之间的壁垒，知识不再是以学科进行区分，而是根据项目的需要有机地融合在一起，课程结构需要进一步重构，研发出符合本校实际的校本教材。在课程重构、校本教材研发的过程中要把握住两个取向，一个是基于学科知识、方法整合的取向，另一个是基于社会生活、经验整合的取向。这两个取向将书本上的知识“用活”，将实践中的知识“活用”，使学生在学习过程中逐渐构建出属于自己的知识体系。正如小树终会长高，小鸟终将离巢，学生总有长大的一天，我希望学生在离开学校时获得的不仅仅是知识、技能，更多的是独立思考的能力、面对困难的勇气和追逐梦想的毅力，今后真正成为社会主义各行各业的建设者和接班人。所以，STEAM课程的开发要注重动手与动脑相结合、知识与实践相结合、实用与美感相结合、创新与时代相结合。

四是以“校”为本，联合社会、社区，整合学习资源。经过多年的发展，学校已确立并实行生态文明、科技梦想、传统文化、快乐童年、家国情怀“五大主题”教育。结合“五大主题”教育，精心设计了五个楼层文化，每个楼层都有相应的学习活动区、作品展示区。依托学校丰富的校园文化资源，通过“STEAM+ 五大主题教育”开发出更多学生感兴趣的学习项目。学校有着全区首屈一指的科技创新中心，机器人、天文望远镜、各式操作台、科技积木等多样科技资源，都是学校开展 STEAM 教育的资源优势。学校处于东北电力大学新老校区之间，我们时常“引进来”东北电力大学里的老师、学生到校开展社会实践，我们的学生也经常“走出去”到大学里进行参观，“一进一出”实现了高校优质教育资源的共享。下一步学校将进一步与东北电力大学信息工程学院计算机系进行沟通，一同开发 STEAM 教育课程。“他山之石，可以攻玉”，STEAM 教育的发展离不开政府、学校、家庭、教研机构、教育社团共同参与，离不开对课内与课外、校内与校外、学校与家庭、学校与社区的资源整合。

通过聆听钟教授的解读，我深刻认识到中国教育事业已站在新的历史起点，基础教育学校肩负着新的历史使命，面临着新的机遇与挑战，钟教授的讲座对进一步提升我校内涵发展水平具有重要的指导意义，特别是 STEAM 教育的新挑战，让我很受启发，收获良多。最后，再次感谢吉林省名校长研修班为我们提供这么优质的学习资源，感谢钟教授带来的既有理论深度，又有现实针对性的专题讲座。

在成功完成吉林省第三批专家型校长的培训学习后，我校的特色办学理念得到吉林省教育学院的各位专家的高度认可，我专门赴长春参加“省培计划（2021）吉林省义务教育优质均衡发展小学骨干校长培训班”的学习并进行了题为《凝练办学智慧　做有时代快乐校长》的专题讲座，受到与会同仁的好评。办学理念论文《以人为本　凝练特色　携手师生快乐前行》在“名校（园）长高质量办学：吉林省的探索与实践”论文征集活动中被收录成书结集出版。在省专家型校长学习中的优秀表现得到省学院各位专家领导的高度认可，又鼓励我向新的目标迈进，推荐我参加吉林省第四批杰出校长的遴选，夜以继日的考前准备、教育前沿理论的广泛涉猎，让我在“审问之，慎思之，明辨之”中，累积了更加成熟的学校管理经验和理念，不论结果如何，学习的过程就是超越自我的过程。

校长不仅要成为“首席学习者”，还要成为“学习领跑者”。在“十四五”的开局年，带领大家共同学习成为我的新目标。在“全国规范化家长学校实践活动实验区”船营区启动大会上，我代表全区校长作表态发言，为船营区规范化家长学校实践活动实验区建设画上了浓墨重彩的一笔。5月，我专程赴佛山完成了家校建设的专题培训，并在培训后的第一时间为学校的老师和家长进行了二次培训，在传播所学的过程中更丰富了自己的学识。同时，身兼市党代表、区人大常委教科文卫委员、区妇代会代表、区科协委员等职务的我，在教育教学管理以外的领域也在发挥着自己的光和热。

第四部分

快乐双语教育故事

引 言

习近平总书记强调，“讲好中国故事、传播好中国声音，展现可信、可爱、可敬的中国形象”。有情怀的校长才能讲出自己的教育故事，有故事的校长才有温度、有厚度、有宽度。校长的管理历程就是由教育中的事件构成的，校长的办学思考及教育理念是透过事件背后的故事性线索梳理、提炼出来的。

“一个好校长，就有一所好学校”。我理解这里所说的“好”不仅是简简单单的业务能力强、领导能力强、沟通能力强的“三项强者”，更应该是超越功利层面的价值坚守，用以人为本的情怀和坦荡广博的爱心引领师生身心健康、愉悦地投入工作、学习与生活。为此，我结合学校“快乐教育”办学特色和城乡接合部小学校的实际，深耕开启了“快乐有爱过日子”的简单“生活”模式。

学生的成长是核心，教师的发展是关键。我始终坚持与师生站在一起，用爱倾听不同学生的声音，因需而动，让校园变成学生喜爱的样子，激励学生健康茁壮成长，体会学习的快乐；用心了解一线教师的压力，同频共振，让教师感受家的温暖，激发职业幸福感，享受教书育人的快乐。

多年来，我带领全体师生、家长为这个“快乐小家”的生活不断努力着，从同耕快乐种植园到共建主题校园文化；从引领青年教师发展到与萌老团队同乐；从校园五大主题教育到社会实践体验活动；从关爱特殊学生成长到让每一个孩子站在舞台中央……一张张笑脸洋溢着幸福的喜悦，一帧帧画面记录了快乐的画面，一段段旋律演奏了有爱的乐曲，一个个故事书写了生活的美好！

第十二章

教师享受教书育人的快乐

姜国巧是一个务实肯干的上进青年，从我到快乐双语就一直在默默地关注她。从深受学生喜爱的英语课堂，到学校大型艺术节目排练，再到为校园建设献计献策，她那股“不做最好不罢休”的工作热情深深地吸引了我。因此，我看着她、陪着她、助力她，一步一个脚印从一名普通英语教师到大队辅导员再到教学副校长。

2021 年义务教育优质均衡发展小学骨干校长培训班活动中，我带她一起学习，一起收获。她回校后，激动地和我分享了“蹭培”的快乐。

用心做事　用心育人——“蹭培”的快乐

带着渴望，满怀激动，在成校长的带领下，我有幸参加了省培计划 2021 年义务教育优质均衡发展小学骨干校长培训的“蹭培”学习，开启了一场思想之旅。虽然自己只是一名旁听生，但是认真聆听几位校长的经验分享和专题培训后，真是受益匪浅。

一、用真正做教育的心去做教育

开班学习的一天晚上，共有八位校长进行了经验分享，其中记忆深刻的就是吉林市丰满区江南乡中心校校长的分享，因为在“一和一百的故事”中，我读出了这位校长的教育情怀。“这是我最后一次讲述‘一和一百的故事’，因为今年，我们的孩子将不足一百。”这句开场白渗透着她对乡村教育的热爱与无奈，热爱于乡村孩子的质朴天真，无奈于家长对村小教育的不理解。但是，无论如何，这位校长一直满怀激情和信心地带领着教师团队一直努力为乡村的孩子们营造优质均衡的教育。

一曲《大王叫我来巡山》引发了这位校长对"教育生活的节奏感应该是什么"的思考，加之对朱永新新教育的理解，她从关注师生发展、"建设书香生活环境"的教育内涵入手，努力打造属于自己的书香校园，如开展读书节、读书日、童话剧展演等活动，正如她自己描述的那样，"教育的改变从教研开始，师生的成长从阅读开始"。透过丰富多彩的校园活动，透过笑容灿烂的校园照片，我看到这位校长通过自己真正的努力，让师生过上了一种幸福完整的教育生活。

她说："让真正热爱乡村的人做乡村教育。"我想到的是，身为一名教育工作者，作为一名校长，我们就要用真正做教育的心去做教育。

二、用追求艺术的心去做管理

当天的校长经验分享一直到晚上九点多，在点赞收获满满的同时，也不乏有些疲倦，时而看见有的学员起身站在后边听课，有的学员走到教室外吸烟提神，大家的一举一动都看在陈主任的眼中。在最后总结时，陈主任用幽默而有艺术的语言扫去了大家的疲倦："各位做经验分享的校长准备得都非常充分，毫无保留地与各位分享。只是我如果在原培训时间上写成十点就好了，这样大家一看时间提早一小时结束，心里应该会瞬间充满幸福感。"在欢声笑语中，大家愉快地结束一天的充电模式。

这看似一句玩笑话，实则蕴含了工作的艺术，作为一名引领教师发展和学校发展的管理者，在工作中，我们需要讲究艺术。回想成校长在工作中确实也是如此，"没有规矩不能成方圆"，学校在健全完善精细的管理制度基础之上，又增设了几条人性化的制度，可谓严中有松，刚柔并济，对教师无心之失的小过错进行艺术化处理，不必小题大做。现在教师的压力不言而喻，作为学校管理工作的核心管理人，如何最大限度地调动教师们的积极性和创造性是一个值得思考的问题。比如可以挖掘校园的闪光点，扩大辐射效应；建立多元的谈心谈话模式，了解教师的想法；关注教师的身心健康；借助个人关系，请专家入校讲座；从小事入手，举办集体生日会、退休欢送会，体现生活关爱等等。一言以蔽之，校长治校绝不仅仅是板着面孔、冷酷无情，用规章条文进行科学说教，而是应该生动活泼、充满爱意、喜气洋洋的艺术杰作。

三、用为孩子发展的心去搞活动

“一切为了孩子，为了孩子的一切，为了一切的孩子。”在辽源市多寿路小学张校长的专题培训《基于课程融合的五育并举推出策略》中，让我进一步明确了学校里所有的事都要，以学生为出发点和落脚点，“推举‘五育并举’要在心里，在眼里，要有思考，‘五育并举’不能丢失人，更不能丢失灵魂。”张校长这样说的。

没错，我们教育的目的就是为了孩子的发展，所以作为一名校长，我们首先应该用为孩子发展的心去做活动。比如开辟快乐种植园，是为了培养学生的劳动能力和责任担当；协调科技馆的落成，是为了助力学生插上科技梦想的翅膀和培养创新实践精神；开展乡村少年宫社团活动，是为了丰富学生的校园生活，培养兴趣爱好，掌握专项技能……做每一项活动前，我们都应该沉下心来思考，孩子是否真正需要，在活动中，孩子能否真正成长、发展。

小处着手，以“事”促育；关注日常，以“做”促育。我们必须关注教育的点点滴滴，用平常心真诚地对待每一个孩子。反思任职教学副校长以来，在平日的教学工作中，哪些工作真正促进孩子的终身发展，哪些活动是孩子真正需要的。

向“40 分钟”要质量，每天的推门课、每周的领导听课日、每月的教研主题活动，在促进教师业务能力提升的同时，也真正在为孩子谋福利。

四、用善于思考的心去想发展

这是一个需要创新而且呼唤创新的时代。作为学校的领导者，我们要善于用发现美的眼睛发现身边的美景，善于用思考的心想学校的发展。在专家的讲座培训和多位校长的交流分享中，多次提到“生命教育”“绿色教育”“适性教育”……每一所学校的办学特色的凝练都饱含了领导者的心血和团队的智慧。我们双语实验小学以“爱”为核心的“快乐教育”办学特色，也是成校长在传承前任校长的孝心教育的基础之上，经过深思熟虑，结合校情、师情、生情实际创新形成的自己的品牌。

身为校长队伍中的一名新兵，我也一定虚心向专家请教、学习，在自己的教学工作中思考创新。“双减”政策的落地，已经向我们提出了“课堂教学提质、课后服务增效、学生作业创新”的新要求，同时也是我应该思考的新课题，以走进学生、走进家长、走进教师，因需而动作为工作前提，以破解家长实际问题、提升教师业务能力、培养学生综合素养为目的，脚踏实地落实政策精神，思考创新开展教育工作。

“每天进步一点点，每天快乐一点点，做最好的自己！”我一定会向学校的快乐宣言这样，不断学习、不断进取，用心做教育，用心育新人，不辜负成校长的厚爱与栽培。

倾听花开的声音

刘芙君老师是我校优秀的青年教师，她的成长速度之快让我惊叹。我认为，学校是一片辽阔的蓝天，包容万物，与学校一起成长，教会青年教师享受生活的阳光，感受生命的力量，这是教师培养的原动力。“问渠那得清如许，为有源头活水来”，优秀的教师队伍是提高学校教育教学质量的关键所在，但优秀教师不是与生俱来的，都是从青涩稚嫩的青年教师慢慢锻炼成长出来的。刘芙君老师就是一个在努力成长、努力变优秀的青年教师，她的故事要从一堂“不听话”的课说起。

2020 年，我参加了吉林省中小学第三批专家型校长培训，潜心钻研学校怎样向更高水平发展，凝练办学特色，如何让“五育融合”真正落到实处，专家入校诊断指导是培训学习的重要环节之一。为了完美地呈现学习成果，在接到入校指导通知的第一时间，我就组织中层领导干部召开了工作研讨会，重点探究如何给与会领导呈现一节“五育并举”落地生花的综合性课堂教学案例。本着助力青年教师更快、更好的发展，又不增加教师负担的原则，我建议让刘老师上一节刚刚结束的星级教师比赛中的成型美术课，只需稍加修改即可。确定好工作要求，教学副校长就带领教学团队展开了教研工作。在研讨的过程中，刘老师提出了自己的想法：“这是一个非常难得的锻炼机会，我想要打破以往的教学模式，创新课堂，将常规课改为社团课，弘扬中国传统文化，表现中国传统服饰中的云肩，与同学们一起学习。”刘老师的想法很有创意，但这样一来课堂难度增加了很多，需要教师重新确立教学目标，构思课堂环节，还要进行多次的磨课研课，这个过程会十分不容易。想到这里，我真的从心底欣赏这位有创新思想、敢于挑战的刘老师。因为她能打破常规课堂模式，愿意挖空心思去揣摩一节创新模式的课堂。大多数的青年教师都是“听话型”的好孩子，像这样有自己想法、愿意为自己“找活干”的青年教师真是太少了。所以，我决定坚决支持这位年轻教师的决定，我也相信凭着这股子干劲，她一定能够闯出属于自己的教育小天地。当然结果是肯定的，虽然是一次全新的尝试，但刘老师的美术课十分成功，专家们在点评中给予了高度赞扬。这次创新型课堂大获成功虽然在意料之外，但也在情理之中。学校一直鼓励教师要敢于提出不同意见，倾听教师不同声音、作风民主、兼容并包是我一直倡导的办学理念，尊重教师个性，鼓励创新，是学校制度化与人性化相结合的管理方式的生动体现。

这样有干劲、有想法、有能力的青年教师是我眼中最佳的培养目标。在刘老师刚刚踏进双语实验小学时，初入课堂，把大学课本中学来的知识应用到真正的教学实践中，并没有想象中那么顺利。找不准教学目标，课堂环节混乱，教学时间掌握不准，面对课堂突发情况有些手足无措，虽然竭尽全力，但教学效果依然不理想。在学校常规听课中，虽然感受到了她的慌张，但也从慌张中感受到她的用心和对教学的重视态度。正因如此，我为她争取了很多外出学习的机会，在各级各类的公开课中旁听，还推荐了多种教学书刊。虚心好学的刘老师不断地汲取教学书刊中养料，每一篇优秀的教案，每一个细节的处理方法，每一处教书心得，都成了她不断学习的范本。

一路走来，一路艰辛、一路进取、一路鲜花。六年的工作时间里，刘老师从美术教师到学生处干事，再到教导处副主任，是学校“快乐生本品质”美术课堂研究的先行军。她设计的“传统茶文化”“旗袍小手工”“名画模仿秀”等一系列网络课，既立足学生审美能力培养，又注重学科整合；既传承优秀传统文化，树立文化自信，又拓宽了学生的国际视野；既得到本校师生的认可，又深受大学区学生欢迎。她多次承担各级美术课堂展示和经验交流活动，所教班级的学生和优秀作品，纳入省编三年级美术教材，个人在省、市、区各类比赛中获奖。

通过刘老师的成长经历，我看到了青年教师虽然步履蹒跚，但都在以自己最快的速度向前迈进。刘老师说：“我的幸福是在工作中获得的，领导与同事的深切关怀，前辈不遗余力地帮助和指导都是我不断前行的坐标。学校像一盏明灯，引导关心、培养帮助没有教学经验的我，就像站在多位巨人的肩膀上摘取教学天空中闪亮的星辰。在备战公开课的过程中，每一次都要经过若干个不眠之夜，反复研究课本、教参，修订教案，再拿到学校试讲，校长和几位教学主任仍然愿意一遍遍不厌其烦地指导我，特别是在教学重难点和考点的把握上，更是给予了精确的指导，让刚刚走入教育之路的我获得了更多自信。我最喜欢在学校里可以‘贪婪’地听取老教师的授课，从中吸取最直接的经验，欣赏并学习各位老教师不同的讲课风格和‘独家绝技’，并运用到自己的教学中，这个过程是向名师学习的捷径，我学到了不少书本之外的经验。”这番肺腑之言，让我与青年教师的心更近了一步，他们的教育情怀其实要比我想象的更为深厚。年轻人有年轻人对教育的理解和追求，也有他们的表达方式，我所要做的就是给他们创造更多的学习和锻炼的机会，做他们成长的助力器。

罗曼·罗兰曾经说过：“什么是快乐？只有创造才是快乐，其他都是没有意义的在地上飘浮的影子。”青年教师在努力地学习前人经验、实现教学育人目标的过程中，要把自己的思想结合进去，通过不懈努力，最终在工作中形成自己独特的教学特色。只有学会创造才能使工作不是简单枯燥的重复劳动，只有创造才能体现出一位教师的真正价值所在。

每一位像刘老师这样的青年教师，都是快乐双语的一颗星星、一粒火种，我将竭尽所能，守护他们的教育追求，坚定他们的梦想信心，激发他们的昂扬斗志，与大家一起发挥集体智慧与力量，在快乐双语书写对教育的忠诚与执着。以行动为基，以思考为翼，携手快乐前行。

最美的向日葵花

成长是学会和世界讲和，慢慢地接受别人的不完美，再慢慢地接受自己的不完美；成长是很多的不期而遇和很多的追悔莫及；成长是向前冲，跌倒，拍拍土，还要站起来继续；成长是不管前方的路有多苦，只要走的方向正确，不管道路多么崎岖不平，都比站在原地更接近幸福。在学校朝气蓬勃、活力四射的青年教师队伍中，有这样一位努力面向太阳、积极向上成长的交流教师，在她的身上我看到了青年教师该有的样子，也陪伴着、助力她慢慢成长。

一、从 0 到 1 的小不点

带给孩子们改变的可能是一句话、一个眼神、一份信任，带给老师改变的亦是如此。

2019 年 3 月，陈春阳老师作为一名交流教师来到快乐双语这个大家庭。在那个寒冬还未离去的开学季，路上的积雪尚未融化，路况难行，四年级的一位班主任在上班的路上摔倒了，无法完成正常教学工作。因学校正值师资紧缺，每个人都分身乏术，这个班的孩子没有老师带领，这时我想到了刚刚来到的陈老师。最初见到这个跟我女儿差不多大的孩子时，我就被她身上的踏实肯干吸引了，我也确信她是个好班主任的材料，在和她交流的过程中，得知她在之前的学校有班主任的工作经历，我更加坚定了选择。当然，我也看得出陈老师的内心是忐忑的，因为她初来乍到，对一切都不熟悉，但是她还是接受了这个艰巨的任务，毅然站到了四年级一班的讲台上。

担心陈老师的压力太大，我一直默默地关注着她。陈老师精心准备着每一堂课、耐心教育着每一名学生，认真召开主题班会、加班加点与家长沟通，就连班级卫生也亲力亲为地打扫，空闲时间也总是看见她与同年级优秀教师交流、虚心请教。她就像铁人一般不怕苦、不怕累，用实际行动生动地诠释着努力成长的模样，在学习中进步、在实践中改正，不断让自己提升与突破，这不正是我想要的青年教师的模样吗?

在这些事情的背后，最令我动容的是她刚刚结束产假，每天仍要抽出午休的时间奔走在家和学校之间，一边哺育襁褓中的幼女，一边教育求知若渴的四十多名学生，她向我们展示了作为一名母亲的坚韧以及一名班主任的担当。“生于忧患，死于安乐。”她对我说，“人只有给自己不断施压，对自己狠一些，才知道自己的潜能有多大。你的信任和鼓励是我最坚强的后盾，让我有勇气挑战自己。”就这样，陈老师像一朵永远向阳的向日葵花，和四年级一班的孩子们度过了一个平稳快乐的学期，也开启了她在双语实验小学的快乐序幕。

二、与孩子们一起成长

2021 年 6 月，陈老师来到快乐双语已经有两年半了，看着她在办公室里，一笔一画，工工整整地写着、整理着孩子们期末的奖状，我的嘴角禁不住扬起微笑。“向阳花中队”是陈老师所带班级中队的名字，因为她想让每个孩子都能像向阳花一样面对太阳，充满希望。这个班级，是我给她的第二个嘱托。她在经过一个学期的代班学习以后，成功迎来了自己新的一年，也迎来了崭新的挑战。让她接班前，我只告诉她一句话：“教育怎么才能做好，就是你要时刻记得——你想让你的孩子有一个什么样的老师，你就要做一个什么样的老师。”我相信这句话她一定会记在心里，因为她不仅是一名教师更是一位母亲。

青年教师是学校的新生力量，只有让她们独当一面才能为学生发展、学校发展真正奠定基础。为此，我的年度支部书记谈心谈话对象更倾向于青年教师队伍，努力为他们搭建更好的平台。叶圣陶先生说过“身教最为贵，知行不可分”。在陈老师的身上我真真切切看到了这句话，凡是要求学生做到的，自己应当首先做到，喊破嗓子不如做出样子！班主任老师整天和学生生活在一起，被学生看作值得敬仰和信赖的人，老师的道德修养、言谈举止、兴趣爱好，甚至生活习惯都会带给学生潜移默化的深刻影响。在这两年时间里，她要求学生关心别人，自己先主动关心学生；她要求学生一丝不苟，自己从备课到板书再到授课、批改作业都起着示范作用；要求学生讲究卫生，她自己随处见到垃圾主动捡起；要求学生讲文明礼貌，她的嘴里绝对说不出任何粗俗的话语；要求学生遵守纪律，她自己首先遵守学校规定，从无延迟上课、拖延下课的现象。课堂上，她与学生一起积极思考；劳动中，她与学生一同流汗；烈日下，她与学生们一起参与大课间……孩子们在一天天长大，青年教师队伍中的她也在不断成长。陈老师和所带的班级都取得了可人的成绩。陈老师的工作得到了学校同仁的一致认可，她不仅获得年度优秀教师的荣誉，而且所带的向阳花中队也获得了船营区优秀班集体的荣誉称号。

我相信，陈老师和她的孩子们一样，如同向日葵般，开最美丽的花，结最丰硕的果，向着知识与真理，不断前行，快乐绽放。

三、搭建人生出彩的舞台

青年教师的成长离不开舞台，我与教学领导团队带着如何加速青年教师成长步伐的思考，为努力向上的青年教师们搭建展示的舞台。课堂是教学的主阵地，为了提升青年教师的业务能力和综合素养，基于学科特点和学生年段的思考，从学校优秀骨干教师中，选择合适的师傅，开启“青蓝携手共进”工程，让像陈老师这样的青年教师有师傅、有引领、有方向。“听课学习”不仅是孩子需要做的，更是每一个青年老师需要做的。当我看见陈老师主动拿着听课记录往返于师傅的班级、同学年老师的班级、优秀示范课的班级取经时，我的心里甜甜的，脸上美美的。推门课、公开课、展示课、研讨课、竞赛课等多形式的舞台也向有准备的青年教师招手，提升自我、改进自我、突破自我是他们成长的口号。

在一次数学教研员下校听课过程中，陈老师作为授课教师和教研员面对面交流，聆听专家一对一的指导，认真、虚心、细致、努力的样子也给教研员留下了深刻的印象。通过一次次的教研员预约入校活动，陈老师得到教研员的青睐，获得了历练自己的机会——在大学区进行数学课展示。陈老师说那是她第一次站在那么大的舞台，不仅代表她个人，更是代表双语青年教师的形象。在一个月的研课磨课过程中，我看出她使足了劲儿要将课堂展示到最好，期间她哭过累过退缩过，我告诉她有问题有错误不要紧，一点点改正就是进步。就这样，她的一节不完美但是进步飞速的展示课呈现在了全区数学老师面前。之后，她对自己的教学更加有信心，积极参加活动，不放过任何一次学习成长的机会，那朵向日葵花开得格外艳丽。

作为一名校长，我最欣慰也是最喜欢的就是陪着每一位青年教师成长。陈老师的交流时间马上就要到了，我相信，她在未来的每一天都会发挥自己的光和热，照亮她的班级、照亮她的学校、照亮她自己。

每一次经历都是一个新的起点，当你站在起点上，闷头干一阵，回头再看时你已经走出了一大段路了，所以年轻的孩子们你们不要怕，大胆地向前走吧！这段路上，我愿意一直做你们的支柱，支持你们走向远方。

静待山花烂漫时

刚看到赵亮老师的时候，她是一个身材瘦小，弱不禁风，眼神总是向下，不敢直视别人的小女孩。我知道她是一个缺乏自信的人。我想，这样一个柔弱，没有自信的女孩，能当好班主任吗？但出于对新教师的培养和锻炼我还是让她尝试接手新班级。因她的班级有一个患有自闭症的男孩，在课堂上总是乱动，无缘无故打扰别人，搞乱课堂教学秩序，班级其他学生也在这个孩子的带动下有样学样，不听指挥。这无形中给这个弱小的女孩带来了加倍的挑战，看着她日渐憔悴的面容，我真的为她担心。有一天，她病倒在了教室里，同事把她送回了家，我正想给她的班级安排代课老师，可没想到下午她又悄悄地站在了讲台前。那时我看到了她弱小身躯散发出的无穷力量，透过微弱的讲课声音似乎感受到她不屈的意志，我相信她能把这个班带下去，并且把孩子们带好。因为只要有坚强不屈、持之以恒的精神，就一定能将事情做好。

可不久后，她却和我提出不要再当班主任了，我觉得这样一个坚强的女孩儿，不应该就此荒废了自己的教学生涯。我和她说只要坚持完这个学期，就同意她的要求。其实，这只是一个缓兵之计。一天放学后，我找机会送她一段路。在车上，我和她讲了我的经历，告诉她，每个人的生活和成长都不可能是一帆风顺的，困难只是一时的，只要我们挺过去一定会有海阔天空的时候。我要她明白，每一颗钻石在被发现前，都要经受埋藏尘埃的寂寞时光，拨开云雾便会有晴空。这需要努力和坚持，战胜困难是需要时间的。通过她的眼神，我知道她听进去了，此后我经常和她用微信交流，开导她的心情，也教她管理班级的方法。

为了帮助她树立信心，快速地成长起来，我给她创造了很多锻炼的机会。只要有竞赛课、展示课、教研活动，我都会安排她去上课。她很努力，每一次教研活动都很积极，从不推诿懈怠。她很坚强，一次又一次的失败，都没有放弃。即使去充当“分母”，她也要试一试。看着她一点点走向成熟，步入佳境，我真的很欣慰。

我总感觉在她的心里有一种对教学、对课堂的执着。我问她这来源于什么，她给我讲述了一段让我也动容的经历。

她说以虔诚之心待教育是她的初心，也是她的执着，因为刚参加工作时她就参加了下乡支教。她是城里长大的独生女，除了郊游，从没有过农村的生活经历。刚走出校门的她非常害怕，父母也很担心。她的爸妈说：“要不你别去了，大不了不当老师了。”正是“不当老师”这句话触动了她。她想：“不去支教，就再也走不上讲台了，听说由于取替民办教师，太平乡的孩子们开学都没有班主任了。和孩子们在一起，我有什么害怕的？”可当她背起行囊，经历了三个小时的车程来到太平乡时，那里的景象让她惊呆了。乡里只有一条近 3 米宽的土路，从东走到西用不上十分钟，道路两边就是一眼望不到边的玉米地。唯一的一座小楼是 5 层的乡政府，在乡政府的旁边有一所朴素的平房小学。远望学校面积挺大，近看一半的木质窗户上没有玻璃。那时的她真的打起了退堂鼓，但校长和老师们的热情让她动容。学校的校长亲自出乡几里迎接她们，还让老师们在家里准备了几桌当地的特色菜为她们接风洗尘。当她知道菜都是老师们从自家院子里采的，碗碟是东拼西凑的，乡长还特意找人杀了一头猪，面对如此热情的领导和老师，她还能说不吗？就这样，她留了下来，开始了一根粉笔、一本书、还有一个炉钩子的教学生涯。

听说乡里来了科班老师，太平乡四面八方的孩子们都涌进了中心校。她所教的一年级班竟然入学了 43 名学生，有的孩子需要家长骑一小时的摩托车才能送到学校。那一刻她是震惊的！她不会生炉子，学校的后勤主任亲自来帮她，家长们给她拿来柴火和煤。下雨天，看着家长踩着齐膝深的水把豆丁大的孩子一个个背进教室，看着孩子们每天的午餐就只是一个馒头，连一根五角钱的火腿肠都不舍得买时，她下定决心，只要她在的一天，她就要教好孩子们，一定要让孩子们得到高质量的教育，即使那时她还只是一个初出茅庐的新教师。没有人指导，她就自己买书看，只要周六、周日能回家，她就上网去找相关的教学视频。她到现在都不明白为什么乡村的电费那么贵，她不舍得点灯，每天晚上打着手电筒备课。就这样她们班的成绩直到她离开时都是名列前茅，她还有幸给乡里的老师们做了多节的展示课。

听了她的故事，我知道了她坚强的来源，也坚定了要把她培养成一名名师的决心。因为她的经历让她有着比别的同龄教师更深的教育情怀。她热爱学生，珍惜课堂，喜欢当老师。她说每当在课堂上看到孩子们一双双渴求知识的眼睛，心就会暖暖的，无论是疾病还是困难都阻挡不了她满腔的热爱。面对孩子们天真的笑脸、质朴的语言、渴求知识的双眼，她立志要当一名优秀的老师，这样才能不辜负她教过的每一名学生，才能为每一个学生的人生涂上亮丽的底色。

为了助力她快速成长，我为她创造了与曾曦博士零距离接触学习的机会，而这一次锻炼真的让她飞速成长。那年她为了代表吉林省为河北省观摩团讲好一节“快乐心”作文课，一个多月都没有睡过好觉。班上，我和她一遍一遍研课；班后，她和曾曦博士线上交流；晚上又自己再三修改教案。讲课的前一天她紧张得彻夜未眠，作为校长我很为她担心，一次次走到她身边鼓励她，安慰她。但当她走上讲台的那一刻，我看到了她自信的目光，心也跟着镇定了下来。那堂课她讲得很精彩，得到了曾曦博士和参会教师的高度评价，后来被评为全国优秀示范课一等奖。正是这一节课开启了她作文教学的探索之路，让她品尝到坚守初心所带来的幸福，为她今后走上更广阔的舞台打下坚实的基础。一次次的教学竞赛，一场场的教学研讨，一堂堂的送课下乡，让她看到了更宽广的世界，促使她更努力地学习，快速地成长。她先后被评为吉林市“快乐心”教研活动先进个人、市语文优秀任课教师，市骨干教师、区教育教学精英、区语文全天候授课教师，区语文命题工作先进个人等。

“教学之路本就是一条平淡朴实的幽径，我愿踏踏实实走好每一步，静待山花烂漫时。”她是这样说的，也是这样做的。

智慧管理 + 温情关爱 = 老骥伏枥

——每周上 25 节课的老教师的快乐故事

“校长，你放心，只要我在双语实验小学工作一天，我就一定不给学校添负担，不让领导操心，我一定会保质保量地完成学校交给我的工作。为了保证自己能有足够的精力和体力上好每周的 25 节课，我现在每天都坐出租车上班。双语实验小学就像一个快乐有爱的大家庭，在这里让我感受到温暖，我热爱我的工作，我会站好最后一班岗，为快乐双语的发展贡献自己的力量。”这朴实的话语是一位还有 2 个月就要退休的老教师写给我的“快乐红色智慧豆腐账”，没有豪言壮语，却让人感觉那么温暖，将一位在教育战线上耕耘几十年的教育人的情怀展现得淋漓尽致，快乐双语特有的有人性、有温度的学校氛围也可见一斑。

故事开头的那位董老师就是在谈心谈话后，走出自己内心的阴霾，重新焕发工作活力的典型代表。曾经的她因身体和家庭的压力对生活失去了希望，几近绝望的她找到我，我马上放下繁杂的工作耐心倾听她的讲述，她和我敞开心扉，一谈就是近两个小时。我从一名党员和领导的角度开导她，让她放下心理负担，让她感受到学校是她强大的后盾，无论遇到什么困难，几十名双语家人都会像家人一样帮助她。就这样，压垮董老师的“最后一根稻草”被我的谈话成功化解了，笑容再次出现在董老师脸上，暖心而充满正能量的话语也出现在她写给我的“快乐红色智慧豆腐账”里。

每一所学校都有这样一个群体，55 岁以上具有高级职称的女教师，她们当中的很多人或是因为个人原因，或是因为学校的工作需要，选择了延迟退休。但问题也随之而来，身体上的不适，导致她们不能适应教学一线的工作，可占着一个高级教师的编制，其他教师又在观望她们的工作表现，学校如果不能平衡这样的矛盾，必然影响其他教师的工作积极性。如何帮助她们克服年龄和身体上的不适，调动她们的工作热情，成为我们亟待解决的问题。在我的快乐双语就有近 10 名延迟退休的 55 岁以上的女教师，她们都克服了年龄和心理上的压力，在各自的岗位上发挥着余热，实现着自我价值，这都源于学校制度化人文化的管理策略。

完善的制度体系约束是我的解决策略之一，《快乐双语高级职称女教师工作制度》应运而生。制度中规定，要积极维护学校团结和稳定，不做不利于学校团结稳定的事，不说不利学校团结与稳定的话；要自觉维护学校集体利益，坚决贯彻执行集体决议；要热爱本职工作，遵守学校一切规章制度，做到令行禁止，以一切有利于学校工作、一切有利于学校发展为出发点开展教育教学工作；做好教学工作，讲究教育艺术，积极开展教学研究工作，文明竞争，关心爱护学生，努力提高教育教学质量；按学校考勤制度要求，按时签到，出好勤，统筹安排好当日工作，严格执行《快乐双语请假制度》，对无请假手续外出者，视为旷工；上课不迟到，预备铃响到班级，不提前下课，不随便离开教室，不拖课；课堂上，不说教师忌语，课内不讲与教学内容无关的话；不私自调课，调课一律通过教导处；不随意空岗、缺岗；办公时间不进行与教育教学无关的活动；保持办公室内的安静，不串岗闲聊；课堂教学期间手机调至振动，禁止做离堂、接打手机等与课堂教学无关的事情；鼓励教师积极利用电脑、课外书籍、报纸杂志拓展阅读面；利用自身的教学专长协助学校开展好社团类活动；鼓励教师积极参加多种形式的体育锻炼，强身健体，更好地为学生服务；保持办公室整洁卫生；爱护学校公物，注意用电安全做好防火防盗工作；上班期间要衣着整洁，穿着得体，言谈举止文明；教师之间要互相团结，互相帮助、互相支持、互相协作。

生命铸就梦想　坚守谱写赞歌

一支粉笔两袖清风，三尺讲台四季晴雨，滴滴心血孕育教书的梦想！拳拳之心谱写育人的赞歌，这是我们学校优秀的党员钱洪秋老师三十多年教育工作的写照。

钱洪秋老师 1983 年参加工作，21 岁的她带着对教育的梦想走上神圣的三尺讲台。转眼间三十三年过去了，她从一个意气风发的少年变为两鬓斑白的暮者。美好的青春年华，都挥洒在三尺讲台上；宏大的凌云壮志，都刻印在七尺黑板中，而默默无闻地付出，换来的是“桃李不言，下自成蹊”的成就。

一、谦虚勤奋好学，小荷才露尖尖角

钱老师在教育之路上走过的每一步，都是值得我们学习的。“不当班主任的老师，不算真正的老师”，凭着满腔热血，带着领导的重托，她走上了班主任工作岗位。虚心请教是她刚当班主任时的利剑法宝，专科课时，向优秀教师请教重点怎么讲，难点怎么突破，班级管理多与老教师沟通，班级遇到具体事情让老教师帮助出主意。加上平时外出培训、听课、听教育专家的讲座，为她在班主任的工作方法上注入新鲜的血液。她回到班级便开始实践外出学习培训取得的真经，班级管理很快进入状态，班级成绩也遥遥领先。

船营区第一届优秀班主任的光环，更让她成为我校班主任工作中的佼佼者。当最美丽的阳光升起，照耀在73名学生的身上时，她收获的是满心的幸福！班主任的工作很辛苦，每天在学校马不停蹄地工作，晚上还要拿起教参、课本来备课，有时备课到半夜三更。

二、一声晴天霹雳，生命中满是阴雨

24年班主任生涯让她感受到作为老师的艰辛与幸福，正当她徜徉在班主任工作的幸福中时，一声晴天霹雳，打碎了她所有的一切。2008年开学伊始，她总会觉得身体不舒服，有时钻心的疼痛会让她直不起腰来，可每次下决心请假想去看病时，却无论如何也狠不下心。我曾经多次劝她赶紧去医院看看，可她就是舍不得她的学生们。回首这二十多年的班主任工作，她没有请过一分钟的假，因为班里73名学生在等着她，怎么舍得请假呢？直到那一天，她险些晕倒在讲台上的时候，才不得不去做检查。“你患的是癌症！”当医生斩钉截铁地告诉她时，那一刻，她似乎感觉天塌了。医生坚持让她做手术，面对如此命运，对于手术的成功与否，她无力挣扎，唯有听天由命。

三、一心只为学生，心中重现阳光

得知这个消息，我心如刀绞，几十年坚持如一日的她能承受得了这样的打击吗？但我没有想到的是，诊断下来的第二天她就如往常一样走进了班级，脸上还是那份从容淡定，眼中还是那任谁看了都是暖暖的目光。她说，三尺讲台，成了她战胜病魔的力量源泉；孩子的笑脸，就是驱散她心里阴影的阳光。不管手术如何，在手术前夕，她没有离开过自己的课堂。当满脸的汗珠滴落在讲台上的时候，当眼前模糊靠用凉水洗脸才能清醒的时候，当孩子们一次次送来关爱的时候，她最常说的一句话就是："有病就治疗，但我不请病假，不能耽误我给学生上课。"

面对学生，尽管她只字未提自己的病情，但细心的学生早已发现她的变化。她发现班里的学生比原来更懂事儿了，班级干部主动承担起了各自的职责，将班级管理得井井有条；学生看到老师高抬着手臂写板书，脸上冒着汗珠时，会对老师说："老师，您不要写了，我们能明白您讲的"，就连班里最调皮捣蛋的学生也听话了。

她说到做到，每次的术前治疗，都会选择在周末进行，周一按时到校上课，就这样一直坚持到手术的前一天。术后，医生叮嘱她不要着急走入课堂，这个病怕累怕气怕上火；她的丈夫含泪哭求她安心静养；她的儿子甚至抱紧她的大腿不让母亲出家门。我也多次劝她回家多休息，可是，对教育事业执着地追求，让她的心早已飞到了学生身边，术后仅仅一周，她就投入到了满是阳光的地方："我一定要坚持把这个班带到毕业。"这是她的决心，任何人也无法说服。

四、用奉献谱写赞歌，换一生幸福坚守

告别了二十四年的班主任工作岗位，她成了年龄最大的教导处主任。每日工作便是查三表、缺代课、减负、师生评价、课堂教学指导等，工作量丝毫没有减少。每天从一楼到五楼不知要来回多少趟，只为确保每一节课都有教师授课，每一个班级都有老师看管，她用微笑面对生活，用行动坚守教育初心。由于年龄大的关系，身体各方面机能有所下降，当心脏病、高血压等病魔轮番折磨她的身体时，她依然没有选择退缩。她的丈夫躺在病榻上时，从未请假护理过；儿子中考高考时也从未陪同过，她说："我不是一个好妻子、好母亲，但我却无悔，因为我是一名好老师！"

"捧着一颗心来，不带半棵草去"，有谁能像老师一样，一举手、一投足，一个美丽的微笑，一个鼓励的眼神，一句关切的话语，就能拨动一个个美妙的心弦，就能带给孩子无限欢乐！钱老师曾说："用一生的时间去准备，做最好的自己，做一名甘于奉献的教师，只为良知，无怨无悔！植根育人，为的是默默追求心中的梦想。面对三尺讲台，不改初衷，面对学生，一往情深！”

钱红秋，一个成功的坚守者。坚守到红颜不再，坚守到青春枯萎，坚守到两鬓斑白。坚守，幸福的坚守！她坚守着的不仅是课堂，还有自己心中永远的教育梦！

生命不息　战斗不止

——记不知疲倦的邢奶奶

“一个党员就是一面旗帜。”邢奶奶用自己的行动诠释着一位老党员的初心梦想，诠释着一位教育工作者的执着坚守，诠释着一位发挥余热义工的无私奉献。

早上，当我以为自己是第一个来到学校的时候，邢奶奶一声清脆的“校长早上好！”唤醒了我所有的工作热情。老师们陆陆续续来签到，第一个迎接他们的永远是笑容满面的邢奶奶。“感冒好了没？”“孩子考试怎么样？”“真是越来越精神啦！”和蔼可亲、嘘寒问暖、无微不至这些词语不足以形容邢奶奶对大家的关心。老师们、孩子们的一声声“邢奶奶早上好！”能让这位年过七旬老人笑得像花儿一样。

邢奶奶今年 75 岁，没退休之前曾是本校的副校长，她业务水平精湛，工作态度勤恳，赢得了所有领导和老师的称赞。退休之前是校长，退休之后就是学校不折不扣的红色管家人。

2011 年秋季开学，随着几位老教师的离退和工作调转，我们学校出现了严重的师资短缺情况，安排完任课教师后，门卫收发室人员告急。收发室是学校与家长接触最频繁的一个岗位，代表着学校的形象，既要维持每天上学放学的秩序，又是保障师生人身安全的第一道防线，事杂活多，急需一位懂得协调家校关系，有亲和力又耐心又细心的老师，我思来想去也找不出这样一位人选。无奈之下，我只好找邢奶奶帮忙顶替一阵子，等有合适的老师立马还她惬意的退休生活。邢奶奶一听学校遇到了困难，二话没说便应了下来。可谁知，这一接手就是十年整！

一、她是家校联络员

由于一部分家长对孩子的教育不够重视，还有一部分家长因为生活压力而比较焦躁，沟通起来有一定的难度，因此以往的门卫老师经常会因为一点点小事，而遭到一些学生家长的刁难，甚至有人对收发室工作人员出言不逊。邢奶奶来到这个岗位后，这样的事情再也没有发生过。

有家长给孩子送书、送饭盒、送衣服，邢奶奶会在纸条上写好班级姓名，第一时间送到孩子手上；有生病需要中途回家的孩子，邢奶奶总是先帮孩子整理好衣服，牵着孩子的小手送到家长手里，最后还对年轻的家长嘱咐几句注意事项；有家长放学没有及时接到孩子的，邢奶奶比家长还要着急，打电话、发信息、四处询问，直到找到孩子为止。正是一次次换位思考的处事方式和一件件暖心的小事，树立了邢奶奶在家长心目中的高大形象，成了快乐双语打造船营西部名校的一张亮丽名片。

一次在上课期间，一位自称是六年级学生的家长醉醺醺地来到学校，说话含糊不清，还强烈要求到班级找自己的孩子，并且不论怎么问都不说明理由。眼看争执中言辞越来越激烈，可派老师到他口中的孩子班级去找人，根本没有他所说的这个孩子。为了保障师生的人身安全，保安人员决定报警处理。但是，邢奶奶考虑到一旦报警可能会影响到这个年轻人的工作和前途，于是跟保安人员商量，再争取一次看能否找到这位家长口中的孩子，以便跟他的家人取得联系。当时六十多岁的邢奶奶拿着这位家长的照片一路小跑，跑遍了六年级和五年级各十个班级，终于在五年级其中一个班找到了这个男子口中的孩子，也联系上了家人。事后，夫妻两人来到学校收发室感谢邢奶奶以及几位保安人员的帮助和宽容，男子惭愧得抬不起头，孩子妈妈哭着说：“多亏双语实验小学有这样的好心人啊，不然，孩子爸爸的工作可能都丢了！一家人可怎么生活！”邢奶奶笑着说：“你们跟我孩子年龄相仿，我怎么忍心自己的孩子因为一时糊涂而犯下大错呢？”朴实的话语中折射出的是这个花甲老人的慈悲心肠，正是这样的宽容与热情，使收发室成了家校联系的一条顺畅的纽带，成了家长了解学校各项信息的窗口，也为老师了解家长的真实想法提供了有效的途径。而邢奶奶就是家校联系网中最重要的那个人。

二、她是身份多变侠

如果要问邢奶奶在双语实验小学是做什么工作的，答案会是多种多样。每天早上 5 点多来到校园，她是保洁员，不仅把收发室打扫得一尘不染，就连门口的方砖都清扫得干干净净；学生上课和午休期间，她是安全员，只要下课铃声响起，她的身影随之出现在操场上，看护孩子们不做危险游戏，维持孩子们上厕所的秩序，一双警惕的眼睛总是能发现不安全因素，及时制止危险的发生。一双布满皱纹的大手，一副不再挺拔的身躯总是会保护着幼儿班和低年级的孩子，声声“注意脚下”的提醒犹如家里奶奶的叮咛；她是报刊管理员，师生订阅的所有报刊读物，都能够在第一时间准确无误地拿到手；她是快递员，闪送着家长们给孩子送来的各种物品；她是免费钟点工，每周二早餐吃包子，四点钟的操作间都有邢奶奶帮忙剁馅、包包子的身影。夏天还好，冬天的黎明时分是最冷的时候，尽管顶着刺骨的寒风，周二早上的这个义务加班，邢奶奶从来没有缺席过。最脏最累的活她总是抢着干，食堂厨余垃圾桶被她刷得锃亮，小菜园里的杂草被她铲得干干净净，保洁女工请假时，厕所卫生的打扫也被她主动承担下来。雨天，她拿着笤帚、撮子把大门口坑坑洼洼里的水扫净，以免孩子们弄湿了鞋子；雪天，她跟年轻的保安们共同清理操场的积雪，看那劳动时的劲头儿，一点儿也看不出是七十多岁的老人。身兼数职的邢奶奶，就像一颗螺丝钉，走到哪里，哪里的工作就能够有条不紊地展开；顶到哪个岗位，哪个岗位就会如同一座堡垒，不会出现一点差池，是党员队伍中迎风张扬得最显眼的一面旗帜。有的老师发自内心地说，别看自己年轻，但是干不了邢奶奶这么多活，邢奶奶听到了，总是笑呵呵地说，她不累，她喜欢为老师和学生服务。

每个寒暑假学生的教材都会陆陆续续派送到各所学校，因为是分批次运送，所以各学年的教材和教师的教学参考书会混淆在一起，给新学期教材的发放工作带来麻烦。自从教导处人手短缺后，邢奶奶便主动承担起了教材的收发工作，这么多年从没有一本书出现过失误。不论严寒还是酷暑，只要新华书店的电话打进来，老人家立刻到学校等候。近两万本教材，分学年、按学科一摞一摞摆整齐，一个人搬不动，就发动家属，邢奶奶和老伴一起推着车装书运书卸书，想尽办法防止书受潮，特殊时期还做好书籍的消毒工作。真是只有我们想不到的，没有邢奶奶做不到的。

印刷工作是学校不起眼却又很重要的工作之一，记不清从什么时候起，印刷也成了邢奶奶的分内工作。致家长一封信、学习质量检测卷等，一印就要几千份卷，需要一边印刷，一边按年级班级分类，有时还需要剪裁切割。特别是期末考试卷，科目多、张数多、要得急，为了做好保密工作，邢奶奶经常找来老伴，夫妻二人一干就是一整天，有时加班到晚上六、七点。赶上机器罢工，就找来自己儿子修理，替学校节省开销。邢奶奶这种以校为家的精神感染了双语大家庭的每一位成员，成了快乐双语文化高尚行走的精神内核，点燃了每一位老师心中热情的火把。在邢奶奶的带动下，双语教师无私奉献、爱岗敬业的先进典型层出不穷，形成了积极向上，知行合一的良好校风。

三、她是健康代言人

邢奶奶常说自己是生在旧社会，长在红旗下，她对自己现在的生活十分满意，更是十分珍惜。每当有老师在工作或家庭生活中出现困惑的时候，都愿意找邢奶奶聊聊天，听听她的建议。“家有一老，如有一宝！”老人家几十年宝贵的人生经历是给我们晚辈最生动的教科书，听她讲讲当年穷人翻身的喜悦，听她讲讲当年工作环境的恶劣，听她讲讲“文革”时期的惨烈，瞬间会感觉自己所遇到的困难不值一提，为自己的懦弱而感到惭愧。老师们常说邢奶奶是自己的“精神加油站”，我认为她老人家是我们双语大家庭很多人的精神依靠，更是我灵魂休憩的港湾。

邢奶奶是学体育出身的，身体素质特别好，“感冒发烧两片药，轻伤不下火线”，跟老人家热爱运动是离不开的。七十多岁的邢奶奶是很多孩子心目中的偶像。阳光体育大课间，当动感的乐曲回荡在校园上空时，所有的老师、学生都来到操场上运动，成群结队，嬉戏玩耍，张张笑脸在上下翻飞的大绳、小绳间跳跃，天真无邪的笑声在你追我赶间穿梭。邢奶奶也是其中一员，比跳绳，好多年轻的小伙子都甘拜下风；比跑步，很多年轻的女教师都是她手下败将。白雪飘飘的冬季，长跑是大课间的主角，一千多名同学排着整齐的队形，随着音乐的节奏慢跑，响亮的口号展示着双语学子的朝气蓬勃。邢奶奶不仅自己全程跟随孩子们的脚步，还会主动到请假班主任的班级管理学生。在班子例会上，负责出勤的教导主任这样说：“咱们学校谁请假我都不怕，就怕邢奶奶请假。”

邢奶奶不仅是教师们学习的榜样，还是学生的知心朋友和心理导师。新的学期开始了，总有个别的新生不能快速适应校园生活，早晨不愿离开家人。“现在你是一名光荣的小学生了，你在学校有老师和许多小朋友会很开心的，你可以在学校学到很多知识，还可以做好多游戏，交到好多小朋友。你自己在家多孤单多没意思呀！你要学会坚强，不哭好吗？奶奶相信你以后肯定不会像今天这样了，是不是？”在邢奶奶一天又一天耐心地引导和关心下，孩子们很快转哭为笑，连蹦带跳地跟着队伍进校园。邢奶奶则每天快乐地接待他们，笑着送给他们一个个大拇指！就这样，邢奶奶成了孩子们最亲的家人。

邢奶奶喜欢孩子，孩子也喜欢邢奶奶。每堂课都会有孩子们特意过来跟奶奶打招呼，有任何问题都会找奶奶来帮忙，学生没戴红领巾、小绳，奶奶会送给孩子们；需要用电话与家长取得联系，奶奶会把自己的电话主动借给孩子们用；有的孩子忘带学习费用，奶奶也能为孩子们垫付；需用卫生纸随便到奶奶这拿。跑操，跳大绳、跳小绳、打沙包、堆雪人、玩老鹰捉小鸡……都可以和邢奶奶玩，学校操场上回荡着老人和孩子们爽朗的笑声。邢奶奶总说：“觉得自己跟孩子在一起，真能返老还童！”

四、她是最美劳动者

教师节表彰庆祝会，第一个奖项必须是颁发给邢奶奶，她获得了最高荣誉——功勋奖！我亲自为她颁奖并送上祝福的鲜花，她接过证书和鲜花激动地说：“感谢领导和老师给我这么高的荣誉，我只是做了自己该做的，今后我会一如既往地为大家服务，生命不息，战斗不止！”朴实的话语，蕴含着多么深刻的道理。看着她精神矍铄的面孔，听着她质朴的感言，我的眼里噙满了泪水。习近平总书记说过一句话“伟大出自平凡，英雄来自人民”。邢奶奶就是十几年如一日不知疲倦默默无闻地做了许多工作，在平凡的工作中，创造了伟大的成就，她就是我们身边的英雄，她就是我们身边的榜样。

邢奶奶干一行，爱一行，在平凡的岗位上书写不平凡的篇章，在平凡和伟大之间，是忠诚、执着、朴实的鲜明性格，是高远的理想和不懈的努力，坚信、坚守和坚持，是一个共产党员的本色！

第十三章
用爱唤醒生命的精彩

大爱无疆创造的生命奇迹

有爱才有阳光，有爱才有雨露，有爱才有奉献，“以爱育爱”是快乐教育的核心。学校里几乎每个班都有这样的孩子，因为父母文化水平不高，只能靠打零工维持生计，家庭生活贫困，每个月的伙食费都要凑够钱后一周一交；因为种种原因成为单亲子女、事实孤儿，长期见不到爸爸妈妈，由年迈的爷爷奶奶抚养；有的甚至长期以长托的方式住在托管机构，这样的生活方式让他们根本感受不到来自家庭、父母的呵护与关爱，本该天真烂漫的童年被阴云所笼罩，胆小、怯懦、麻木、暴力、厌学……这些心理问题成了他们身上的标志性符号。为了帮助这些孩子走出生活和心理的阴霾，我牵头成立了“快乐双语爱心基金”，开始是由学校的党员教师通过“爱心牵手一帮一”“快乐爱心支部”“爱心对对碰”等形式筹措帮扶资金，帮助这些孩子交学费、买学习用品、跟他们谈心，后来学校的其他教师也自发地加入了捐助帮扶的行列，为“爱心基金”助力。几年来共帮助了学校里近 300 个家庭解决生活上的困境，解除后顾之忧，让每一个双语学子都能专心学业，实现理想。学校的善举也赢得了社会各界的广泛响应，师生家长、人大代表、爱心警官、民营企业家、市红十字会、慈善总会、江城晚报社等社会爱心人士纷纷加入到资助行列中，爱满校园，情系双语，学校、家庭、社区、社会“四位一体”联动扶贫，真正确保了快乐双语“爱心基金帮扶工程”的实效性。

我刚到双语实验小学任校长时，走进班级进行常规听课，在一个五年级的班里看到了这样一个孩子，当其他孩子因为有校长来听课，打起十二分的精神积极踊跃地回答老师提出的问题时，她只是默默地坐在一个角落里，用懵懂的眼睛看着老师和同学们，我的到来似乎对她没有任何影响，与实际年龄极不相符的瘦小身材也同样引起了我的注意。于是，下课后我就向班主任老师询问了孩子的情况，了解到这个孩子叫小乐，家庭特别困难，妈妈因为不堪忍受窘迫的生活在她很小的时候就离家而去了，她只能跟爸爸相依为命，爸爸因为文化水平的限制和生活的艰辛，没有过多精力关爱这个孩子，家庭教育的缺失让她在智力发育和情感需求上，都远不如同龄的孩子，班主任老师已经在学习和生活上格外关爱她了，但她的学习成绩依然不尽如人意，因此在班级中她只能做一个格格不入的“旁听生”。

听了这个孩子的情况，我的心里一阵心疼，同样是孩子，为什么她就不能享受到无忧无虑的童年呢？作为校长，我必须尽我所能帮助她拥有健康快乐的童年，首先我要先到孩子家里去看看，更深入了解她的生活，然后有针对性地帮助她。当天放学后，我跟班主任在孩子的引导下来到她的家，如果说在学校看到孩子的穿着能看出她家庭贫困的话，当真正走进这个家的时候只能用惊讶来形容我当时的感受。低矮的平房，门前的路泥泞不堪，好不容易进到屋里，破旧的门窗、布满黑漆漆油烟的墙，连件像样的家具都没有，只有一个堆满了衣物的火炕，这可能就是父女俩夜晚休息的地方。由此可推测，小乐已经五年级了，还跟爸爸挤在一起。我看着这个默不作声的小女孩，更坚定了要帮助她的决心。我先是自己拿钱，给小乐买了身干净漂亮的衣服，当我亲手为她换上的时候，我在她脸上看到了小女孩渴望美的羞涩。自那以后，每到换季，我都会给小乐买应季的衣物，让她跟别的孩子一样干净漂亮。我又号召学校的老师自愿为小乐捐款，捐多捐少无所谓，尽微薄之力就好，就这样第一笔“爱心基金”诞生了。我跟副校长一起用这些爱心善款为小乐家购买了米面油等生活必需品，又带着青年教师到小乐家帮忙收拾卫生，在大家的帮助下，小乐的脸上露出了久违的笑容，性格也开朗了许多，顺利地完成了小学的学业，走进了理想的初中就读。我们小小的善举能够改变一个孩子的命运，为了让学校里更多这样的孩子都能像小乐一样享受到快乐的童年生活，我创立了“快乐双语爱心基金”。就像文章开头说的那样，“爱心基金”引起了更多人的关注，让更多的双语学子感受到了爱的力量。

都说孩子是一个家庭的全部希望，若孩子不幸患上不治之症，无疑会给这个家庭带来无法言表的伤害，天文数字般的医疗费用更是会让孩子的父母陷入无助与焦虑当中。在双语实验小学就有这样两个孩子，其中一个孩子小俊来自河南，跟随外出务工的父母来到吉林，在双语实验小学里享受着快乐而普惠的教育，可是一张白血病的诊断书改变了他的生活轨迹，文化程度和收入水平不高的父母面对孩子的病情一筹莫展。我了解情况后，第一时间启动了“爱心基金”，到医院去看望孩子并送去双语人的爱心捐助，也为孩子的父母送去了积极给孩子治疗的信心，如今的小俊已经从快乐双语顺利毕业，回到河南老家成为一名帅气的初中生。

另一个孩子小浩是个帅气的小男孩，超出实际年龄的乖巧听话让刚上二年级的他得到了所有任教老师的赞扬。新学期刚开学，孩子们还沉浸在假期的轻松愉悦中时，小浩却因为莫名的发烧而被医生委婉地提醒到上一级医院去确认病情。小浩妈妈来学校给孩子请假的时候，班主任老师在心里默默为孩子祈祷，可是检查后听到的却是坏消息——白血病。我听到这个消息后，马上向全体教师发出捐款倡议：“快乐双语是一个温暖有爱的大家庭，咱们不能让任何一个孩子掉队，无论什么样的困难，只要齐心协力都会解决，希望大家都能伸出援手，帮助这个孩子渡过难关！”一石激起千层浪，老师们纷纷解囊相助，学生、家长也自发地献出自己的一份爱心，不到两天的时间，就为小浩筹集到了 7 万多元的捐款。当我亲自赶赴长春，将这满含祝福的爱心款交到小浩爸爸手里的时候，这个七尺男儿眼含热泪，声音颤抖地说：“感谢双语实验小学的全体师生家长，有你们的支持和鼓励，孩子一定会好起来的，谢谢，谢谢你们！”也许爱的力量真的能创造奇迹，经过近 4 年的治疗，小浩的病痊愈了，度过了观察期后，小浩妈妈来到学校，拉着我的手说：“是双语师生的大爱无疆给了我们治好孩子的信心，我儿子的第二次生命是在你们的帮助下创造的奇迹，现在他能返校上学了，我还要把孩子送回双语之家，让他在充满爱与温暖的校园当中快乐健康地长大，也让他像你们一样心中充满大爱，长大后用爱心与责任去回报更多的人！”还有一年小浩就要毕业走进初中校园了，相信他一定会像他妈妈说的那样，在未来的人生路上心中有爱，去温暖身边的每一个人。

因为爱的美丽邂逅

人生之旅，最值得庆幸的是回首往事时，有一种美丽可以赋予生命无限的可能和向上的力量。从事教育事业近三十载，有幸以“爱心妈妈”的身份与一群孩子有着因为爱的美丽邂逅，回首初衷，不得不提起一件意外的小事。

一、一件小事引发的思考。

“艳春，你们学校有一名家长来教育局反映问题来了……”放下电话，我感到一阵纳闷，会是什么样的问题，对方又是什么样的家长，10多年了，在双语实验小学，这还是第一次有人去上访。到了区教育局，见了这位家长，他把问题一说，我就明白了。原来是一件在我们看来再小不过的事了——他家的孩子被老师赶出了呼啦圈社团。后来，我向社团老师了解了事情的缘由，原来是这个孩子不遵守社团的纪律，总是调皮捣蛋，严重影响了别的孩子学习，社团老师只好把孩子送回到班主任处，并不是被老师无理赶走的。而后，我又和班主任核实了这件事，班主任说的和社团老师基本一致。家长的说法和老师说的有出入，这其中必有误会。在办公室里我思前想后，把这个小男孩带到了办公室，在和小男孩交谈的过程中，我有了意外发现。在我满怀热情地与小男孩聊天的一个多小时里，小男孩始终面无表情，也不多说一句话。“这么小的孩子怎么会这样冷淡？”带着疑问，我张开怀抱搂过他，开始的几分钟，他依旧直直地站着，没有丝毫感觉。但我用温柔的声音、温暖的拥抱、甜美的笑容让小男孩渐渐开了口：“我和爸爸生活在一起，我爸他喜欢喝酒，经常会喝多。如果学校考试，我的成绩不好，他什么也不说，就抽出皮带，打在我身上，边打还边骂我不争气。我真的很喜欢呼啦圈社团，但我不敢和我爸说实话……”听到这里，我心疼地把孩子更紧地抱在怀里说：“以后有事就来找我，我会像妈妈一样爱护你。”开始没有回应的小男孩，渐渐伸出小手臂抱住了我，但是依然没有其他表情。

二、一次讨论达成的共识。

与小男孩谈话的场景让我的内心久久不能平静，总觉得应该做点什么。随后，我召集全体领导开了一次讨论会。会上，我把小男孩的事情说了，大家都发表了看法，在你一言我一语的讨论中，大家逐渐达成了共识。多年来，“快乐双语爱心基金”行动帮助众多家庭解决了生活上的困境，但是随着时代的发展，也滋生了一些“看不见摸不着”的新问题。最后大家一致认为，物质扶贫只是基础，给这些孩子们情感上的支撑更为重要。基于此，由学校党支部牵头开启了“同享一片蓝天，相伴快乐成长”爱心助学活动。

结合学校“快乐红色智慧+”党建工程，党员教师先行拉开了亲情关爱的帷幕。首先，由班主任对各自班级学生的家庭情况，尤其是隐性留守儿童情况进行仔细排查和研究。通过自愿申请、学校遴选、师生双向选择，最后结成“亲子关系”，每位老师可以“认养”一至两名特殊的孩子，做他们的“爱心爸爸”“爱心妈妈”。我想，此次开展助学活动就是要让这些孩子感受亲人的关怀，解决特殊儿童群体心理缺乏呵护、感情缺乏寄托、学习缺乏帮助、生活缺乏支持、管理缺乏家教的现实问题，帮助他们像正常家庭的孩子一样在良好的环境中健康成长。“同享一片蓝天，相伴快乐成长”爱心助学活动一经开展，便广受师生、家长欢迎。“爱心爸爸”“爱心妈妈”很快成为双语实验小学人人耳熟能详的称谓。在第一批“爱心爸爸”“爱心妈妈”每天“抱一抱”“谈一谈”“说一句激励的话”，简单的“三个一”的努力下，这些孩子感受到了家人般的关爱与温暖，让他们逐渐觉得双语实验小学就是他们的家。

三、一个举动掀起了热潮

有一天，我看到几位“爱心爸爸”“爱心妈妈”与孩子们亲切交流的情景，心想：“何不把这些镜头定格，让更多的师生和家长去分享呢？”我当即用手机拍下这些画面，并且让小刘老师帮忙设计成海报，张贴在楼梯口、走廊上。第二天一早，师生们纷纷在海报前驻足，脸上写满了喜悦和感动……让我始料未及的是，看过海报后很多教师主动到我办公室报名，争当第二批的“爱心爸爸”“爱心妈妈”，就这样校园里掀起了一股爱心接力的热潮。青年教师曲闯真切地跟我说：“校长，虽然我还没有结婚生子，但我可以提前在每天的‘抱一抱、谈一谈、说一句激励的话’中，感受到为人母的喜悦与责任。”

在爱心助力交流会上，曲闯还主动分享了自己的心得。以“爱心妈妈”的身份和班级那个“不敢说实话”的小男孩相处的过程中，她渐渐地发现孩子的脸上重现久违的笑容，在操场上、走廊里、教室里看到她这个“爱心妈妈”，也会主动地跑过去“抱一抱”。我相信在“爱心爸爸”“爱心妈妈”的关爱下，这些孩子的心理、学习、活动都会有所变化，会变得更加自信、向上、活泼、可爱。

“仓廪实而知礼节，衣食足而知荣辱”。“爱心爸爸”“爱心妈妈”的出现就是这些特殊孩子强有力的支撑，是孩子避风的港湾，是孩子学习和生活的源源不断的动力。

瑞士教育家裴斯泰洛奇说：“一切美好的人生都是为爱所唤起，为爱所引导的。”自 2008 年到校至今，我一直秉承以“爱”为核心的快乐教育为办学特色，倡导让每一位老师享受教书的幸福，让每一名学生感受学习的乐趣，让每一名家长都对学校的教育满意的办学愿景。与这些特殊孩子们的美丽邂逅，让我更加坚定地办好属于双语实验小学自己的以“爱”为核心的“快乐教育”。

小凡加油！命运注定了你的不平凡

前几日，考入北京航空航天大学的邢益凡的励志故事上了热搜。看到这个消息，我也特别兴奋。邢益凡，这个我做校长时遇到的最特别的孩子，我的记忆也回到了 12 年前……

2009 年 8 月的开学季，我正在准备迎接一年级新生入学的各项工作，办公室的门被敲响，应声走进来一对年轻夫妇，他们就是邢益凡的父母，也是从那一刻起，我和这个特殊的家庭结下了不解之缘。还没等我开口，邢妈妈就大步走上前抓住我的手，有点儿激动地说：“校长，你一定要帮帮我的孩子，他想上学！”我安抚好她的情绪，在孩子父母的简单介绍下，我认识了这个特殊的孩子。

2003 年，邢益凡出生在一个普通的工薪家庭。在出生几个月后，就被确诊为渐冻症，这是一种在当时极为罕见且没有什么治疗方法的病，全国 14 亿人当中，患者不超过百人。这种病除了孩子行动受限，他的智力发展和情感需要都是正常的。

家长表示，邢益凡就是降临到他们身边的天使，虽然他的“翅膀”折断了，但这不该成为放弃他的理由。他们给孩子起了个小名——毛毛，希望他像毛毛草一样，拥有顽强的生命力。现在，孩子该上学了，可联系了几所学校，都被婉拒了。

听了孩子的经历，我为孩子的不幸心疼叹息，作为校长，我更加理解，一个心智正常的孩子对知识的渴望。但是我也知道，一旦让孩子来读书，很多问题会接踵而至，但办法总比问题多，让孩子读书是头等大事，耽误不得。同时，在刚刚接任校长时，面对学校里地处城乡接合部家庭情况特殊的孩子，要为他们提供均衡普惠高质量的以爱为核心的“快乐教育”，让他们享受公平受教育权利的办学初心，让我不忍拒绝这对父母的请求：“你们明天带孩子来吧，每个孩子都应该有公平的受教育的权利，我们一起努力，一定让孩子拥有正常孩子的教育机会。”

然而，尽管之前简单了解了孩子的病情，但当孩子来到我面前的时候，他的情况还是让我吃了一惊：他异常的瘦弱，脊柱严重变形，脖颈无法挺立，只能用特制的支架托着下巴，连挠痒这样简单的动作都需要他人帮助。可是，孩子却十分乐观，稚嫩却聪明的他开朗健谈，小小的他竟和我谈起自己的理想——长大成为一个航天科学家，用知识去改变历史。孩子发亮的眼睛深深吸引着我，让我下定决心，一定要排除万难帮助他。

首先，我要为邢益凡挑选一个有爱心的班主任。吉林省师德先进侯老师走进了我的视野，她是一个有耐心、责任心强的老师。我找到侯老师，说明情况，她坚定地告诉我，她已经做好准备了。听了侯老师的话，我悬着的心放下一半。

入学这关过了，新的挑战也来“敲门”了。那时候，毛毛别说写字了，连拼音都不会，语言表达能力更是比同龄人差，别人家的孩子有的已经把二三年级的课都学完了。邢益凡能跟上学习进度吗？只有20斤的瘦弱身躯能适应学校的生活吗？

也许老天还是眷顾这个苦难的孩子的，让他结识到这位有耐心、有责任心、奉献精神很强的班主任和一群同样乐观向上、乐于助人的伙伴。因为我们从来没有接收过类似的学生，我的心一直放不下，再次找到班主任，一遍一遍地嘱咐这个孩子在学校的一切注意事项。侯老师告诉我，在听说有这样一个孩子加入自己班级时，她就已经想好办法，会全心全力照顾他，同时也会教育全班同学关心他，帮助他的。听了侯老师的保证，我悬着的心放下一半。但每天我还是会到班级看看孩子的情况：侯老师抱着他上厕所的身影，身边同学帮他把手放在桌面上让他握住笔写字，把他的头轻轻扶正的举动……一切都是那么和谐自然，那么快乐有爱，那么顺理成章。

担心侯老师心里有想法、有困难不和我说，我便时常主动找她谈话，了解老师的想法，也对小凡的认识更加全面。虽然孩子的父母一直在为他治疗，但他的病情一直没有好转。严重时，孩子无法自主大便，只能靠家长辅助，所以当他早上迟到了，一定就是在家完成这件事呢！有时，在学校想要大便了，侯老师想帮他，可是孩子难为情，会一直忍到家长到学校才解决。听到这里，我的眼圈红了，这个孩子太难了，侯老师也太不容易了。为了减轻侯老师的负担，我在工作之余，时常来到小凡的班级，和孩子聊天，了解孩子的需求。有时也会给他带去学习用品和他想要阅读的书籍。看着他接过新书，满脸笑容，恨不得马上就沉浸到知识的海洋中的表情，我为我当初做出收留他上学的举动感到庆幸。

转眼间，二年级来到了。按往常，二年级的班级都会搬到楼上。小凡的爸爸找到我，要求班级留在一楼。这时，我的头脑中立刻浮现出每天早上小凡家长送他上学的画面：他的父母一起来到学校，一个拿轮椅，一个抱着孩子进班。作为教育工作者，所有的工作都是为了孩子，我们要事事想在家长前，我懊恼没想在家长的前面，尤其作为校长，不能等到家长反映问题了才想办法解决。所以，我立刻找到后勤主任，决定将小凡的班级留在一楼，这样孩子、家长、老师都方便。为了让孩子的父母可以全程在学校陪伴他学习，照顾他的日常生活，解决他入厕难的问题，我们将教室对面的盥洗室特意改成了临时卫生间。

其实，人和人之间，换位思考，多为别人想一点，比别人早想一点，恼人的问题就会减少很多。

随着年级的升高，学生们的活动越来越多，也越来越丰富多彩。可是对于邢益凡来说，这些快乐似乎离他很远很远。我到现在还清晰地记得，每届运动会，小凡都坐在轮椅上，由妈妈或是爸爸推着他一圈一圈地围着操场转，哪有欢呼声就去哪儿，哪有加油声就看哪儿。从他的眼神里，我看出他的期盼，他的羡慕，他的遗憾。我仿佛听到了他在呐喊：“我想站起来！我想参加！”我真想给他一双健康的腿，让他能在赛场上尽情驰骋。可是，我知道这个愿望我无法满足他，谁都无法满足他这个愿望。那我该怎样做能让他的脸上也有充满喜悦的生动笑容呢？我约谈了小凡的父母、班主任和其他学科教师，针对孩子的特点和能力商讨适合他的活动。合唱、课本剧、运动会检阅等一系列适合他的活动纳入德育活动计划中。于是，在红歌比赛中，同学们把合唱队形的中心位留给他；紧贴学习生活的课本剧中，同学推着轮椅，和他一起演绎自己的生活；运动会检阅队伍中，他和老师走在最前面。一个个活动的参与让小凡的眼睛里充满璀璨的光。

活动让学生快乐，学生在活动中进步。一幕幕精彩的活动是需要孩子们反复排练的。就是在这一次次磨合中，品质得到磨炼，问题得以纠正，世界观、人生观、价值观得到完善。我喜欢看到学生们的蜕变与成长，所以每每看见会议室有彩排，我总会停留一些时间。在这一次彩排中，我无意中看到了让我震惊的一幕：学生们站在舞台上熟悉环境，练习上下台，站好后，大家开始按着设计进行练习。就在这时，小凡的头一下歪到了一边，如果是我们只要把头抬回来就行了，可是这个看似简单的动作对小凡来说却无法做到的，因为他脖子的肌肉没有力量。他身后的学生看见了，边唱边伸手帮助小凡把头摆正，甚至没有惊动别人，一切都是那么自然，那么正常。我带着疑问等到他们排练结束，我找到那个冷静应对的学生，问他为什么这么自然。孩子用很平常的语气对我说："这很正常啊！平时在班里上课，小凡经常会头歪，我们就帮他扶正；想写字的时候，我们就帮他握笔；想吃饭了，我们就帮他拿勺子；如果实在没力气，老师就喂他吃饭。我们这样做都习惯了。""你们不嫌烦吗？""为什么呢？他不是我们班的一员吗？我们是一个集体，是一家人，有难就该互相帮助的。"多么朴实却又真挚的话语，班主任侯老师在调动学生帮助小凡的同时，也开启了每位学生心灵中向善的大门。看似每个人都在帮助小凡，实际上在帮助他的同时，这些孩子的互助意识、生活能力都有明显提高。而小凡身残志坚、乐观向上的生活态度，无形中感染着每一个孩子，乐于助人、吃苦耐劳、坚强乐观，许多美好的品质都在这个班级中得到彰显。小学毕业季上，小凡说："在这 6 年里，我做了许多从前想都不敢想的尝试，是你们给我勇气，给我自信，让我更加勇敢地面对未来。"

人与人之间是互相影响，互相促进的。所以，古代会有"孟母三迁"的千古佳话流传至今，成为书香家庭教育孩子的良方。良好的环境对人的成长至关重要。

在小学毕业季上，小凡的发言稿激人奋进。“感谢母校在六年里对我无微不至的照顾与帮助，让我度过了快乐、平等、幸福的小学生活。在这六年里，我做了许多从前想都不敢想的尝试，是你们给我了勇气，给我自信，让我更加勇敢地面对未来，自信地走好每一步。”听着小凡的话，我在心里想，你的到来，何尝不是对我们进行了一次教育，教育我们每个健康的人要倍加珍惜拥有的健康的体魄，自由的行动力。我也要感谢你，有你才会有他人的进步。

孩子毕业了，作为他曾经的校长，心中依然对他未来的学习和生活有不舍和牵挂，从初中到高中再到大学，我都时刻关注着孩子的情况，为他的每一个点滴进步与无畏的坚持而感动着，他用实际行动证明了命运最怕勇敢的人。

我想说“教育公平”不能只是一句口号，我们身边有太多需要关注的特殊孩子，命运想关闭他们接受教育的“门”，我们学校就是要创造条件为他们打开公平学习的“窗”，让教育之光照亮每一个角落，让每一个鲜活的生命都能享受优质的教育，让丰盈的学识助力他们走好人生的每一步！

要相信，教育具有改变一个家庭的魔力！

——两个“聋孩”的故事

你说，对于孩子，已倾尽精力。为了让孩子不输在起跑线上，从他们出生就花大把时间陪伴孩子、教育孩子，照顾孩子、倾其所有，但所有的一切，都收效甚微。孩子读小学了，依然像在幼儿园时一样，做事无法专心，成绩不够优秀，你找不到原因，很痛心，很茫然，很无助！

我想轻轻地告诉你，只要用心引导，尽心培养，孩子总有绽放美丽的一天，请静待花开。花有不同的特性，不同的花期，孩子亦然。他们的性格各异，爱好不同，灵性不同，生命的拔节更有差异，请怀一份淡泊的心，静静等待着生命中花儿的绽放，静静等待属于孩子们自己花季的到来！

2020 年 9 月中旬的一天，一位一年级的班主任找到我，满脸通红、怒气冲冲地对我说：“校长，我们班有一个孩子曾经是聋儿，三岁才听到声音。他不适合上学，跟别的小朋友不是一个层次的，听不懂话，更重要的是无法跟他交流，更谈不上去教育他，引领他！只要片刻离开我的眼皮底下，就得闯祸。作为老师，这些也都忍了，但是我不能忍的是，我对他严格要求，是对他好，他们不但不理解，他的奶奶还恶人先告状，说我对他家孩子不好。我天天领着这个特殊的孩子，还说我对他不好！我们这所普通小学，无法教育这样的特殊儿童，尤其还有其他44名孩子还得管，我太冤枉，也太累了，实在干不过来了，这个班主任我也干够了！”说完就痛哭起来。这名班主任一直是我心目中最有爱心和能力的老师，深得所有师生家长的喜爱，但今天第一次看见她怒气冲冲的样子，我也不禁愕然，一个刚入学不到一个月的孩子怎么就把有着多年教学经验的教师气成了这样？我想这其中一定有故事，于是先安抚了班主任，再找来其他领导询问有关孩子的近况，还给孩子奶奶打电话，询问孩子的居家情况。我从中得知这家中有一对双胞胎兄弟，开学初阳光分班时哥哥分到三班，弟弟在二班（家长坚持两个孩子在各自的班，一般这种情况很少）。兄弟俩都患有先天性耳聋，属于特殊儿童，孩子在无声的世界里生活了三年，赶上国家好政策，在孩子三岁时给孩子头部植入芯片，免费装了人工耳蜗，从此之后孩子才开始感受到了来自外界的声音。屋漏又逢连夜雨，孩子的爸爸严重心衰，什么活都干不了，妈妈又生了一个三胎儿子，刚刚满月。听完老人的介绍，作为一个家长太同情孩子奶奶了，但作为校长，我沉默了。每个孩子都享有受教育的权利，奶奶只是希望两个孙子能像正常的孩子一样，会学习、有伙伴。但作为班主任，真的是有太多问题，听说其中一个孩子趁大家不注意把科技馆的天文望远镜搬到了走廊，望远镜非常大，而且这种行为很危险。还有一个孩子厕所上到一半，未提裤子满操场跑，想想都知道会给班主任增加多少的工作量，带来多大的压力，但不抛弃不放弃每一个进入双语实验小学的孩子，一直是我们双语教师矢志不渝的追求。思考了半天后，我找到两个孩子的班主任外加教导主任，先听班主任倾诉，表面看把两个聋孩动员到特教学校最简单，但是孩子的未来呢？我陷入了深深的思考，然后安慰她们道：“试问如果是你自己的孩子，他们只是肢体上的残疾，智力还未达到残疾，你希望让他们到培智学校吗？”我知道教育是温暖的课程，因为爱有温度。我偷偷一瞄，一个正想要孩子的班主任轻轻低下头若有所思，另一位我最喜欢的班主任眼里竟有了点点泪花，班主任是良善的，她们的心是柔软的。

人民教育家陶行知先生说过“你的教鞭下有瓦特，你的冷眼里有牛顿，你的讥笑里有爱迪生”。我们教育工作者的一言一行、一举一动都会给学生造成很深的影响。孔子也说过有教无类，就像两位班主任说的，这两个孩子不学习，爱捣乱，上课只知道画画。上帝给这两个孩子关上一扇门的同时，定会为他们打开一扇窗。“我们学校办学特色是什么？”我问道，两人齐声说爱！没错，是以“爱”为核心的“快乐教育”。

“你们很善良，你们的爱心一直在育人的点滴中，我深有感触！而且现在国家‘双减’政策落地，减轻学生课业负担，一、二年级都不考试了，为什么还紧盯着成绩？多一把衡量的尺子，就会多一批好学生。或许这两个孩子将来能成为中国的凡·高呢？教育亦是我们最佳的修行道场，而孩子就是净化我们灵魂的人。”两位教师当时就表态说：“校长是我们狭隘了，当了这么多年老师，总盯着学生的成绩，就怕这两个好动而不学习的孩子影响班级与学校的成绩，其他的都忽略了。”

教育是培养人的工程，让孩子德智体美劳全面发展，用放大镜发现这两个孩子身上的优点，就会有新的发现。两位班主任老师急忙说：“这两个孩子除了非常喜欢画画，还力气大，愿意干活！”我说：“这就对了，如果能把孩子培养成自食其力的劳动者，我们就大功一件了，就是行善积德了，我们的教育生涯也会因为这两个特殊的孩子而变得更加熠熠生辉！”两位老师从开始的愤怒到现在的心悦诚服，脸上渐渐露出了笑容。接下来我又肯定了两位班主任教师的辛苦，同时学校领导也会为她们分担，我们是一个有温度、有情怀、有爱心的大家庭！我把王丽主任和一名新毕业的教师共同派过去助力她们结对无死角监护看那个孩子，这样两位教师可以安心讲课！两位教师安心地走了，我悬着的一颗心也落地了！回去后，两位班主任自主写了教育案例，愿我们常怀感恩之心，常念相助之人，常存敬畏之意，常忆相识之缘。走好自己人生的每一步，让自己的教育生涯更加丰硕而有内涵！

为了深入了解孩子的成长环境和家庭背景，我带领两位班主任和王主任利用十一国庆节休息时间走进孩子家中，送去了两桶豆油，两袋面粉和两箱牛奶，全家人热情地接待了我们。这一次我们更深入地了解了这个特殊家庭：孩子爸爸在部队当过兵，曾是出类拔萃的领军人物，优秀军人的表率，在患有心肌炎后为了不耽误集训未休息，且因为治疗不及时，发展成病毒性心肌炎导致心衰，彻底丧失劳动能力，一米九的大个子甚至提不起一桶大矿泉水。由于提前转业创业，未有什么经济保障，每个月享受低保，两个先天听觉障碍孩子也享受低保，家里只有奶奶一人有退休金，一个月2700元左右。一家六口人生活在一起，爸爸每个月要吃900元钱的药，两个孩子人工耳蜗需要定时更换电池，也需要很多钱。面对这样的家庭我很心酸，面对这样坚强的奶奶，我由衷地佩服！

在家访的过程中我又发现一个问题，在客厅中，两个孩子在众多的领导、教师、家长面前仍不停地来回跑，毫无畏惧心！家长也只能窃窃地解释一下“从小就这么淘！”而我凭借多年的班主任经验感觉他俩异于常人，有多动症的倾向。在我的建议下妈妈告诉我们孩子去长春看病又确诊为多动症，这不正是老师描述的坐不住板凳、无法安心听课的情况吗？一次简单的家访，老人安心了，班主任感动了，家校之间相互理解了，孩子的病情及时发现并得到有效治疗，学校家里再不需要鸡飞狗跳了！我的思考更深邃了：“如何家校携手真正为孩子撑起一片无雨的天空呢？”

回校后，我和班主任又进行了深入的交流，具体了解了孩子以前在校的表现。班主任描述，孩子上课不听课，前后左右捣乱；专科课时，一不留神，孩子就不知道哪里去了；一天课后服务，孩子不见了，班主任和整个教导处都在找他，最后在学校图书室的角落里找到了。不知道是否因为耳蜗没电了听不见。还是他故意装听不见！为了能让班主任安心地上课，我安排了一名教导主任在班级助教，观察、记录这个三岁以后才听到声音的小不点儿的一举一动，努力挖掘孩子身上的闪光点。

带着我的叮嘱，颇有爱心与责任感的王主任上任了。她细心地观察了孩子的一言一行，发现孩子的语言功能确实发育迟缓，但行为动作肢体语言很发达，犯了错误，会蹲在凳子流泪，应该是太缺乏安全感了。王主任就打起了感情牌，让他体会到从未有过的“爱”。课上，发现他借助两只手，用点数的方法写出答案，就给他竖起大大的拇指，小声表扬“你真棒”；遇见他不会的题，耐心地给他讲解，还鼓励他到班主任处做检查，得到小红花的他，脸上美滋滋地乐开了花；课下，发现他画的房子、太阳、小朋友，构图很饱满，涂色很均匀，就和他约定好，把作品送给自己当礼物；下午课间，还给他带去间食，教他吃东西前先洗手……渐渐地，“小龙儿”对王老师产生了好感与依赖。

一天中午的午睡时间，“小龙儿”在操场上找到了王主任，飞跑过去主动牵着她的手，就像是拉着妈妈一样开心。细心的王主任发现他穿了一双奶奶的鞋子，就联系之前带班的一名男孩家长，找来几双家长孩子穿小的鞋子，给两个“小龙儿”穿上，他们别提多高兴了！那一刻，孩子和老师的心又近了。

渐渐的，班主任和王主任发现“小龙儿”是个懂感恩的好孩子。王主任有一天带去的间食是个大鸡腿，只见孩子只吃了一口就放进了书包里，说太好吃了，要拿回家给奶奶吃。还有一天，因为王主任请假一上午没有到学校，“小龙儿”每节课下课都到教导处寻找一圈，终于在下午放学前看见了王主任，便从书包里掏出了几块糖塞到王主任手里，含糊地说：“我都找你一天了，这是奶奶买的糖给你吃。”从那以后，每天放学他都会找到王主任，牵手一起走出校园。

爱劳动、爱画画、知分享、懂感恩……“小龙儿”身上有太多的优点。每个人都是这个世界上独一无二的，我们要充分的尊重每个孩子的个性，用陪伴唤醒，用关爱唤醒，耐心点燃希望！

我坚信上帝给“小龙儿”打开的那扇窗外，阳光一定更加明亮！虽然学习成绩不是他心之所向，然而酷爱美术的他画作明显比同龄孩子更为卓著，也许我们快乐双语可以培养出第二个凡·高！教育引导、注意积累，为“小龙儿”举办个人画展，爱的方式愈发明确，陪伴的方向也愈发清晰。就这样，在班主任、王主任的陪伴下，在手指画社团活动中，“小龙儿”的绘画作品积累了一个档案册，也在二楼正厅星空墙位置成功举办了属于一个一年级特殊孩子的个人画展，每每参观访问的人员都会随我在画展前驻足欣赏，共勉教育力量的伟大。

追逐阳光，未来可期。我之所以用它作为标题，是因为每一个教育人都应该满心阳光，满眼希望。对待像“小龙儿”这样的学生，既要“普通”地对待，又要“特别”地呵护，用爱理解，用爱包容！公平地对待每一个孩子，让他们在爱与被爱中健康、快乐成长！

第十四章

给每个孩子搭建人生出彩的舞台

梦开始的地方

“好奇心是人的天性，对科学兴趣的引导和培养要从娃娃抓起，使他们更多了解科学知识，掌握科学方法，形成一大批具备科学家潜质的青少年群体。”习近平总书记的这句话时刻萦绕在教育者的耳边。

未来 30 年，我们需要怎样的科技创新人才？当前的教育如何顺应时代需求培养具有科学素养的人才？一系列的问题也成为我思考与奋斗的方向。

作为城乡接合部的小学学校，我们得到了各级领导特别的关爱。2015 年，在区委副书记的协调下，经区科协多次入校调研和实地查看后，船营区科技创新中心在我校成功落成。210 平方米整洁的展室、34 台先进的科学仪器让孩子们眼前一亮，给我的孩子们种下了科技种子，插上了梦想的翅膀。2016 年，学校又成为吉林市科协流动科技馆。2017 年，还成功承办了“吉林省青少年科学调查体验活动暨吉林市第八届青少年科技节启动仪式”，省科协领导又给孩子们带来了天文用品。

为了给更多的学生搭建人生出彩的舞台，更好地开展科技教育，2018 年，我将“科技梦想”纳入学校五大主题教育之一，并以校园科技馆为中心，装修了一个楼层的科技主题长廊，形成拥有科技场馆、科普画廊、校园 E 站、科技长廊多种形式的科普教育阵地，为学生、家长、大学区兄弟校和周围群众及预约参观的人群提供科普服务。

我还与主管领导、老师共同研讨了科技教育内容和活动形式，推出了“三结合”（与“五大主题教育”相结合、与乡村学校少年宫活动相结合、与学科教学相结合）科技活动模式，再三强调要尊重孩子的个性选择，时刻让孩子站在舞台的最中央，让科技馆的效能实现最大化。就这样，善于思考的王莉老师带着我的叮嘱和研讨思想，从培养“科技解说员”入手，脚踏实地地带领学生开启了科技梦想之旅。

梦有它开始的地方，我从一名毕业学生写给科学王老师的一封信中找到了答案。

亲爱的王老师：

您好！

我是黄馨月，你还记得我吗？突然以这么传统的方式写信给您，是不是很惊喜？毕业以后，我几次回学校看望班主任，本来也想看看您，可是每次都错过，真是不巧。今年，我刚参加完中考，整理物品时，在小学时代的作文本里面看到一篇记录小学时期，我想退出科技馆，您鼓励我坚持下去的作文。突然好想您，想给您写一封信。

我第一次去科技馆的记忆早已模糊，应该是跟着同学们一起去的，印象就是人好多、好吵，几位介绍的大哥哥大姐姐很厉害，不管多复杂的仪器，他们都能详细地介绍给我们听，再有就是参观时间太短了些。为了了解那个我最感兴趣的关于泡泡的仪器，我加入了科技小解说员的队伍。

您还记得我师傅吗？栾天一，是一个帅气的大哥哥。他很用心地教我背解说词，偷偷跟您说，当时好几位女同学都很忌妒我呢！我很努力地去学。可是，解说员的要求太高了，除了要背熟解说词，还要有优秀的仪态仪表和良好的样貌，可我长得真不太好看。也是因为这一点，我打了退堂鼓。您还记得吗？我就是在科技馆灯箱那跟您说了我想退出的想法。我清晰地记得，您拍拍我的肩膀说：“为什么？你一年的努力老师都看在眼里。在我心目中你是很优秀的，为什么不坚持呢？”我很优秀吗？可是每次迎检，我都落选啊，我一直觉得自己不够好。我没有栾天一大哥哥那么沉稳，不能像他那样面对各种各样的仪器都侃侃而谈。我只会一两种仪器的解说词，每次开放的时候面对同学还好，一旦迎接外宾，我紧张得腿都软了，即便这样，老师您还觉得我很优秀吗？原来，我的努力老师都看在眼里，那我就更应该努力一些，我要像我师傅一样棒。于是，我放弃了退出的念头，开始加倍努力，照着您教的方法，多读书、积极参加体育锻炼、每天坚持五分钟靠墙站立、记笔记、提问题、找答案……老师，现在想想，那时候为了成为最棒的科技馆解说员，我用了很多方法，而这些方法，我至今受益。

五年级时，您把科技馆主持人队长的任务交给我，这让我真的很意外，自创馆以来，同学们都默认科技馆要选漂亮的同学当队长，但您的决定让我再一次相信，有实力才能真正地放光彩。我成为队长后，更加全心全意地投入到科技馆的工作中，每台仪器我都努力做到如数家珍。上了初中之后，我才知道这里面蕴含的都是初中甚至高中的知识，真是难为您了，您是怎么让我们这些小学生记住根本不懂的知识呢？我就这样，从一个站在角落里随时可能落选的解说员，成为每次选拔必定有我，再到哪怕只选一个解说员，也只能是我。我越来越自信，越来越相信，努力奋斗就会有收获。我把这个经历也讲给我的徒弟听，他也慢慢地成长为下一任队长。

您还记得黄腾吗？比我小一届。他是我在操场上找到的一个胖胖的小男孩儿，当时注意到他是因为他后面有个细细的辫子，胖胖的很可爱。黄腾背东西很快，也很认真，自从当了我徒弟以后，总到我们班找我，我们班主任都认识他了。虽然他稿子背得好，但是不爱主动说话，我可着急了，作为解说员，就得主动向来宾解说，甚至还要抢着为来宾讲解介绍，这是基本功啊！于是，每次科技馆开放，我都耐心地帮他分析原因。后来我们熟了，他才告诉我，因为有一次解说时，一个高年级同学嘲笑他一个胖子也能当解说员，太丢人了，所以他一解说就想起这句话，不自觉的总想躲起来，逼急了哭过好几次呢。其实，在操场的角落里，黄滕认真地问过我："师傅，我，我瘦不下来，我还能在科持馆做主持人吗？"我很认真地跟黄腾讲了我的故事，我把您的话描述给黄鹏，告诉他，只要你足够优秀，只要你足够好，哪怕只需要一个人，这个人也会是你。我还把我的秘诀倾囊相授，和他一起努力一起进步。

在我毕业的那年，黄滕成功地接任了队长一职，他第一时间跑来告诉我，他也能像我一样独挑大梁了，他也会像我一样带着自己的徒弟一起进步的。

老师，在科技馆的三年里，我经历了太多印象极为深刻的活动。您带着我们用天文望远镜看月亮的运动，到现在我妈还时不时提起。我们还迎接过很多领导，上过电视，也上过报纸，好多领导都夸过我。可是提笔写信时，我回忆起的却是成长。在科技馆里，我学会了自己要足够努力、足够优秀、足够自信，这些道理一直让我充满自信地面对未来的学习与生活。

老师，谢谢您！

此致

敬礼

您的学生：黄馨月

信中提到的栾天一，是全学年最帅的小伙儿，印象最深的是他那长长的睫毛，帅气的外表，学习好，办事能力也强，是学校里的小明星，几乎所有老师和同学都认识他。黄馨月恰恰相反，这个小姑娘长得一点儿也不起眼，能记起的就是她黑黑的皮肤。黄滕是一个胖胖的、憨憨的小男孩，到六年级时，比我都高，也比我壮实。清楚地记得，在带领市里领导参观科技馆时，他不敢主动上前介绍，因为自己表现不优秀而哭泣，我安慰他、鼓励他是最棒的，后来这个“小哭包”真的成了馆长，每次活动不仅落落大方，而且还会拉着来宾主动一一介绍。科学王老师告诉我，黄滕进入科技馆是三年级，是当时能进科技馆最低的年级了，五六个孩子中，最后留下来的只有他，班主任特别支持，只是叮嘱王老师，这孩子做事认真。一个普通的认真的孩子成长为科技馆的馆长、标杆，有自身的努力，也离不开老师的指导、鼓励。在教师大会谈到用发展的眼光看待孩子时，不禁几次以黄滕的蜕变为例，讲述从“小哭包”到侃侃而谈为每一名参观者留下深刻印象的优秀馆长的故事。

小小的科技场馆，打开了学生们的眼界，拓展了学生们的知识面，激发了学生热爱科学、热爱探索、热爱生活的兴趣；小小科技馆，让众多的孩子得到成长、蜕变，教育真的能改变一切！小小的解说活动，培养了学生的语言表达能力，增强了自信心，实现了优秀品质的传承，更为今后的学生、生活奠定了坚实的基础。老师的一句话、一个拥抱、一个微笑、一个眼神，小小的举动，也许就是成就孩子梦想的一把钥匙，让他们勇往直前。

“我和我的祖国”快闪

“我和我的祖国，一刻也不能分割，无论我走到哪里，都流出一首赞歌”当熟悉的旋律响起，你有没有，为做一名中国人而感到骄傲。

“家国情怀教育”是快乐双语五大特色主题教育的核心内容，贯穿教育教学的全过程。在德育活动中，更是注重给学生心灵埋下一颗爱党、爱国的种子，引导学生扣好人生第一粒扣子。六一儿童节“红领巾相约中国梦”大队会、建队日“时刻准备着”入队仪式、七一党的生日“学习新思想，做好接班人”中队会、十一国庆节“我和国旗合个影”寻找身边英雄等，每一个节日都是最好的教育契机。

2019 年 10 月 1 日，是建国 70 周年纪念日，为了弘扬红色革命精神，向祖国献礼。同时，缓解学校发展的瓶颈期，我想借助一部快闪作品将全体双语人的心紧紧地拴在一起。教育活动更要与时俱进，在年初的工作计划会议上，我便向领导班子提出，结合学校的特殊情况，能否通过“快闪”的形式，充分调动师生、家长的积极性，把“请进来”“走出去”有机结合，拓宽教育的辐射面，以“小手拉大手”的形式，从学校延伸至家庭、社区乃至整个船营、吉林市，真正形成全员全程全方位育人的模式。

让双语人全员参与到献礼祖国 70 华诞的大型活动中，可以激发老师们的工作激情、享受教书的幸福感；激发学生们的爱国情怀、树立正确的三观；促进家长们的参与热情、营造家校共育的良好氛围。

“快闪”是媒体时代的产物，新鲜又富有创意，可我们却面临着众多问题，没人，没钱，没设备，没经验。但是，有压力才有动力，有想法才有创新，在没有专业人士、办公经费紧张、没有拍摄短片经验的情况下，用学校仅有的一部摄像机和一台照相机，发动身边一切力量，破除万难，仅仅花了一千元，便呈现出了一部由 70 名教师、1300 多个学生、300 余名家长参与其中，辐射了部队、医生、交警、环卫工人等十个行业人士齐心协力合拍演绎的近乎完美的双语佳作。让我们走进拍摄的幕后故事。

智慧的火花

2019年5月6日　晚5：30—11：00　天气晴

今晚是策划组的第六次碰面，根据具体工作的推进，《我和我的祖国》快闪拍摄已早早提上日程。为了将学校的快乐生活都写进剧本，放学后，我带领德育副校长、大队辅导员、电教主任、教导主任、音体美教师、班主任代表、专科代表齐聚会议室，集思广益，群策群力。从不同层面、不同角度设计剧本，大到拍摄场景的选定、校园生活的展现、表演人员的分组等，小到服装颜色的搭配、手中道具的选择、镜头角度的切入等，大家都做好了充分的准备。

策划最主要的是创意，怎样的开场才能给人眼前一亮，突出双语人的爱国情呢？在共同观看了三十余个优秀作品后，被某部队官兵整齐划一的倒计时方阵吸引，大家不约而同地连声称赞，我们决定也选用这样的方式开场，但是不能照抄照搬。策划组成员最终在“祖国”“中国”“2019”“双语”“love”“中国地图”……近二十个选项中，确定了用中国地图搭配汉字变化的方阵进行我们的开场。因为场景宏大，要想达到最佳效果，第一必须精准地在操场上画出每一个点，第二文字变化时学生的动作必须整齐，第三必须选择一个最佳角度，拍摄全景画面。

策划组一个问题一个问题突破，一个难点一个难点解决。大家根据自身特长自发地分成两个研究小组。绘图小组分散到有电脑的办公室，绘制地图、文字点阵；拍摄小组只能借助月光、手机、手电筒照明，一会儿跳窗到二楼阳台、一会儿走进五楼班级、一会儿爬上收发室棚顶、一会儿又登上教学楼楼顶，可惜这些点位都无法拍摄到如此大的场景，最后我们只能选择航拍了。

开机第一天

2019年6月19日　星期三　天气晴

为了不影响学生正常学习，同时不耽误拍摄的进程，在完成教学工作之外，大家带着全部的拍摄设备：一部摄像机、一个照相机，自己版本配置并不高的手机，准备开机了！导演、摄影师、剧务，每一个人都怀着尝试和挑战自我的态度，走上了这个全新的岗位。

开机第一拍我们选择了教师，并且提前分好党员教师、老年教师、青年教师、男教师四个小组，由音乐教师和相对具有艺术细胞的领导分管排练。“青年教师排练完毕，可以拍摄了”“老年团队等待检查”“党员教师精神饱满，准备就绪”“男教师可以尝试一下”，就这样，我们有条不紊地完成了第一天所有的拍摄任务，让大家信心倍增的是老师们的拍摄全部一次过。

台上一分钟，台下十年功。能如此顺利地完成拍摄任务，我们要把镜头转向拍摄前的每一个课间、每一个午休、每一个课后。“我和我的祖国，一刻也不能分割，无论我走到哪里，都留有一首赞歌……”优美的旋律一时间，回响在学校的每一个角落。

三楼方厅是“萌老”组教师的练习场地，他们平均年龄58岁，无论什么时候经过，都能看到没有教学任务的老师在自觉练习，他们说：“人老了、动作硬，要多练习几遍，不能影响拍摄进度。”眼睛花、记忆差，他们就用最笨的方法，每个人在口袋里装着两张纸，上边是用大得不能再大的字手写的歌词，随时随地拿出来背一背。对待服装选择上，他们更是精益求精，白衬衫、黑西服、粉外套、运动装，把所有能统一的衣服都尝试一遍，用手机拍照对比效果，他们说脸上全是皱纹要用衣服装点一下，千万不能因为他们，影响快闪的效果。

剧组成员看效果时，“萌老”教师的风采更是震撼了大家：洁白的衬衫上，点缀着一抹最鲜艳的红——红领巾；整齐的动作下，不乏悠扬的舞动——小国旗；优美的歌声中，映衬着最美的微笑，真是一道最亮丽的风景线。老教师们认真工作的态度、甘于奉献的精神、追求完美的作风深深地感染了每一个人。

敬业的摄影师

2019年6月25日　星期二　天气晴

走进福利院、走进大学校园、走进博物馆、走进水师营……“走出去”的实践活动是学校德育教育的常态化，是学生最喜欢的活动方式，在快闪里自然也一定要记录这样最美的瞬间，今天的拍摄中就有一个镜头是走进我们最近的邻居——部队。

走进部队的人员我们选择了军体拳社团的小学生，因为每周三的乡村学校少年宫活动，部队官兵都会走进校园带领军体拳社团的孩子们进行最专业的训练。

这群孩子早已深深地爱上兵叔叔，梦想自己长大也成为一名保家卫国的军人。所以，听说要去部队和更多的叔叔阿姨一起拍摄，他们早早的就换好了迷彩装，整装待发。踏入部队大门的那一刻起，孩子们活像一群受过专业训练的小士兵，腰板直直的、队伍齐齐的、走路静静的，让我有些欣喜和欣慰。

拍摄中，孩子们的表现格外出色，士兵们更是没得说，但是我还是要用“太不容易”来形容。为了拍摄效果，我们选择了一块相对空旷的绿地作为背景，孩子们和自己喜欢的叔叔、阿姨手拉手，围成一个同心形，表达对祖国妈妈的热爱。想法很美好，实践却不易。从前面拍摄看不出造型，从侧面拍摄只有几个人入境，尝试了几次，都没有达到预期效果，而周围环境只有几棵高高的垂柳随风摇曳。我唯一的好想法便是上树，可是对于我们的摄影师，一个文质彬彬的电教主任来说，这是一个怎样的挑战？让我没想到的是，他毫不迟疑地把摄像机递到我手里，摘下身上的相机包，手抱大树脚蹬树干开始尝试，随即“老师加油”的鼓励响彻耳边。但是，这里的大树和士兵们一样笔直，想要上去太难了。方法总比困难多，最后学校工人帮忙搬来了梯子，在大家的保护下，摄影师站在梯子最顶端，凭借感觉，高高举起摄像机盲拍下了这个令人难忘的瞬间。

最可爱的家长

2019 年 6 月 28 日　星期五　天气晴

今天是暑假前的最后一个上学日，也是快闪拍摄最为关键的重要环节——航拍大场景。由于学校资金紧张，我通过朋友的帮助，请到了一位航拍专家，不计报酬，挤出两小时帮忙拍摄。短短的两个小时需要拍摄三个最宏大的场景，一是开场全校千余名学生排列的中国地图、汉字方阵；二是学校全景，教学楼呈现的近百面国旗；三是全体师生、家长近一千五百人的齐唱。除了孩子们的方阵外，其他两个场景都是零彩排。

百余名家长义工早早来到学校，统一穿着快乐双语家长义工的绿短袖，像孩子一样认真地听讲拍摄任务。五层高的教学楼，每一个窗口都需要展开一面国旗，大家需要爬上窗台，从并不大的窗口单手举起用拖布杆当成的旗杆，身体只能藏在教室里，以免穿帮，还需要和着音乐的节奏整齐地挥舞大号国旗，一面国旗方向不一致，就需要重新拍摄。在各位家长的共同努力下，在拍摄第七遍时，终于成功了！当家长们操场集合准备拍摄下一个场景时，我看见，一米八大个儿的男家长都不时地晃动着一个手臂，我知道，大家一定是忍着手臂的酸痛，为了快乐双语这个大家庭坚持拍摄。这一次是家长和全校老师、学生挥旗齐唱《我和我的祖国》，家长们的旗挥舞得依旧那样起劲，脸上的笑容被阳光映照得格外灿烂。大家都知道，一千五百人的大场景，应该看不清哪个是自己，更看不清自己的脸，但是一千五百张可爱的笑脸用行动诠释了双语实验小学的快乐宣言："每天进步一点点，每天快乐一点点，做最好的自己！"

炙热的爱

2019年7月15日　星期一　天气晴

上午十点，松花江边，太阳把火一样的热情倾泻给大地，两旁的花草无精打采地垂下了头，往日凉爽的江风也懒得吹一下。今天要带领合唱团的同学们拍摄江边外景，虽然镜头只有几秒钟，但对于参加拍摄的演员们，每一分每一秒都不容易。他们之中，有一二年级的小孩子，也有刚刚六年级的毕业大孩子，在这样炎热的暑假里，克服了各种困难，从四面八方，与家长一同准时赶到了拍摄地点。在烈日下，参加活动的师生家长们，不论年龄大小，早已汗流浃背，口干舌燥，却没有人叫苦叫累，依旧顶着酷暑，用稚嫩的歌声，诉说着对祖国的热爱。

拍摄现场的一条条录制，为了一个完美镜头，调整了一次又一次，为了一个整齐的动作，不断重来又重来，音乐老师指导发声，导演示范如何进场，摄影师调试镜头、试拍效果。每一次拍摄，大家都能迅速进入角色，笑容灿烂，感情充沛，拍摄场地环绕着动人的歌声，感染着身旁经过的每一个江城人，在这个没有舞台的场地上，每个人都是主角，用心歌唱祖国，为祖国母亲献礼，抒发爱国情怀。

两支鼓棒敲响音乐梦

让每个孩子站在校园的中央，给每个孩子搭建出彩的舞台，也许是每一位校长的教育追求，我也不例外。面对拥有50%以上的特殊儿童的城乡接合部的小学，能让每一个孩子都在爱的阳光下快乐、茁壮成长，是我矢志不渝的追求。

2008年，我刚刚来到这所小学，面对每周依靠捡瓶子换取伙食费的家长，我决心要让我的每一个孩子吃好；2009年，看着留守儿童、福利院儿童、特殊儿童等困难家庭，我发出“爱”的倡议，让教师、家长，乃至社会爱心人士加入关爱儿童成长的队伍当中，捐资助学；2010年，基于孝心教育和爱的教育，我梳理了“孝爱乐”办学品牌，让孝心、爱心和快乐之心深入到每一个师生的心中。

“心有多大，舞台就有多大；梦有多远，人生就有多远”。的确，我的教育追求也一直在变大、变远。看见孩子们吃得好了，生活条件改善了，我便想要丰富孩子们的精神，拓宽孩子们的视野。

都说音乐是人类最美的语言，它没有地域之差，没有国界之别。2015年，我又下定决心让我的每一个孩子都能感受到音乐的无穷魅力，都敢有成为音乐家的梦想。于是，我开始咨询身边所有的朋友，寻找有爱心的艺术家，功夫不负有心人，我结识了在学校周边开办音乐学校的陆老师，邀请他走进学校，走进课堂，免费给我的孩子们带来不同凡响的音乐盛宴。

爵士鼓、吉他、单簧管、电子琴等之前可能都没有听说过的乐器一起走进了这群孩子的世界，面对家庭条件差，没有能力购买乐器，支付不起艺术学费的学生现状，陆老师毅然决定老师上课费用、乐器全部免费，他说：“我看见了孩子们渴望知识最美丽的眼睛，我要让这种美丽永远住进孩子们心底。”面对突如其来的幸福，我的心情激动万分，最后经过沟通，我的孩子每人只需要花5元钱买一副鼓棒即可。

一周后，崭新的电鼓、哑鼓、吉他、单簧管等走进了教室，在专业教师的指导下，主管主任、音乐教师和大孩子们一起动手组装完了所有乐件，全体师生的眼睛里再次放出最亮的光，光里有激动、有喜悦、有期盼、有梦想。就这样，教室固定、学生走课形式的架子鼓课和学生固定、乐件走班的吉他课、单簧管课等音乐梦想课堂如期开课了，为了包括学前班在内的所有孩子每周都能上一节音乐梦想课，学校重新调整了教室和课程安排。

“1234、前十六、后十六、切分音……”孩子们整齐划一的节奏和合着音乐挥动的鼓棒，一丝不苟的眼神和随着乐律摆动的身体，顿时让每一个孩子、每一个老师都沉浸在艺术的殿堂之中。看见孩子们花一样的笑脸，老师们更是精益求精，讲台上讲解示范的讲师、过道间单独指导的助教、音响旁随时播放音乐的音响师，还有旁听学艺的班主任和专科教师，每一节课都像一场音乐会，让大家意犹未尽，流连忘返。即使是下课铃声响起，也阻止不了孩子们练习的脚步，直到下一个班级学生在门口等候，大家才会恋恋不舍地离开教室。

课间休息时，“用鼓棒敲敲桌子、打打椅子；用食指敲敲身体、打打墙面；用小脚踩踩地面”，“变式鼓棒”成了孩子们爱不释手的玩具，“花样节奏”成了孩子们最喜欢的游戏。同样，吉他、电子琴、单簧管等也成了孩子们最好的伙伴。

“兴趣是最好的老师”，短短的一年时间，孩子们学会了从简单的《兔子舞》《拍手歌》到《我相信》《重返十七岁》等几十首音乐演奏，孩子们每天都能在音乐感染下快乐的学习、生活，唱呀、跳呀、笑呀，奏响双语实验小学最快乐的旋律！

“想飞上天和太阳肩并肩，世界等着我去改变，想做的梦从不怕别人看见，在这里我都能实现……我相信自由自在，我相信希望，我相信伸手就能碰到天。”这是一个值得全校师生、家长记住的美好日子。全校近两千名教师、学生家长齐聚操场，上演了一场千余名师生百分百参与的大型音乐盛会。有爵士鼓方阵、电子琴方阵、吉他方阵、单簧管方阵、打击乐方阵、合唱队、彩旗队，每一个孩子都有自己的角色，铿锵有力的节奏、阳光向上的演唱、变幻莫测的彩旗，孩子们一边高歌《我相信》，一边自信的演奏着手中的乐器，那一刻真的就像歌词里唱的那样“想做的梦在这里都能实现”，小小的鼓棒敲出了快乐双语孩子们的音乐梦想，也让我的教育追求得以实现。

我想说，孩子们完美的演绎带给我、带给老师、带给家长的不仅仅是一种震撼，更多的是希望与自信。雷鸣不断的掌声是大家送给孩子们最大的赞美，结束后热情的拥抱是对孩子们最大的认可。看见我的孩子们能朝着自己梦想的方向努力拼搏，看见我的孩子们能够站在属于自己的舞台上放声歌唱，我的眼睛湿润了，我的心却无比的快乐，因为我知道，是5元钱的两支鼓棒成就了我这群可爱的孩子们的音乐梦想。

愿我的孩子们越走越远，越飞越高，在未来的日子里，著名的音乐家、最炫的吉他手一定会从这里出现。

一亩试验田中体会劳动的快乐

春天，在规矩的“田字格”里，播下希望的种子；夏天，各种小苗争抢着长大，相继开花；秋天，丰收的果实摇身变成课堂上的主角、餐盒里的“小当家”。

在校园的东南角，我为孩子们特意设置了一亩生机盎然、郁郁葱葱的小小试验田——快乐实践种植园。这块实验田志在努力培养学生的劳动能力，感悟尊重生命、劳动最光荣!

这一亩试验田真的让学生开了眼！春季伊始，班级的土地招标会和亲子共商种植方案打响了劳动的第一枪，教师、学生、家长代表纷纷走出教室，走进属于自己的“责任田”，研究、设计一年的种植计划：横着的、竖着的、斜着的，方块的、圆形的、拼接的……真可谓是在田地间创作，在大自然间绘画，好一番热闹非凡的景象!

对于在城市长大的老师和孩子们而言，分辨小菜苗是一件非常困难的事情，所以每年的劳动第一课，都会让学校的种植顾问——安祺爷爷走进校园，带领师生们分辨小菜苗的模样。大家也会想尽一切办法分辨五颜六色的小豆子和模样近乎相同的小菜苗，有的用笔画，有的用相机照，有的记特征，有的作比较。这时，家住农村的小朋友别提有多自豪，俨然一副小老师的模样：“这片叶子有锯齿，是柿子秧”“这个豆子没有脐，不能生长”“这个豆子比红的长，叫赤小豆”……但是，小孩子们不服输的天性，总是提出更高难度的问题来难倒这些“小老师”，最后还是相信安祺爷爷所揭示的答案。就这样，老师和孩子们一起学习，一起成长。

为了让种下的蔬菜早点发芽长大，成为大家所设计的模样，每个班级都会挑选出做事最认真、心思最细腻、大家信得过的“护花小使者”。看，每天早上他们都会不约而同地提着小红桶来到田里浇水，午休时间还会看见勤劳的“小蜜蜂”弯腰除草，这些日常的劳动不需要老师做任何安排，大家都会争抢着分担。时间久了，孩子们都明白了做事要在对的时间完成，就像浇水、除草一样。浇水要趁天气凉爽的早晚，因为午间大大的太阳会让水温升高，娇嫩的小菜苗经受不了过热的水温。但是，中午却是除草的最佳时间，因为拔出的杂草会在最短的时间内失去水分，避免“春风吹又生”。

打理菜园需要最佳时间，蔬菜的生长更是需要时节。每到蔬菜特殊的生长节点，种植顾问就会如约地走进试验田，教给大家“移苗”“架架”“培土”等专业工艺。移苗时，孩子们会像小蚂蚁一样，排着整齐的队伍，用小手小心翼翼地捧着菜苗，走到属于自己的种植点，再把菜苗慢慢地放进自己的“家”，浇上水，盖上土，还不忘温柔地压一压，就像妈妈给宝宝盖上被子一样。架架时，孩子们拿着比自己还要高的架条，两个人一小组，四个秧一个家，认真地把架条插进土里，有的孩子认真到用尺子量一量入地的尺寸，一点儿不能多，一点儿也不能少，然后再用绳子把四根架条捆绑在一起，还不忘系上一个最可爱的蝴蝶结，才算完工。沾满泥土的鞋子、微微泛红的小手、花猫一样的小脸、大汗淋漓的额头和灿烂无比的笑容记录了大家劳动的快乐瞬间，同时也记录了孩子们认真的样子、可爱的样子。

夏秋时节是最美丽的季节，火红的柿子、青紫的茄子、嫩绿的豆角、五彩的辣椒……尽情展现着自己的魅力。此时，孩子们更是不能错过这美丽的盛宴。美术社团的孩子坐在田间，拿着画板，或是描绘着五彩的试验田全貌，或是记录着某种蔬菜色彩，或是干脆望着一片叶子、一个果实发呆；摄影爱好者自带手机、相机，随手抓拍着，一根直挺挺、顶花带刺的黄瓜，成双结对、若隐若现的豇豆，一串大小不一、颜色渐变的柿子，一群全神贯注、描绘美好的画家，都成了他们眼中的美丽；更加可爱的是，有的孩子直接拉着我们的厨师，走到自己班级菜地，研究起饮食营养搭配，菜谱有豆角炖南瓜、肉沫炒豌豆、菠菜鸡蛋汤等等，央求着大厨帮忙给班级加菜，其实这些绿色营养美味的菜品，早就出现在了他们的午餐菜谱中；小记者社团的孩子们视角更是独特，分散在种植园的每一个角落，用眼观察着蔬菜的变化、用心记录着别人的作品、用耳倾听着师生的对话，每一个细微之处都是他们的新闻。

我们的老师带领孩子们领略春播、夏长、秋收、冬藏的劳动乐趣的同时，在劳动大课堂大实践中更加努力地探索着学科整合，“五育”并举。

在综合实践课“葡萄的认识”课例中，我们努力将综合实践课、语文课、科学课、美术课等多学科知识融会贯通，呈现孩子们自己的劳动成果。他们既能讲述自己参与劳动的体验，培养责任担当意识，又能感受“葡萄美酒夜光杯”的意境，提升人文底蕴；既能感受到不同色彩下的葡萄之美，树立健康生活意识，又能发现葡萄生活中的妙用，培养实践创新能力；既能品尝自己劳动收获的果实，体验成功的快乐，又能懂得珍惜劳动成果，培养尊重他人的良好品质。

以“一亩试验田”为圆心，画一个大大的圆，让孩子们在“劳动光荣、快乐成长”的主题活动中，掌握劳动技能，培养良好品质。种植小能手、家务我最棒、校园值日生、护花小使者、最美对口班……一系列小明星闪亮登场，进而让“劳动最光荣、劳动最崇高、劳动最伟大、劳动最美丽”的理想信念深深根植于孩子们的心中，达到以劳树德、以劳增智、以劳强体、以劳育美的教育目的。

走出教室,走进自然,融合了德智体美劳五育的课堂,带给孩子们不一样的收获。劳动中，引导学生坚信“世界上最美好的事物都是人类的双手创造的”，尊重劳动者；收获时，品味劳动成果，感受成功的喜悦，懂得“粒粒皆辛苦”的真谛。我相信，快乐双语的孩子们一定会像“一亩试验田”里的小苗茁壮成长，开繁花，结硕果！

浇花浇根　育人育心

“为学须先立志。志既立，则学问可次第着力。立志不定，终不济事”。要成为社会主义建设者和接班人，必须树立正确的世界观、人生观、价值观，把实现个人价值同党和国家前途命运紧紧联系在一起。

青少年是祖国的未来、民族的希望。思政课是落实立德树人根本任务的关键课程，也是培养一代又一代社会主义建设者和接班人的重要保障。党的十八大以来，习近平总书记多次强调要办好思政课，为做好新时代学校思想政治工作、培养堪当民族复兴重任的时代新人做出重要部署。立足“立德树人”的根本任务，着眼“培养什么人、怎样培养人、为谁培养人”的根本问题，我带领思政团队的教师们，不断探索德育工作的新途径，全方位构建大德育，多渠道上好思政课。

习近平总书记强调，“办好思想政治理论课关键在教师，关键在发挥教师的积极性、主动性、创造性”。因此，在思政教师队伍建设上，我选择了学校政治觉悟最高、思想认识最新、综合能力最强的党员领导干部、青年积极分子担任学科教学,让孩子的思政教育握在最先进的教师手中,并组建了“思政教师先行队”。

小学阶段是人生步入学堂的起点，是青少年“拔节孕穗”的初期，需要我们精心地引导和栽培。所谓“思政教师先行队”，就是要第一时间学习党的教育前沿理念，第一时间自我全面提升，第一时间引领教师方向，第一时间落实党的教育任务。因此，每周四的思政团队集中学习时间雷打不动，成了我和队员们一起充电、一起进步的快乐空间。在这里，我带领大家一起学习习近平总书记《思政课是落实立德树人根本任务的关键课程》的文章内容，分析后疫情时代的责任与担当，我们共同解读《道德与法治》学科教材知识领域，共同聆听国家时事政治，研究与时俱进“活”起来的思政特色课。

在全体教师参加区域集体备课学习后，第一时间召开思政学科引路研讨会，分享学习心得，谋划思政特色活动，优化学科教学方式，研究在课堂中学生“五育”的培养和发展。充分发挥学科教育与时俱进的特点，以教材为基准，结合国家时事，拓展教学内容，继续开展如“致敬英雄——送别袁爷爷”“致敬——奥运会上的中国力量”此类的特色思政课。以听评课、论坛学习、课题实践展示课等形式为载体，大力提高教师教育教学能力，促进学生全面发展。

德育教育是对学生进行思想、政治、道德、法律和心理健康的教育，与智育、体育、美育、劳育等相互联系，彼此渗透，密切协调，对学生健康成长成才和学校工作具有重要的导向、动力和保证作用。因此，做好德育与思政教育的融合，能有效提高工作效率。由研究组成员校大队辅导员带领小组成员，在学校常规德育活动基础上，进行德育与思政教育有效融合的实践研究。结合新时代教育形式和学校“快乐红色智慧 +”党建工作特色，创新开展少先队特色活动，树立学生正确人生观、价值观、世界观；结合雷锋纪念日、党的生日、建队日等重大红色节日，开展丰富多彩的活动，进行思政教育同时，促进智育、体育、美育、劳育等全面提升；结合乡村少年宫活动，开设红色宣讲社团、传统文化社团、伞面画社团、科技社团等等，在传承优秀中华文化的同时，加强红色教育，促进德智体美劳全面发展；结合体育、艺术、劳动教育等，开展主题活动，渗透思想政治教育，融“五育”于一体；结合学生实践活动，走进周边部队、电力大学、社区、福利院等，进行正能量宣传，活动中，培养学生责任担当，实现全员育人、全程育人、全方位育人。

探索开发与新时代思政教育相辅相成，与学校特色发展相一致的校园显性文化建设，在“快乐红色智慧 +”党建工作的引领下，丰富原有家国情怀主题文化长廊建设和“快乐红色智慧 +”党建之路建设，将党史、新中国史、改革开放史、社会主义发展史融于其中，设立知识学习区、作品分享区、风采展示区等，充分发挥校园文化建设潜移默化的育人功能。

家校育人共同体是思政教育实现“三全育人”的重要组成部分，以课题组成员中的班主任为中心，发挥学校主动发力、有益探索功能，加强家庭“五育”教育的指导，通过家长积极配合、有效协同，实现同心协力、同轨发力，达到学生和家长素质同时提升的目的。

黄老师是一名个人素质很高的青年教师，从音乐课堂教学到协助大队辅导员工作，都充分体现了她的才华，在我心目中她是最优秀的音乐教师。但是，由于在音乐课堂教学中遇到了些许挫折，因此奋斗目标有些模糊。针对此种情况，作为一名党员领导干部，我有责任弘扬正能量；作为一名学校领导，我有义务帮助教师找到体现自己价值的位置；作为一对一党员群众结对对象，我更是义不容辞。因此，我首先了解了学校科任教师的工作分配情况，根据思政课堂的实际需要和黄老师自身的优劣势，打算让她接任一部分思政课，帮助她找到课堂自信。

习近平总书记在党的十九大报告中提出了六个“下功夫”，进一步明确了培养担当民族复兴大任时代新人的基本要求。其中，排在前两位就是“在坚定理想信念上下功夫”和“在厚植爱国主义情怀上下功夫”。可见思政课对小学生的重要性，同时也明确了对思政教师的更高要求。

对于从小就品学兼优、思想政治一直要求进步的黄老师来说，我认为思政教师这个岗位对于她来说，真的是再合适不过了。在与黄老师的几次倾心谈话中，征求她的个人意见后，我给予她这个相对比较适合她的建议，希望她能两手抓，一方面任教自己所学专业，用自己的音乐素养影响学生，美育不松懈。另一方面涉入思政课堂，通过自己的正能量感染学生，加强品德教育。就这样，我们的谈话在欢快的气氛下达成一致。

学校结合主题教育，深耕创设了“快乐红色智慧 +”党建长廊。为了让校园文化真正发挥她的育人效果，在乡村学校少年宫社团活动中，我特意设置了宣讲社团，让黄老师任辅导员，把宣讲培养目标就定为与党建之路相辅相成的红色小小讲解员，与思政课堂紧密相连，拓宽思政课堂模式，走出书本、走出课堂。同时，让校园文化也能立体地呈现在师生面前，真正培育师生爱党爱国情怀。

浇花浇根，育人育心。相信思政课堂不仅能让黄老师找到教书的快乐，而且也能在学生幼小的内心深处播种下家国情怀的种子。

少年儿童的心灵都是敏感的，准备接受一切美好的东西。“自古英雄出少年”，为了中华民族的今天和明天，我们要教育引导广大少年儿童树立远大志向、培育美好心灵，让少年儿童成长得更好。

别样六一　有爱相伴

弹去五月的风尘，迎来六月的阳光；带着五月的鲜花，迎接六月的朝阳。在中国共产党成立100周年这个特殊的节点，在第71个六一国际儿童节到来之际，吉林市政府副市长、吉林市教育局党组书记、吉林市妇联主席、船营区区长、副区长及船营区妇联、区教育局、区工信局等相关领导走进了我们这所城乡接合部的小学，和孩子们共同开启了庆祝建党100周年“童心向党　筑梦成长”庆“六一”主题活动的序幕。

少先队员代表们穿着整洁的校服、手捧着鲜艳的红领巾早早地等候在学校门口，期待着领导们的到来。站在最前面的同学远远地看见了来宾的笑脸，马上回头兴奋地告诉大家：“客人来啦，客人来啦！”同学们排着整齐的队伍，在领导们步入学校大门的那一刻，分别为叔叔、阿姨们佩戴上鲜艳的红领巾，献上崇高的队礼。

我和同学们引领领导们参观了学校开展的“学党史　知党情　颂党恩　跟党走”系列活动中学生的优秀作品，倾听了各楼层“党史宣讲员”们精彩的红色故事讲解，小小宣讲员们从不同视角层面、不同历史阶段讲述了中国共产党百年奋斗的光辉历程，讲述了“红船精神”“遵义会议”“革命先烈”“英雄模范”等革命故事和感人事迹，国家领导对少年儿童的节日寄语和祝福更是深深地印在孩子们的心田。字正腔圆、张弛有度的表达，精神饱满、大方得体的形象以及极具感染力和号召力的演讲，赢得了领导们的阵阵掌声，同时也充分展示了快乐双语学子“爱党爱国、快乐有爱、健康向上、知行合一”的双语精神内核，领导们鼓励道：“看见你们这群充满正能量的孩子，我们也看见了祖国的希望，你们就是今天的最‘火’宣讲员。”

除了最“火”宣讲员，领导们还见到了最“萌”主持人。本次科技馆里与领导们零距离接触的小主持们是学校“师徒传承”科技社团模式培养出来的第九批小主持人，他们当中最小的小主持人刚刚二年级，只有七岁。

这个七岁的小主持人年龄虽小，志气可高。当一年级老师带领同学们集体参观科技馆时，他就被主持人的风采深深吸引了，说喜欢科技社团，也要当主持人。在家长和班主任的支持与鼓励下，自己申请进入了科技社团，就连这次六一活动的主持人角色也是自己主动请缨的。他在准备过程中，主持稿子生字不认识就用拼音标注；词语不理解就问师傅、问老师，然后改成自己的话来说；科技原理不明白就一遍一遍地实验、研究；为了展现出像师傅一样的甜蜜笑容，每天晚上回家对着镜子笑。就这样，在六一儿童节这天，他拉着领导的手，一个展台一个展台地介绍、演示、互动，把身边的嘉宾真的带回了童年时光。

科技馆里的每一处，都能听到领导和小朋友们的亲切交流和欢声笑语。领导们有的弯下腰，倾听讲解；有的动脑思考，猜测答案；有的竖起大拇指，给小主持人点赞；还有的拉成一个大大的圆圈，体验人体串联导电的科学实验……

五楼会议室里，五分半的“沐浴党的阳光　快乐伴随成长”党建活动宣传片拉开了庆祝建党 100 周年“童心向党　筑梦成长”庆“六一”主题活动的序幕，宣传片记录了全校师生、家长共同学党史、跟党走的红色印记。

首先，我给孩子们送上了最美的节日祝福，祝福他们六一儿童节快乐，激励他们从“精忠报国”“为中华之崛起而读书”“我将无我、不负人民”的精神血脉中汲取养分，从小立志报国，将自己的志向与国家发展融合。

随后，就是师生、家长们的大舞台。家校、亲子诗朗诵《亲子同行　共颂党恩》，歌颂了我们伟大的中国共产党的百年辉煌，抒发了快乐双语人永远听党话、一直跟党走的坚定决心；融古筝、沙画、舞蹈、伞画、扇画、剪纸等多个社团活动为一体的师生表演《映山红》，充分体现了在党的光芒照耀下，在各级领导的关爱下，在“快乐教育”特色办学的引领下，孩子们每天阳光向上，快乐成长；

一粥一饭，当思来之不易，半丝半缕，恒念物力维艰，舞蹈《一粒米的故事》不仅演绎了孩子们在习近平总书记提出的“节约粮食，从我做起”倡议后争做勤俭节约好少年的决心，更是“致敬英雄——送别袁爷爷”思政教育的延伸；小童谣、大历史，小焦点、大主题，小语言、大情怀，“小葵花”合唱团优美动听的经典合唱《卢沟谣》，抒发了孩子们发自肺腑的爱国情怀；师生共同表演的《幸福中国一起走》，致敬伟大祖国，致敬中国共产党，唱出了祖国繁荣昌盛，唱出了党的正确领导，唱出了生活幸福快乐。

今天，是孩子们的节日，也是快乐双语最大的节日。每一家人都在用自己的方式，表达着对党、对祖国的热爱；大家都站在自己的舞台上，庆祝难忘的六一儿童节；市区叔叔、阿姨们放下手中繁忙的工作，走进校园，和大家一起过节，还为35名贫困学子送来温暖，他们也用自己的行动，诠释了对城乡接合部孩子的特别关爱，给每个孩子搭建人生出彩的机会。

别样的六一，有爱相伴。带着市、区的深深祝福，伴着老师、家长们的声声祝愿，快乐双语的学子定会心中有爱，眼中有光，拥抱温暖，向阳而生！

乡村学校少年宫　孩子们的快乐大本营

2017年，双语实验小学获得了由中央体育彩票资金支持的乡村学校少年宫项目。学校以全面推进少年儿童素质教育为主线，突显乡村学校少年宫的特殊教育职能，加强制度建设与辅导员队伍建设，灵活创新办宫模式，使乡村少年宫逐步成为学校未成年人思想道德教育的快乐大本营，助力学校的快乐教育特色发展，提升学生的核心素养和综合能力。

一、快乐园——成就梦想的办宫方向

基于学校“实施快乐教育，奠基幸福人生”的办学理念，融合“五大主题”教育和“快乐八大节”主题活动，学校充分挖掘教师们的特长与爱好，从学生兴趣出发，开设学生喜欢的社团活动内容。

在吉林市文明办的领导下，在船营区教育局的直接指导下，按照财政部、中央文明办、教育部的有关文件要求，依托船营区乡村少年宫的总体规划，学校确

立了以“全面推进素质教育为主线，丰富学生文化生活，促进健康快乐成长”的育人核心，确立了办宫方向。

二、快乐境——浸润心灵的办宫环境

学生是学校的主人，要让学生永远站在舞台最中央。从主题造型吊棚到空中作品展区，从造型各异、颜色艳丽的墙面到立体作品展墙，从培养生态意识的窗台到平面作品展板，处处可见学生的活动作品，既给学生搭建了展示的舞台，又充分发挥榜样引领作用，真正让校园的每一个角落都快乐、都发光、都育人。

三、快乐翼——“一六六五四”创新的办宫模式

在反复实践中，学校研究、推出了以“五大主题”教育（生态文明教育、科技梦想教育、传统文化教育、快乐教育、家国情怀教育）为基石的“一六六五四”办宫新模式。

学校高度重视学生的安全，注入“快乐家长义工”协助管理，确保活动场地、设施器材的安全，提高安全保障水平，确保乡村少年宫的健康安全发展，真正让每个学生在安全的环境下享受到活动的快乐。

学校编写了多样的乡村少年宫系列教材，实现了基础性课程、拓展性课程（必修 + 选修）和综合性课程的有机融合，形成了独具双语特色的乡村少年宫课程体系。

四、快乐果——洋溢快乐的童真笑容

乡村少年宫活动的开展，丰富了学生们的校园文化生活，培养了知识技能和合作意识，开发了他们的创造力，也让孩子们的童年变得丰富多彩起来。如科技社团的学生们了解了水力发电的知识、汽车自动控制的原理、光学力学带给人们的方便；足球、篮球社团的学生们在社团活动中锻炼技能的同时，也憧憬着为国争光的中国梦；国画社团的同学们用手中的画笔描绘出了家乡的一草一木、一山一水，抒发了爱国爱家的美好情怀；纱线画社团的同学们用巧手和丝线勾勒出一幅幅栩栩如生的画面；剪纸社团的孩子们用旋转的剪刀让中国传统文化绽放异彩。

第十五章

我与师生一直在一起

同舟共济成就快乐美丽双语

快乐双语，在吉林市船营区西部可谓是家喻户晓，每到新生报名季，学校附近的家长都会带上小板凳早早就来到学校门口排队等候报名，生怕自己来晚了学校学位满了，孩子报不上名，无法进入双语实验小学上学！可是十年前的双语实验小学却不是这样的，能发展到如今的一席难求，离不开全体双语人的共同努力。

双语实验小学由船营西部三所学校合并而成，2000 年才完成正式合并，由于地处城乡接合部，需要走进近 200 米的电东胡同深处才能看到校舍，所以这里曾经是一所名不见经传的普通小学。建校至今，历经几任校长，都是敢想敢拼，有思想、有干劲的优秀教育人，面对困难不服输，带领教师们共同奋斗完成快乐双语的一次又一次蜕变。

2008 年，我满怀教育梦想来到双语实验小学，望着晴天满是灰尘，雨天到处泥泞的操场，近 50% 的学生为农民和农民工子女，落后的办学条件，让我一时间跌入了低谷。既来之，则安之，彷徨后，执着的教育信念，局党委的信任让我重拾信心，唯有努力、努力再努力。就这样，在区委、区政府、区教育局的大力支持下，我多方协调，破旧的操场铺上了崭新的塑胶，落后的办学条件变成了先进的现代设备，班班电子白板、全新的创新科技馆、绚丽的舞蹈室、全新的微机室、最好的录课室、富有童趣的幼儿园……我每天早来晚走，日夜加班，辛勤付出，终于让快乐双语旧貌换新颜！

办学环境改善了，接下来就是要对外宣传扩大学校的知名度让更多的人知道快乐双语。招生遇到困难，我就带领老师们利用班后时间到学校附近的幼儿园招生，向适龄入学的孩子家长宣传学校的办学特色。家长们从最初的半信半疑选择双语实验小学，到入校后看到孩子的成长变化而对双语实验小学的办学100%满意，再到向自己的亲朋好友推荐双语实验小学，为了这样的转变，全体双语人不知付出了多少泪水和汗水。

快乐双语有了自己的“快乐八大节”，个个显精彩，个个有特色，个个促成长；还有了自己的“七色课堂”，红色国防课堂、橙色益智课堂、粉色艺术课堂、绿色科技课堂、青色梦想课堂、蓝色国学课堂和紫色孝心课堂，让快乐真正成为一种习惯，成为一种常态，更成为一种品牌、一种特色。老师们的努力换来的是家长对学校工作的全力支持，快乐双语在全区率先启动了家校共研工作更成为快乐教育品牌的一大亮点。建立“校级、年级、班级”三级家长委员会，实行三级管理，家长们成为双语大家庭中的一员，从乐学善学、共同成长、全程参与到解决问题、勤于反思、颖悟前行；从快乐家长义工走进课堂，到为孩子们的安全、放学保驾护航的“快乐护学队”，每天风雨无阻，已成为长春路、西安路上一道亮丽风景，为“有教无类的均衡教育”涂上快乐亮丽的底色，架起家校共教的彩虹，托起快乐成长的天空。

2015年省教育厅的督导检查，吉林省总督学孙鹤娟来到学校进行督导调研，对双语校园优美整洁的校园文化、师生良好的精神面貌给予充分肯定。

2017年吉林省科技节活动在双语实验小学召开，放飞学生科技梦想的同时，也让科技教育成为学校另一突出的办学特色。

2017年7月6日，国家教育部均衡发展攻坚会考察组来到双语实验小学进行考察，每一个双语人都感到光荣和骄傲。

将时钟回拨到考察组来到双语实验小学考察前，我带领老师们一起布置校园文化，时至深夜，还在闪亮的灯光下忙碌着，也顾不上擦额头上的汗水，一直忙到很晚，还舍不得离开。这次国检得到了省、市、区领导的高度好评，从办学特色到习惯教育发展成果，从阳光体育大课间到创新种植园课外实践，从硬件设施到软件建设，均衡教育的特色发展得到了吉林省教育厅副厅长的高度赞扬。这份肯定让双语人品尝到辛劳付出后的幸福和喜悦的同时，更成为我们直面困难，共谋学校发展的动力。

2018 年至 2019 年期间，学校发展遇到了瓶颈期，原因是学校的教学校长因为癌症去世了，曾经并肩奋斗的同事突然离世，学校老师们的心理上受到了巨大的打击。加上当年退休的老教师比较多，新教师又没有及时补充，当时学校的情况是近 1300 名学生，却仅有 60 多个老师在岗，甚至有的老师每周要承担 25 节课左右的工作量，超负荷的工作和心理压力一时间让学校里人人谈病色变，平平常常的感冒发烧也可能成为压垮老师们的最后一根稻草。校园里随处可听到唉声叹气，朋友圈里随时可见负能量言辞，让我这个做校长的意识到了问题的严重性，必须改变这种状况。于是借着伟大祖国成立 70 周年的契机，我组织全校师生和家长齐心合力拍摄了《我和我的祖国》快闪作品，在拍摄过程中全体双语人再次凝心聚力，突破自我，走出了内心的阴霾。

2020 年，我又趁热打铁、以爱育爱，发起了“快乐双语海报文化”。领导和教师层面的“爱心爸爸”“爱心妈妈”、工友层面的“致敬身边的英雄”，学校里最平凡的人都成了“海报明星”，海报上朴实无华却无比灿烂的笑容很好地诠释了“快乐教育”的内涵。老师们、孩子们在校园里随处可见的海报前驻足，发出声声赞叹，同时也暗下决心，自己也要努力成为下一届的“海报明星”。一时间，学校里的每一个人都感受到自己正在被默默地关注着，默默地爱着，同时也深切体会了“爱人者，人恒爱之”的道理，学会了爱别人，自然也就懂得了爱自己，爱生活的真谛，以“爱”为核心的“快乐教育”再次在双语实验小学焕发出新的生机。

教育是人与人之间温暖幸福的相互润泽，而且这种润泽是多元而立体的。今天的快乐双语以“快乐红色智慧 +”党建为引领、为基石，以“五大主题”教育为依托，形成全新的学校快乐生态文化体系，正在由特色发展向品质发展迈进。相信在不久的将来，同舟共济的双语人，在有美感、有人性、有温度的快乐双语校园中，必将书写出更加耐人寻味、彼此润泽、富有暖意的“快乐有爱故事”！

爱的坚守

有一种奉献，叫作无私；有一种付出，叫作忠诚；有一种行动，叫作坚守！

2020 年突如其来的新冠肺炎疫情拉响了全民战疫的号角，身为人类灵魂工程师的教育工作者们也加入了“最美逆行者”的行列。一时间，教师们走下三尺讲台，走进网络直播间，走出美丽校园，走进社区卡点，用爱的坚守，唱响抗疫进行曲。

大局面前见担当，危难时刻显本色。在吉林市疫情防控冰点的危难时刻，当接到教育局疫情防控工作紧急通知的第一时间，我顾不上住院治疗两月有余的病状身体，毅然冲在志愿服务的第一线，与我的双语家人们并肩作战。

疫情面前，我要做尽职尽责的“组织者”。疫情防控工作是辛苦的，为了落实岗位职责，带领学校领导班子精密设计抗疫志愿服务工作方案，从属地对接到人员安排，从物资采购到无缝发放，从衔接时间到日志梳理，确保每一项工作万无一失。因为“疫情当前无小事”！

疫情面前，我要做认真负责的“排头兵”。抗击疫情，是一场没有旁观者的全民战争。在抗疫工作启动时，我带头第一个报名下沉社区，给全体教师起了最好的榜样和引领作用。短短的十五分钟，就有领导干部、党员教师、专科教师、后勤人员 40 余人踊跃参加，充分保障每一个时间段人员数量。因为“我是领导我先行”！

疫情面前，我要做无畏无惧的“逆行者”。在一线志愿服务中，我坚持医院、卡点两点一线，不顾自身疲惫，全程管控，扫码、测温、登记每一项工作都冲锋在前。遇见年迈的居民，就主动地帮忙添加“吉祥码”，耐心地讲解使用方法；遇见口罩佩戴不标准的居民，就暖心地叮嘱做好防护，确保安全；遇见脾气急躁的居民，就耐心地讲解政府的最新规定，半开玩笑地化解尴尬……我要用我的一举一动、一言一行感动长春社区毛纺住宅的每一户居民，让大家认识到疫情防控的重要性。因为“我是党员，为人民服务是应该的”！

白天、雨中、傍晚，无论哪个时间段，无论阴晴冷暖，我都坚持与教师们并肩作战。凌晨，我接待了市纪委工作人员卡点巡视工作；上午，我向区委组织部工作人员认真汇报服务情况；下午，我收到了教育局冯局长、刘局长对志愿服务者们的深切关怀；傍晚时分，我迎接了区武装部长、长春路街道书记、主任到卡点慰问；深夜十点，我接待了长春社区书记到卡点视察工作。领导们24小时的全程值守和24小时不间断的服务，让我更加坚定了“战斗”的决心，领导们见我佩戴医护脖套带病坚守在卡点，关怀备至地劝我回家休息，“疫情不结束，服务不停歇”。因为“作为中国人，就必须要有艰苦奋战的精神”！

2021年初，新冠肺炎疫情再次反复，零星散发的新冠肺炎疫情又有抬头趋势。在去年疫情抗疫的经验基础上，在船营区教育局疫情防控工作部署会后，我第一时间组织号召全体师生、家长全员行动，采取多种措施，全力做好疫情防控工作。

疫情就是命令，防控就是责任。在领导班子、中层干部、全体教师及学校工人分层专项会议上，从疫情防控工作预案到各项制度的完善，从科学防控知识宣传到师生、家长心理的关注，从防疫物资的清查到提前充分储备，从校园全封闭管理到师生外出规定，从每日体温监测到日报告、零报告等，我针对性地进行了全方位防疫工作安排与部署，号召大家全力携手打赢这场疫情防御战。

虽正值寒假休息期间，但学校的防控一分也不能松懈，我们实行了校园全封闭管理，每一位值班教师严肃对待测温、消毒、记录等工作，学校全体领导每天轮班到校认真检查、督促值班及防控工作。在教育局领导多次到校检查、指导疫情防控工作中，对学校系列防控材料的翔实记录给予了高度肯定。

细节决定成败，态度决定一切。为了确保全体师生、家长的安全，学校疫情防控工作实行分层包保制，从校长到副校长，从主任到正、副班主任，从班主任到学生、家长，从家委会到每位家长，从小组长到每位组员，防控做到层层落实、人人分管，增强了师生、家长的责任担当与“主人翁”意识。

宣传教育、体温监测、外出排查、返吉登记、密接人员等一系列工作有条不紊，形成常态化。学校还通过家长微信平台、公众号、班级群经常地宣传教育，帮助大家掌握更为科学的防控方法，了解疫情最新动态。

防控志愿服务，快乐有爱先行。根据区委、区政府、区教育局、社区志愿服务防控要求，学校65名教师第一时间下沉居家社区，火速集结完毕，再度下沉社区，开启了拉网式入户走访排查工作模式。宣传国家最新防疫通知、签署疫情防控承诺书、统计居家人员、推送注册“吉林家医”账号等，坚决做到“不漏一户、不落一人”，打造第一道全民核酸检测网上注册防线。

为了确保志愿服务的数量与质量，志愿者们克服一切困难，解决问题。遇见老人，就手把手地教，帮忙注册；遇到家中无人，就二次登门、三次拜访；遇到不配合的居民，就晓之以理、动之以情地解答；遇到住户有变化，就做好翔实的记录，反馈社区，大家用言语温暖了居民的心，用态度感动了社区工作者，用行动诠释了快乐双语人的师者风范。

当接到教育局火车站站岗值守志愿服务工作的那一刻，快乐双语的男教师们不论是领导还是教师，不论是党员还是群众，不论年轻还是年长，纷纷踊跃报名，积极参加，力争为吉林市的疫情防控工作贡献船营教育人的一分力量。

守卫吉林，护家平安。根据教育局整体工作安排，五名男教师志愿者于大年初四、初六、初八晚上六点至十二点，每天连续六小时值守在吉林市火车站出站口，做好登记服务，严格管控。春节期间，客流量大，形势复杂，风险也最大。年轻的冯主任说：“再多的人也不怕，我们双语人一定认真、细致，为家乡人守护好疫情防控的第一道关口。”他们是这样说的，也是这样做的，对待旅客有耐心、有爱心，用实际行动树立起奉献与爱的旗帜。

我和两位副校长带着全体双语人的关爱看望了上岗的志愿者，对他们舍小家顾大家的风险精神给予了充分的肯定：“在抗疫需要时，你们坚守第一线，用爱心和信念，绘出特殊时期最亮丽的风景线。”

言传身教，行为示范。我们快乐双语教师积极投身志愿服务的行为，不仅服务了社会，而且感染了双语实验小学的每一名学生和家长，大家纷纷用自己的方式参与到这场科学防控的战役之中。如进行每日体温检测、居家快乐学习、亲子读书提升、21 天习惯打卡、科学防护宣讲等等，快乐双语学子及家长以良好的心态应对疫情，以科学的防护保证健康；以积极的方式快乐生活；以合理的规划赢得成长！

2021 年的寒假，快乐双语继续用心、用情、用爱呵护着每一位家人，传递着快乐温情。《疫情防控致家长一封信》《致教师一封信》《快乐双语的牵挂——致退休老教师》，一封封书信，书写了对家人的祝福，一声声叮嘱，传递了对家人的关怀；留守儿童热线连接、“爱心妈妈”视频祝福、退休教师电话问候、生病老师登门慰问，一句句的话语，诉说了对家人的问候，一张张笑脸，饱含了对家人的爱护；疫情不能远行，我一直心系“双名进校”一对一帮扶对象通榆新兴乡学校孩子们的情况，继上学期对口教育教学帮扶后，寒假里学校又邮寄去了崭新的幼儿午睡物资，一床床被褥，送去的不仅是对家人的牵挂，更是携手共抗疫情的决心。

以爱为核心的“快乐教育”我们必须坚守，无论是疫情，抑或其他，我们都将一直走在爱的路上。

后记

时光如流水，带着满腔的热情，我在校长这条教育路上耕耘了20个春秋。如今，当生命褪去繁华，我依然前行，因为我的梦与爱始终在教育的天空里飞翔……

我对教育事业有着“千锤万击还坚劲，任尔东西南北风”的坚定。如果有人问我，是什么支撑你如此拼搏？我会毫不犹豫地告诉他，我靠的就是自己30年忠贞不渝的教育情结！有一种快乐，是心中有梦；有一种幸福，是梦想成真。从小深受启蒙老师的影响，我拥有一个美丽而执着的教育梦想。在经历了班主任、教导主任、教学校长各个阶段为期十余年的奋斗洗礼，我成长为一名校长。

校长要有教育情怀，要有教育智慧，要有教育理想，更要有无限爱意。踏实的工作，卓越的追求，这些成就了我今日厚实的人生。工作中既要有高瞻远瞩的视野，又要有细枝末节的眼力。既要有以教育为乐的情怀，又有直面挑战的精神。快乐教育，让师生享受生活的美好，让生命更精彩，让教育更快乐。

曾经那个怀揣梦想的小女孩，如今拿起纸笔记录自己的心路历程，讲讲自己的故事，谈谈自己的成长，分享自己的喜悦。经过用心地学习，深入地思考，日积月累地积淀，才有了凝聚一本书的愿望，我手捧着用心用情换来的书稿，不由感叹，人生没有白走一遭，文字可以丈量走过的每一步，它真实地记录着一名教育旅行者一路的实践与思考。

我快乐并幸福着，在双语实验小学这个大家庭里，教师德艺双馨，学生朴实勤奋。学校“快乐教育”的办学品牌享誉全区，让快乐真正成了一种习惯，成了一种常态，更成了一种品牌，一种特色。我与老师们同呼吸共命运，用坚韧挺拔、奋力搏击去迎接各种挑战，成就了无数学子的梦想。记得国家教育部均衡发展攻坚会考察组到校考察时，前吉林省教育厅副厅长拉着我的手说：“你带出了一所好学校，带出了一个有特色品牌的学校，你是一位好校长，创造了城乡接合部均衡发展的奇迹。”话犹在耳，这份肯定成了我继续勤奋工作的动力，也让我品尝到了辛劳付出后的幸福和喜悦。

习近平总书记曾说过“树立梦想、才能远行”，我把远大的教育梦想变成一个具体的奋斗目标，“静心做教育——精心做好每一件有意义的事，成就他人，快乐自己”，把一份沉甸甸的责任背在肩上，所有的苦累抛在脑后，一直向前、向前！

希冀在追寻理想的路上。我的责任就是全力打造教师工作有幸福感、学生学习有快乐感,有温度有暖意的学校。让师生更快乐、让家庭更幸福、让生活更美好！

我一步步走来，且行且思，成就学校，成就梦想，用心用情用智慧做快乐的教育,匠心育人,让创新管理在工作中闪耀光芒,让快乐教育在孩子身上绵延流淌。

新时代，新征程。接下来的教育路上，我将以坚持党对教育事业的全面领导为根本保证，以立德树人为根本任务，以为党育人、为国育才为根本目标，以服务中华民族伟大复兴为重要使命，办好人民满意的教育，为加快建设中国特色社会主义教育强国作出积极贡献。

向所有关心和支持本书编写的各界领导、各位专家、各位朋友、各位同行致敬！感谢每一位读到这本书的朋友，恳请您把宝贵的意见留下，指引我下一步的教育旅程。

附录一

《吉林市船营区双语实验小学校“十四五”发展规划》

为了深入贯彻十九大和十九届六中全会精神，坚持党对教育事业的全面领导，贯彻吉林市、船营区教育局的十四五工作重点，全面推进学校高质量发展，秉承“实施快乐教育　奠基幸福人生”的办学理念，落实并延展“悦人　悦己　快乐一生”的校训，以坚持民族伟大复兴为教育重要使命，以培养全面且个性发展的人为办学目标，以培养德智体美劳全面发展的社会主义建设者和接班人为育人目标，结合学校以往的特色和取得的成绩发展实际，凝聚师生家长社区等群体智慧，经过充分论证，现制订双语实验小学“十四五”教育改革与发展规划如下。

一、发展背景与现状

（一）学校发展概况

吉林市船营区双语实验小学位于船营区西部城乡接合部，由原船营区第二十小学、第七小学和第六小学合并而成，新校舍建成于2002年，是一所平民化、特色化、品牌化发展的学校。

“十三五”期间，在各级领导的关心和支持及学校“十三五”发展规划的目标导向下，学校遵循全面、协调、可持续的科学发展原则，实现了内涵发展，特色发展、整体升位。始终坚持“实施快乐教育　奠基幸福人生”的办学理念，构建以“爱”为核心的“快乐教育”办学特色，在“爱党爱国　快乐有爱　健康向上　知行合一”的双语精神引领下，提升教师教书幸福值、学生学习获得感、家长信赖满意度。以生为本，因需而动，为学生的全面发展和健康成长营造了安全、快乐、和谐的美丽校园，使素质教育在持续发展的道路上形成良性循环。这些理念文化已成为学校建设的品牌和亮点，引领学校各方面工作的开展，并不断焕发出新的思想活力，奏响了快乐双语和谐发展的交响曲。

（二）学校办学优势

1. 学校注重传承和发扬，在以“孝心教育”为基石和“爱的教育”精品工程的基础之上，拓展延伸的“快乐教育”办学特色，形成适合师生发展，特色鲜明的“三风一训”等初具体系的学校文化建设积淀，品牌化、特色化的发展让学校在区域内得到广泛认可。

2. 学校拥有一支爱党爱国、快乐有爱、健康向上、知行合一、锐意进取、有为担当的师资队伍。校级领导班子与时俱进、和谐创新、求真务实、善于学习；中层干部凝心聚力、勇于创新、乐于奉献、以校为家；广大教师朴实肯干、团结一心、出谋划策、努力奋进。

3. 学校校园文化建设有思想、有内涵，“生态文明、科技梦想、传统文化、快乐童年、家国情怀”五大主题教育已初步形成体系，与时俱进，特色创新。

4. 吉林市科技创新中心在学校落成，吉林市科技示范校为学校科技教育的发展搭建平台，让学生放飞科技梦想奠定坚实基础。

5. 学校办学口碑好，社会认同感高，多年的家校工作成果让学校在发展过程中能赢得家长的全力支持。

6. 上级教育行政部门和各级领导的关心与支持是学校发展的最大助力。

（三）学校面临的挑战

1. 学校还需继续提炼出学校文化的核心元素，从品牌学校向品质学校、名优学校迈进。

2. 学校学区不断扩大，生源呈现复杂化，活动功能室紧缺，无法满足师生需求。

3. 数字化校园建设，仍处于初级阶段，需要加强网络办公平台建设与教师信息教育技术能力的培训与提高。

4. 老年教师较多，陆续退休，新进年轻教师有限，存在教师紧缺和断档现象。教师教学视野不够开放，部分教师忧患意识不强，学习动力与创新意识不强，教学研究意识及教育信息技术能力亟待提高。

5. 家长素质相对不高，心理状况复杂，对学生家庭教育有待提高。

6. 学校部分设施、设备使用年限长，已经老化，需要不断更新。

7. 一直在构建“学校学习型组织”，但以部分领导为首的教师队伍学习力严重不足，对国内外先进办学经验与教育教学前沿理论掌握匮乏，学校整体管理与班级管理缺乏特色与创新。

二、指导思想与办学理念

（一）办学指导思想

以习近平新时代中国特色社会主义思想为指导，深入贯彻党的十九大精神和十九届六中全会、全国教育大会精神，创造性落实《中共中央国务院关于深化教育教学改革全面提高义务教育质量的意见》和“双减”新政策，全面贯彻党的教育方针，落实立德树人根本任务，以培养全面发展的社会主义建设者和接班人为办学目标，以全面加强党对教育工作的领导为根本保证，以促进公平和提高质量为主题，依据教育发展趋势、学校地域特点、学校历史文化积淀、学校现状及未来规划等众多因素，进一步突破原有思考，加快推进学校教育现代化，聚焦打造“有特色、有故事、有品质、有温度”的快乐教育，不断丰富“快乐教育”内涵，回归教育本真。

站在“十四五”开局年，建党百年的重要节点，学校通过召开领导、教师、家长、学生多层面“共谋十四五”主题谏言大会，集思广益，凝结全校师生、家长的“让每一个孩子更有质量地学习，更有滋养地成长，让每位双语人更加快乐地生活”快乐教育愿景，表达教育为“人”的深刻思考，继续以“实施快乐教育奠基幸福人生”为办学理念，着力塑造丰富独特的“快乐”文化，延伸以“孝心”为基石，以“爱”的教育为核心的“快乐＋生态教育”办学特色，坚持依法治校、以德管校、文化强校。基于学校留守儿童、随迁子女、特殊儿童占比较大的现状，加强“阳光心育”教育，培养五育并举、身心健康的社会主义建设者和接班人，打造特色鲜明、品质卓越、持续发展的现代化快乐品质名校。

（二）学校办学理念升华

1. 办学理念：

实施快乐教育　奠基幸福人生

2. 办学特色：

从以“‘爱’为核心的‘快乐教育’”到以“‘爱’为核心的‘快乐+生态教育’”

3. 校　　训：

从“悦人　悦己　快乐一生”到“阅己　悦己　越己　遇见最好的自己”精神内核延展

三、学校发展目标

（一）学校发展总目标

“十四五”期间，学校将坚持“扎根中国大地办教育”坚持“党对教育事业的全面领导”的原则，继续推进“快乐红色智慧+”党建模式对学校工作的指导，以高质量发展为目标，以教育科研为引领，通过构建指向深度学习的课程教学体系、打造具有核心胜任力的教师队伍、建设“快乐智能+”的信息化校园、完善家校社区共治共育的学校治理格局，持续优化五育并举的育人体系，续写“做好快乐四有教师，办好党和人民满意教育”的时代新篇章。

1. 深化“快乐红色智慧+”党建引领体系。

东西南北中，党领导一切。“十四五”期间，学校始终坚持把党的政治建设放在首位，用习近平新时代中国特色社会主义武装头脑、指导实践、推动工作。牢记为党育人、为国育才，立德树人，培养德智体美劳全面发展的社会主义建设者和接班人、提高民族素质的崇高使命，深化推进“快乐红色智慧+”党建模式对学校整体工作的指导。到2025年，形成“快乐红色智慧+”党建体系，引领学校发展，不忘初心、牢记使命，增强“四个意识”，坚定“四个自信”，做到“两个维护”，思想坚定、行动有力，自觉地把思想和行动统一到党中央和上级党委部署上来，用行动诠释“爱党爱国　知行合一”的双语精神。

2. 构建指向深度学习的课程教学体系。

课程建设和教学优化始终是学校发展的中心任务。“十四五”期间，学校将以培养学生发展核心素养为价值追求，运用学习科学理论持续深化课程体系和课堂教学的改革，优化学生素养评价标准。到2025年，全面实施指向深度学习的学科教学，建立五育融合的校本课程体系，全面提升课程实施的科学性、有效性，为学生全面自主的发展奠基。

3. 建设“快乐智能 +”的校园信息化网络体系。

随着数字技术的快速迭代，建设“快乐智能 +”的信息化校园是学校教育现代化的重要任务。“十四五”期间，学校将探索基于新一代信息技术的新型教育教学模式和学校管理模式，运用大数据技术构建教学、管理数据分析模型，提升教学和管理效能。到 2025 年实现数字教学覆盖全体教师，网络学习覆盖全体学生。为 2035 年达到中国教育世界先进水平奠定坚实的基础。

4. 打造具有核心胜任力的教师队伍培养体系。

教师是学校高质量发展的关键要素。“十四五”期间，学校将以培养“四有”好教师为目标，建立针对理想信念、师德修养、学习提升、教学技能等方面的荣誉制度，建立以荣誉制度促进教师终身成长为目标的评价体系，开发和实施以提升教师学习力为目标的培训体系，全面推行学、研、行相融合的校本教师专业发展模式。到 2025 年形成一支爱学生、勤学习、乐教学、善育人的高素质教师队伍，为第二个百年目标的达成凝聚核心动力。

5. 完善家、校、社共治共育的学校治理格局体系。

现代学校治理体制的构建是新时代学校发展的新方向。“十四五”期间，学校将以实现学校治理现代化为目标，优化协同育人的治理体制，提升治理的信息化水平，凝聚多元参与主体的群体智慧，促进学校高质量发展。到 2025 年，形成家、校、社协作多元共治、多方共育、平等协商、合作共赢的学校治理新格局，为《家庭教育的促进法》有效推进，真正助力教育的深远发展。

6. 持续优化五育并举的“快乐 + 生态”育人体系。

新时代要求平衡充分发展，落实到教育，就是努力构建德智体美劳全面培养的育人体系。一要明晰“五育并举”的培养目标，以快乐育人体系建设推动育人模式改革；二要发挥课程育人功能，构建“大德育”“大思政”视域下的育人课程体系；三要拓宽育人途径，优化育人方式，推进“三全”育人要求的有效落实；四要强化考试改革和教育教学评价的研究与指导，发挥评价的“正导向”育人作用。到 2025 年，形成为学生的自主发展、全面发展、终身发展奠基的“快乐 + 生态”育人体系，让每一个孩子得到发展，让每一位教师施展才华，让每一个家长收获希望。给每个有缘双语实验小学的人因教育的遇见而定格一生的美好。

真正做到让我们的学校以爱育爱，为每一位学生搭建人生出彩的舞台，培育全面发展的健康快乐双语人。（快乐　和谐　创新　美丽　现代）

我们的教师体会教书育人的幸福，享受自我提升的快乐，教孩子六年，想孩子一生。（严谨　博爱　笃学　创新　融合）

我们的学生体验成长的快乐，全面发展，培塑个性，阳光自信，快乐有爱，长大后随时为党和国家奉献所有！（乐学　善思　求知　健康　创新）

我们的家长孩子入校，家长“入学”，家校合力，协作育人，共话成长。（倾听　陪伴　协同　共进　创新）

（二）具体措施

1. 学校发展——坚持以人为本、全面发展的快乐教育。

（1）学校坚持党的领导。

始终坚持高举中国特色社会主义伟大旗帜，坚持以习近平新时代中国特色社会主义思想为指导，加强党员和全体教师的理论学习，不忘初心、牢记使命，增强“四个意识”，坚定“四个自信”，做到“两个维护”，办好党和人民满意教育。

（2）学校关注人的发展。

秉承“实施快乐教育　奠基幸福人生”的办学理念，以打造教师快乐、学生喜欢、家长满意的快乐特色学校为办学宗旨。继续对随迁子女、留守儿童等特殊儿童实施爱的教育，让每一名学生都能在多彩的快乐校园生活中育德、益智、健体、尚美、好劳，享受学习的收获与成长的乐趣；教师在充实的教育生活中完善、提升、乐教、善思、创新，体会职业的幸福与成长的快乐。

（3）学校注重内涵发展。

以“爱党爱国　快乐有爱　健康向上　知行合一”为核心的精神文化；以校训的延展“悦己　阅己　越己　遇见最好的自己”为出发点；以尊重师生、发展师生、成就师生为价值取向，整合育人资源，营造快乐文化，构建学校与社会之间、学校与家庭之间、教师与学生之间和谐共生、融合发展的快乐共同体，形成对快乐文化的认同与归属和共同的发展愿景，促进学生和教师的和谐、持续发展，为学生成才奠基，为教师成功铺路。将快乐教育理念渗透在学校环境建设、科学管理、德育工作、课程实施以及课堂教学等各个领域，“快乐”成为师生共同的价值追求，成为开发师生生命潜能的巨大力量。

（4）学校着力品质发展。

在特色发展的同时，努力形成特色项目。一是乡村少年宫，让多彩活动引向快乐的远方。学校以乡村少年宫项目为载体，不断创新、挖掘适合学校师情、生情的特色活动，真正实现从学生兴趣出发，让学生自由选择，在融德智体美劳心于一体的活动中，培养学生爱好，为学生搭建展示的舞台，五育融合、五育互育，让乡村少年宫成为承载学生快乐的大本营。二是家长学校智慧共享，让家长成为学校教育同盟军。家庭教育对于提升学校的品质有着至关重要的作用，特别是对于城乡接合部的学校，家庭教育极为缺失，如何不断转变家庭服务理念是最重要的一项课题。在宣传普及家庭教育知识及提升家长素质过程中，拓展学生生活环境中的教育资源，让家校合作更温暖、更多元，让家校合作的共同体更具有生命的力量。依托家长学校，把脉学生成长过程中的新问题，定期开展“家长公益课堂”家庭教育培训活动、个性化“微型家长会”家委会主任驻校办公、家长开放日活动，深化万名教师温情家访，实现教师参与、家庭受访、特殊学生结对帮扶等。继续家长义工服务，搭建家长自主成长新舞台。在“快乐护学队”基础之上，成立“家长精品团队”，参与学校教育教学活动，共同促进学生成长，奏响家校共育协奏曲。三是科技教育，让更多学生赢得出彩舞台。充分利用学校科技馆，结合地球日、科技节等特殊节日，扩大开放力度，让更多的学生参与其中，从低年级的科技活动到中高年级科技主持，在活动中体验成功的喜悦，收获自信。同时，发挥资源共享的作用，向周边居民、社区人员、区域学生乃至全市学生进行开发，让最好的教育润泽一方，增加家长满意度、提高学校知名度、提升学校品质。四是信息化建设，让教育教学更好地适应现代化教育的需求。协调完善学校信息网络等硬件建设和同时，加大教师信息技术 2.0 工程的培训力度，提升教师运用信息技术和现代化教学设备的能力。结合“三个课堂”（名师课堂、专递课堂、名校网络课堂）建设，实现信息技术辅助教育教学的最优化应用与优质教育资源共享。同时，扩大信息技术的应用范围，让学校管理也实现信息化、网络化，建立大数据背景下的学校网络管理体系。

2. 教师培养——成就善思乐学、内外兼修的快乐教师。

学校坚持“发展教师就是发展学校”的干部教师素质提升队伍建设理念，引导教师扎扎实实练技能，兢兢业业求发展，继续增强干部教师凝聚力，营造团结向上、积极进取的工作氛围。

（1）干部队伍建设。

“十四五”期间，将全面提升校长办学水平，通过“名校长”培养工程，形成教育家办学的格局，全面提升校长专业化能力。突出如下特征：更加深刻理解教育内涵，有高瞻远瞩的布局能力，带领师生共同构建价值观和办学新理念，进一步明确课程建设与学习的关系，精通学校治理与管理运行。学校管理继续坚持“躬身入局　挺膺负责”的领导干部精神，以真挚的情感凝聚人，用发现美的眼睛管理人，传递身边的感动，提升校园正能量。不断提升领导干部的学习力、领导力、执行力和发展力，制定切实可行完善的学习制度、分享制度、管理制度，深入开展“敬英雄、誉英雄、学英雄、做英雄”等主题活动，开拓进取，在学习与实践的磨砺中增长智慧和才干，建立起一支政治修养坚定、业务素质过硬、道德涵养高尚和作风严谨、凝聚力强、具有创新精神、奉献精神的整体优化的干部队伍，真正成为学校发展的带头人。

创新学校管理，不断推进团队建设，在原有校长室、中层处室等架构的基础上，加大团队的管理职能，缩短管理半径和减少管理时空的限制。形成以学年学科组、教研组、备课组等为建设单位的团队，激发团队的自主管理、自主教育创新、自主研究的能力，创新团队创建的管理机制。

同时，健全后备干部管理机制，为更多优秀的教师搭建成长的舞台，形成“大家都是学校主人，人人都愿建设管理”的向上局面。

（2）教师队伍建设。

学校将注重以教师的成功促进学生的成才，以教师的成长促进学校的发展。“十四五”全面提升教师素养和教育能力，引导教师从学科人走向教育人，从经验型迈向专家型。争做习近平总书记所说的“大先生”。设计多项教师培优策略，鼓励教师多维度、多层次超越自己，走向卓越。提出“五高”培训目标，即政治修养高统一、师德修养高境界、业务素质高水平、教育教学高标准、身心素养高品质。始终坚持政治文化引领，坚定“永远跟党走”的信念，不忘立德树人初心，牢记为党育人，为国育才使命；专业发展坚持“分层培训、榜样引领”的工作思路，开展“追逐光、学习光、成为光”的教师目标培养方向，强化榜样力量、读书悟道、专家引领、同伴互助、实践体验和反思提高“六部曲”，以八支“特色团队”建设促进教师队伍整体升位。鼓励教师积极参加各级各类竞选活动，让更多的教师努力成为省、市、区骨干教师、星级教师、学科带头人，带动教师队伍整体建设。

3. 学生成长——培养快乐有爱、身心双健的快乐学子。

学校将继续以“爱党爱国　快乐有爱　健康向上　知行合一”的双语精神为引领，全面提升学生核心素养紧扣时代脉搏。

（1）构建全员育人环境，培养良好品质。

“浇花浇根，育人育心”。学生德育教育将成为学校学生培养的主线，“十四五”期间学校将全面优化德育价值，突出育人功能。围绕立德树人根本任务，健全德育落实机制，以坚定理想信念、厚植爱国情怀、加强品德修养为主要目标，从家国情怀、优秀品质、高尚修养等方面入手，加强学生道德实践、道德体验和道德反省，让德育教育真正落到实处。

以思政教育为核心，以爱党爱国教育为主旋律，做好“四大结合”，即国家课程与校本课程相结合、思政课堂与德育活动相结合、特色思政与校园文化相结合、主题科学研究与学生体验活动相结合，探索与时俱进的特色思政，形成有内涵、有深度的校本课程体系。

①国家课程与校本课程相结合。

以习近平新时代中国特色社会主义思想为核心内容，构建定位明确、循序渐进、螺旋上升、层次分明的思政课体系。着力提高课堂教学质量，打造一批内涵深远、思想深刻、形式创新的“金课”，推动习近平新时代中国特色社会主义思想进校园、进课堂、进头脑。

②思政课堂与德育活动相结合。

创新思政课实践教学模式，打造“行走的课堂”品牌，建设家门口的社会实践研修基地，开展主题实践教学。

③特色思政与校园文化相结合。

结合学校五大主题校园文化教育，拓宽文化内涵，积极丰富理想信念教育、社会主义核心价值观教育、中华优秀传统文化教育、生态文明教育和伟大梦想教育等，倡导“教育即唤醒，从心动到行动”，增强学生政治认同、思想认同和情感认同，引导学生扣好人生第一粒扣子。

④主题科学研究与学生体验活动相结合。

凝聚集体智慧，探索思政新路径。积极申报国家、省、市、区课题，深耕研究，推进大中小思政一体化建设。

以劳动教育为突破，贯彻《关于加强中小学劳动教育的意见》，构建劳动课程体系、开展劳动教育课题研究。探究校本课程、劳动课题、实践活动、文化建设、家校共育的多途径同步走模式，为学生提供劳动机会，弘扬劳动精神，教育引导学生崇尚劳动、尊重劳动，懂得劳动最光荣、劳动最崇高、劳动最伟大、劳动最美丽的道理，让劳动教育真正撬动孩子的成长。

以健康教育为重点，身体健康、心理健康齐抓共管。没有全民健康，就没有全面小康。学校将认真落实“五项管理”之“体质管理”“睡眠管理”等；根据《国家学生体质健康标准》重点检测学生视力、营养状况和体质健康达标状况，扎实开展好每天一小时阳光体育运动、每月一次大型体育活动、每学期一次运动会、每年度一次阳光体育节，指导学生保障充足睡眠，科学安排作息时间；落实《中小学心理健康教育指导纲要》，引导教师学会研究学生的心理，把整个教学过程建立在了解学生的心理本性和生理本性的发展规律的基础上，要全面地了解人，将心理健康教育贯穿于教育教学全过程。建立标准化的心理辅导室，组织“心理健康教育活动月”等活动，培育一批心理健康教育品牌活动项目。构建常态化专题网络资源推送机制，定期精准推送给家长和不同学生群体。创新专题教育活动，引导青少年安全合理使用电脑和终端设备，预防网络沉迷和游戏成瘾。开展系列关爱行动，培养学生健康的品性和阳光的心态。逐步将健康教育形成体系，以家校共育为载体，让家长参与到学校建设和教育教学活动之中，陪伴孩子成长，构建学校、家庭、社会三位一体的充满人文关怀的生态育人环境。完善心理健康教育体系，构建团辅课程、个体心理咨询和心理咨询热线为主的心理健康内容。每学期定期对全体学生进行心理筛查，对心理健康存在问题的学生建立一生一档，并完善长期跟踪的机制。

以家庭教育为补充，构建教育合力。习近平总书记在不同场合多次谈到要“注重家庭、注重家教、注重家风”，强调“家庭的前途命运同国家和民族的前途命运紧密相连”。学校将努力培养一批家庭教育专业性教师，构建家校联动、线上线下相结合的家庭教育指导服务网格，转变家长教育观念、提高家长的教育水平；完善家校工作各项机制，让家长走进校园、协同管理成为常态化，陪伴、见证孩子成长；成为全国规范化家长学校实践活动区，推动形成爱国爱家、相亲相爱、共建共享的社会主义家庭文明新风尚。

注重班级建设，倡导“用智慧经营班级，用文化点亮人生”，让班集体拥有鲜明独特的精神气质，打造品质管理。

（2）健全综合评价机制，形成优良学风。

为了让每一名学生真正站在舞台的最中央，体验成功、品尝成功、走向成功，促进学生健康、快乐、和谐、自主的成长，实施“以促进学生全面发展为目标”的多元评价体系。设计学生“成长的足迹”快乐评价手册，调动起学生“学会做人、学会做事、学会合作、学会学习”的积极性，让每个学生根据低中高年段年龄特点，制定阶段奋斗目标，并主动地向自己的目标奋进，形成“每天进步一点点，每天快乐一点点，做最好的自己”的优良学风，自主成长为向上向善向美的快乐双语少年。

通过学校的教育，让孩子们静下来洗尽浮华、观照内心；动起来满怀信心、充满力量。实施综合素质评价，考察学生的思想品德、学业水平、身心健康、艺术素养、社会实践全方位的发展。

4. 课程建设——构建减负增效、五育融合的快乐课程。

课堂教学是学生素质储备的主要途径，而丰富多彩的课程设置则满足了不同个性学生发展的需求。“十四五”学校将全面优化课程结构，真正落实课程成为撬动教育改革的支点，继续打造“快乐 + 生态”的课程体系，突出课程的整体性、实践性、开放性特征，落实深内涵、补短板、强个性及跨学科的课程建设策略。学校将紧紧围绕“一个核心（提高教学质量）”“两个发展（学生素养发展和教师素质发展）”“三个重点（课堂、课题、课程）”的研究，开启减负提质增效赋能的课堂新路径，把课程、学科、教师、学生和多元化的信息作为快乐教育系统的重要组成部分，以网状结构的方式构建，真正实现课程对学生发展的促进作用。

（1）实施以学生发展为本的教学。

严格落实“双减”政策，以生为本，倡导启发式、讨论式、合作式、探究式、融合式的教学方式。扎实开展推门课、领导听课日、教研课、竞赛课等系列教学活动，把握提高教学质量的生命线；探究“快乐生本‘五育融合’”课堂，形成快乐高效品质的课堂模式，以教科研为引擎，优化提高教学质量的动力源；加强长效管理，以“勤检查、速反馈、细指导”为策略，完善提高教学质量的推进器。

（2）建设适合学生发展的课程。

以国家课程为主体，以教师走班课和学生自选活动课为两翼，提升学生综合素质。着眼学生个性发展，开发五育融合的多元化快乐课程，如与时俱进的思政课程、启智促思的创新课程、激情活力的运动课程、多姿多彩的艺术课程、贴近生活的劳动实践课程等等；丰富快乐八大节校园文化活动，如三月爱心奉献节、四月体育艺术节、五月劳动体验节、六月习惯展示节、九月教学活动节、十月红心向党节、十一月快乐读书节、十二月欢乐冰雪节等，在活动中成长，在活动中收获。

不断丰富课程资源，注重过程体验，发现培养兴趣，增强实践能力，尽可能多地为学生提供丰富的课程自助餐，让校园成为学生个性成长的大本营，让每一个孩子都能站在学校的最中央。

5. 管理优化——践行规范自律、现代创新的快乐管理。

“十四五”将全面优化学校管理，推进教育治理现代化。着力从德育管理、管理团队、教学管理、课程管理、学生管理、教师管理、安全管理、后期管理等维度推进治理能力和结构变革，紧扣学校治理能力现代化，落实学校走向全面依法治校，推动从制度治理走向文化治理。着力完善各项管理制度，探索有效的管理方法和艺术，用方法对人，用制度管理，用人性办事，凸显快乐教育管理效能。

（1）提升依法科学管理能力。

以《学校章程》为核心，在学校的发展过程中不断修订完善。尊重每一名教职工，尊重每一名学生，创造民主和谐、快乐向上的氛围，促进学校管理科学化、人文化，打造有温度、有美感的管理模式，使制度不断内化为每个师生的自觉行为，践行“知行合一”的双语精神。强化《中华人民共和国宪法》《中华人民共和国教育法》《中华人民共和国义务教育法》《中华人民共和国教师法》《中华人民共和国未成年人保护法》的学习，增强法治观念，提升依法治教、依法治校能力。

（2）建立健全民主管理制度。

充分发挥工会、教代会等团体组织的桥梁和纽带作用，深入实施民主管理，坚持校务公开，形成教师提案、民主谈心、齐抓共管的良好形式，拓宽教师参与学校管理的渠道，让教师成为学校的主人。同时，发挥少先队的作用，引导学生自我管理和参与学校治理。

（3）构建和谐的家庭、社区合作关系。

创新管理体制，横纵交错，环绕辐射，上下同心管理。在“纵”向上看：设立党务室、教导处、学生处、总务后勤“四大纵队”，实行领导干部负责制，侧重整体工作全方位管理；在“横”向上看：设立学年、学科、教师、学生“四大方阵”，实行组长、个人负责制，侧重常规教育、学习、生活的自我管理；在“立体”上看：设立家长、社区、社会“三大同盟”，形成家庭、学校、社区、社会四位一体的合力管理模式。

6. 文化创建——打造团结奋进、和谐美丽的快乐校园。

学校坚持“实施快乐教育　奠基幸福人生”的办学理念，将“快乐”文化内涵落实到办学环境的创设中。“十四五”学校的文化建设将以致力于提高未来建设者和接班人的思想和文化素质为目标，以党和国家的教育思想和教育方针为指导，为创建品质名校扬帆添翼。学校文化创建将继续以“爱党爱国　快乐有爱健康向上　知行合一”的双语精神为引领，注重四个结合，继承与创新相结合、教书与育人相结合、教师与学生相结合、学校与社会相结合，力求让浓浓的有温度、有故事、有人性、有美感的“快乐教育”文化浸润校园内外，滋养师生心灵。

（1）守望精神家园，用快乐生态浸染心灵。

双语实验小学虽然建校时间不长，但因为是三所学校合并而成，吸纳了三所学校文化建设的精华，加之历任校长深耕钻研，结合学校师情生情和管理者的理念不断推进完善学校文化建设，从“孝心教育”到“爱的教育”，再到“快乐教育”，每一个阶段的文化内核都彰显了那个时期双语实验小学的人文风貌。“十四五”，学校将在原有“快乐教育”的基础上，开启以“爱”为核心的“快乐＋生态”教育，为“快乐”注入更深层的内涵，同时拓展更广阔的外延。学校需要在更高起点上，用更优举措落实“爱党爱国　快乐有爱　健康向上　知行合一”的双语精神，着力打造以“三风一训”建设为核心的师生行为系统，一心一意谋发展，聚精会神提质量。一是怀远图新，树社会满意的校风。立规矩、扬正气，力促干部队伍担当作为、以上率下。教师队伍潜心教学，以德育人。讲落实、促创新，力促干部队伍履职尽责、开拓创新，教师队伍爱岗敬业、变革课堂。二是身正学高，立家长满意的教风。加强责任，教育教师带着责任上班，带着爱心教学。培训业务，激活教师专业发展潜能，提升教师专业发展水平。改革课堂，打造以学为本、真学真思、互动合作、踊跃展示的学本课堂。三是立德树人，育学生满意的学风。德育为先，注重发挥德育对培育优良学风的导向和促进作用。丰富载体，激情教育，突出开发非智力因素的育人潜力。完善制度，严肃校纪，用制度建设规范、保障学风建设。四是营造氛围，增强学校的凝聚力。办好学校公众号、广播站等宣传媒体，展示办学特色、办学成绩，让以“爱”为核心的“快乐＋生态”教育焕发新的活力。

（2）打造七彩校园，用优质环境陶怡情操。

学校的颜色是学校有别于它，独一无二的精神符号、标志符号。在原有绿、蓝、米、橙、红“五大主题”楼层文化的基础上，我们将拓展“五彩——七色”校色文化。“五彩——七色”（绿、蓝、米、橙、红、黄、紫）教学楼由七色组成，代表快乐双语的全体教师在以“爱”为核心的“快乐教育”办学特色引领下，为孩子托起七彩的快乐童年。

“十四五”期间，学校将坚持把校园环境建设作为校园文化建设的基础载体加以推进，着力打造花园式、生态型学校建设。积极构建教学、运动、生活、体艺中心和景观绿化五个功能区相对独立，又浑然一体的校园景观。按照“操场气派、大楼巧饰、园含爱意、花草寄情、快乐和谐”的校园文化景观设计理念，协调推进“四季有青、四季有花、四季有香”美化与绿化建设，真正做到处处有景，景景育人。系统规划校园内部品格提升工程，建设快乐智慧校园，全力改善班级内文化建设环境，力求班级布局合理，各类设备设施齐全，配置先进，既体现评价机制，又展示文化品位。

（3）完善管理制度，用人文管理助力发展

校园内严谨规范的秩序，师生们积极向上的情绪，科学的制度文化，是校园文化中其他各要素得以正常、高效运行的润滑剂，其潜在的功能是巨大的。因此，学校必须建立一个凸现本校优势，具有特有文化特色的规范、高效、完整的组织管理系统和制度，构建出学校特色制度文化。

“十四五”期间，学校将在原有科学严谨与温暖有爱的“1+M+N”快乐双语制度的基础上，大力推进学校制度文化建设。

“1”即教育教学正常开展的常规制度。坚持以人为本的思想，建立健全学校管理的各项规章制度，规范学校的决策体制，完善决策过程和工作规则，实现决策的规范化、科学化、民主化，形成依法办事、民主管理、以德立校的运行机制。坚持和完善教代会民主管理制度，推行校务公开，不断扩大广大师生员工对学校工作的知情权、参与权和监督权。进一步修订和完善学校部门规章，并将其汇编成册，作为学校内部工作的依据。

“M”即结合学校办学特色，有自己的创新思想，助力学校品质发展的快乐特色制度，解决一些学校实际问题。在原有的《高级职称女教师工作制度》《领导教师加班顶假制度》《课后服务教师弹性下班制度》《学生快乐评价奖励制度》《快乐家长义工奖励制度》等具有快乐双语特色制度的基础上，学校将加强班级制度文化建设。班级制度文化的建设，为学生提供评定品格行为的内在尺度。在班级集体中，把那些以规章制度、公约、纪律等为内容的，班级全体成员共同认可的行为准则以及监督机制等明确制定出来，让学生人人皆知，使每个学生时时都在一定的准则规范下自觉地约束自己的言行，使之朝着符合班级群体利益，符合教育培养目标的方向发展。

“N”即制度层面组织文化中的非正式制度也就是一以贯之的约定俗成的规矩与现象，不会因为校长的变化而改变。双语人会在“十四五”的工作中，自觉用道德规范、行为准则创新出更多的“N”制度，让双语实验小学更加和谐有序。

（4）夯实行为文化，让快乐师生尽展风采。

从另一个角度讲，校园制度文化还包括校园行为文化。校园行为文化建设目标是整合他律，加强自律。校园行为文化指行为规范和行为模式两个方面，校园行为规范指学校对人的教育培养以及塑造人的规章制度，还包括各项规划、计划、条例、要求、意见等等；行为模式包括学习、生活、工作的行为方式等，这些行为规范和模式构成了校园制度文化的重要管理内容。对于行为文化的设计，经过学校全体员工的反复讨论一致认同，以体现民主管理，倡导师生自勉自律，以达到全校师生员工共建校园行为文化，共造校风，共守校规的目的。

“十四五”期间，学校在文化建设方面将致力于夯实行为文化，建设严谨治学、笃行拓新、倾心育人的良好师风，厚德博学、实践创新、奋发向上的良好学风和敬业奉献、协同奋斗、优质服务的良好作风，通过开展形式多样的活动，多层次、多角度对师生行为进行规范和调整，展现快乐师生良好形象。

在教师层面，将积极开展教师礼仪教育，塑造快乐儒雅形象；加强师德教育，建立师德师风考评方案并实施考评；开发校本培训，构建教师文化；采取“经验交流（班主任）、示范课、公开课”等形式来提高教师的教育教学能力；用“终身学习”的理念指导、鼓励教师多读书，促进教师养成自觉读书学习的习惯。

在学生层面，加强学生行为规范教育，教育学生使用文明礼貌语言，加强学生养成教育。同时，切实开展德育主题教育活动，有计划开展关爱生命、感恩教育等活动和上级教育行政部门布置的专题教育活动。

①抓好硬件打基础。

协调上级部门，加大资金投入，努力改善办学条件，进一步完善学生活动室，配齐教学仪器设备，最大限度确保科学实验室的使用，提升学生科学实验能力，培养创新精神，建设一间适合不同天气锻炼的运动场馆，保障学生体质提升。

②注重内涵升品位。

在现有的校园文化建设基础上，进一步科学规划与时俱进的校园整体布局，确保校园整洁优美，为学生德智体美劳全面发展服务，让每一面墙、每一个角落都蕴涵思考的价值，彰显美感的同时，“润物细无声”，达到文化育人的效果。

③接轨现代信息化。

完善校园信息化建设，校园网络全覆盖。充分利用现代化教学设备，加大师生信息化培训力度，通过多媒体技术培训、课件制作比赛、网上学习交流等形式，不断提高教师的网络学习和实际操作能力，更好地服务学生、服务教育。同时，指导学生科学掌握信息技术，培养学生国际视野。

④平安校园是关键。

借助政府部门、社会力量、专业组织，构建学校安全风险管理体系，落实《国务院办公厅关于加强中小学幼儿园安全风险防控体系建设的意见》《中小学幼儿园安全管理办法》，安全管理常态化，安全措施成体系。

四、重点发展项目

（一）年度重点完成项目分解

第一年理关系、明方向；第二至四年打底色、重积累；第五年出亮点、出特色、出成果。找准定位、明确方向、系统规划、分步推进，努力实现在理念引导和系统整合下的办学新突破。

1.2021 年重点项目。

（1）制定学校“十四五”发展规划。

初步理清办学思想、党建师德、课程建设、德育活动、家校合作等各种关系，形成办学的整体框架，拓宽办学特色和校训更深内涵。

（2）教师队伍建设。

以师为本，组建教师素养提升“特色团队”，制订素质提升工作计划，开展团建活动，增强工作积极性。

（3）教师继续教育。

“十四五”期间国培、省培等远程培训将是一种重要的培训形式，学校将根据上级培训部门安排，结合学校教师自身优势和特点，有针对性地组织教师参与相关培训，加强培训过程管理，以团队共研的方式进一步提升培训效果，力求参培率、合格率全部达标，实现培训成果最大化。

（4）师德师风提升。

梳理“爱”的教育经验做法，拓宽爱的途径，保障每一名学生接受均衡而有质量的教育。

（5）校园文化建设。

在原有校园文化基础上，结合疫情实际和国家大事，不断延伸“家国情怀”主题文化，推出劳动教育文化。完成校园外墙保温和粉刷工程，梳理新的物质文化内涵。

（6）加快课程建设。

以思政教育为核心开展探索，以团队建设为载体，以科学研究为途径，从五育融合课堂构建和实践活动出发，申报上级主题课题；以劳动教育为突破，开展主题劳动实践活动，初步引导学生树立劳动光荣、尊重劳动者的意识；以健康教育为重点，对学生的身体、心理健康状况做好摸底排查，建立健康小档案，研究推出适合学生身心健康的活动；以家庭教育为补充，组织教师积极参加家庭教育培训，学习家庭教育理论，向专业性教师迈进，为下一步工作奠定基础。

（7）落实“减负”政策。

结合“五项管理”工作要求，以生为本，从学生个性发展需求出发，注重学生综合素养提升，切实减轻学生、家长负担，初步形成体现“快乐教育”的服务模式，为吉林地区此项工作打样建模。

（8）学生德育教育。

学生了解基本的习惯要求，并在活动中受到教育，自觉养成良好的习惯。结合“快乐教育”办学特色，设计具有符合学生年龄特点的德育校本教材。

（9）家长学校教育。

成立家长学校工作领导小组。利用校园网站、家庭教育宣讲团、宣传栏、橱窗、黑板报等各种宣传工具和渠道，广泛深入地宣传现代家庭教育的重要意义，形成浓厚的家庭教育工作氛围，开展家庭教育培训，使家长掌握基本的家庭教育方法。

（10）心理健康教育。

成立心理健康教育领导小组，加强心理健康教育的队伍建设；建立以班主任为主的心理辅导咨询小组，对班主任进行辅导、培训，指导上好心理辅导活动课；建立师生情感交流室；美化校园环境，布置心理健康教育的宣传栏；通过“家长学校”讲座对家长进行辅导。

（11）教育科研工作。

倡导专家治校、科研兴校的办学观。把教育教学工作建立在教育科研的基础上，协作互动的教科研网络，促进教师由经验型到科研型、专家型角色转变，使科研兴校深入人心，形成向科研要质量、向科研要效益、向科研要特色、向科研求发展的学术氛围。

2.2022 年重点项目。

（1）硬件设施建设。

进一步完善学校硬件设施设备，加强教育信息化建设，推进智慧校园的提升，全面夯实教育教学管理基础。落实《中国教育现代化 2035》的战略部署，积极推进“互联网 + 教育”发展。

（2）提高教学质量。

深化课程体系重构与课堂教学改革，形成“快乐生本‘五育融合’”学科课堂模式，教师自如地教学，学生快乐的学习。

（3）教师队伍建设。

在教师政治修养、业务素养、道德涵养三大提升的基础上，加强教师精神文化建设，调研教师所需，因需而动，丰富教师团队生活，提升教师职业幸福感。

（4）教师继续教育。

加强骨干教师的队伍建设，设计符合学校教师特点的培优策略。通过多种形式，不同层面的校级教研竞赛选拔出校级骨干教师团队，以团队共建的方式提升骨干教师教育教学水平。积极组织参加国家、省、市、区级的各类教育教学竞赛，为骨干教师成长搭建平台，力求让学校的骨干教师在上一级教研平台脱颖而出、展示风采。同时，开展“青蓝工程”，实现骨干教师带动青年教师整体提升，进而实现学校教师队伍的整体升位。

（5）推进课程建设。

思政教育在科研课题的引领下，探索出较为完善的课程体系，教师积极研究，继续思考思政教育与其他教育的有机融合；劳动教育形成富有学校特色、符合年段特点、具有班级特征的分层模式，指导课程建设，让学生养成良好的劳动习惯和品质，领会“幸福是奋斗出来的”内涵与意义，继承中华民族勤俭节约、敬业奉献的优良传统；健康教育因材施教，根据学生的健康档案，设置自主性提升计划，积极培养专业型教师，与家校课程有机结合，初步建构网络培训机制。

（6）师生综合评价。

在原有学校评价基础上，从“四有”好老师和“全面发展”的学生角度出发，创新机制建设，优化《快乐师生评价手册》，并初步搭建好电子版评价模块。

（7）减负提质增效。

加强与家长、社区、社会的合力共建，挖掘其专业特长，开展“专家入校园”活动，补充专业教师短缺现象，为学生开设更多更丰富的社团服务，促进学生综合素养提升。

（8）精准帮扶工作。

结合国培“一对一帮扶”行动，发挥名校长的引领作用，帮扶对接单位理清办学思路，促进教学提升、学生成长。

（9）学生德育教育。

落实德育课程进课堂工作，做到有教材、有教师、有教案。发挥好德育课程的育人效果。

（10）学生体育运动。

为迎接冬奥会的开幕，做好冬季体育运动项目的开展，学校将重点工作放在短道速滑、轮滑的体育训练项目上，并聘请专业教练开放冰壶、冰球项目，为国家做好初级运动员选拔工作。

（11）教育科研工作。

扎实推进“开放教育”实践与研究，促进学校长足发展。在“小学思政教育五育并举课题”总领下，全面践行省重点立项课题，把小学思政教育融入各个学科之中，形鲜明的教学特色。

3.2023 年重点项目。

（1）校园文化建设。

积极与上级部门取得联系，研究建设封闭式体育场馆，满足学生体质锻炼需求。同时，学校安全隐患全部清零。

（2）教师队伍建设。

探索在“大数据”环境下教师专业发展之路。重点在“阅读课程”“教学建模”“教师发展课程”上发力。培养出一批省市区名师，引领团队发展。

（3）教师继续教育。

结合上级培训部门的信息技术培训要求，对教师进行现代教育技术能力培训，继续做好多媒体进教室工程，围绕计算机技术、网络技术、现代教育资源整合技术为主要内容开展培训，力求学校每一位教师都能自如运用信息技术辅助教育教学，拓展教师自主学习的方式和渠道，更好地适应教育信息化要求，提高教育教学能力和质量。

（4）深入课程建设。

思政教育、劳动教育、健康教育、家校教育形成成熟体系，校本教材成册。进一步探究传统课程与创新课程的发展。

（5）减负工作特色。

根据教育新趋势，减负工作形成特色亮点，学生喜欢、家长满意、社会认可，具有影响力。

（6）“三个课堂”应用。

促进信息技术与教育教学实践深度融合，创新教育教学模式，促进育人方式转变，支撑构建“互联网＋教育”新生态。

（7）少年队工作。

少先队基础建设制度化，提高少先队辅导员的理论水平。

（8）心理健康教育。

开好心理健康教育课；建立学生心理档案；整合、协调各种教育资源，心理教育渗透于各学科；进一步健全心理健康教育体系，继续利用广播、宣传栏、心理咨询室、“家长学校”、教师培训会等对学生、家长和教师开展心理健康教育和培训活动；送骨干教师外出培训考证。

（9）教育科研工作。

坚持校本研究，强化教科研的“特色取向”。结合学校、教师、学生和社区现状，充分挖掘校本资源，开展校本小课题研究，将有效的反思研究、个案研究、观察研究等方法注入研究过程，切实解决教育教学中的实际问题，实现校本科研的特色展现。

4.2024 年重点项目。

（1）教师队伍建设。

教师队伍整体综合能力显著提升，职业道德好、教学水平高、管理能力强，在各级教育教学活动中成绩显著。人人在自己的领域争做“大先生”。实现“三名”工程目标，培养出名校长、名学校、名教师。

（2）教师继续教育。

尝试建立学校教学资源网站，对教师进行上传资源、网站建设等相关培训，鼓励教师将自己日常教育教学工作中积累的教学设计、教学视频、教学课件等资源不定期进行资源共享，网站可以先在校内开放，待建设完善可尝试推广，让其他学校的老师也可以参与浏览上传等活动，在沟通交流中共同提高。利用学科资源网站建设的机会，进一步提升教师在教学设计、课件制作等现代教育技术上的能力。

（3）师生综合评价。

提升现代化信息技术应用能力，快乐师生综合实现与电子版评价很好的对接，真正促进师生综合能力培养。

（4）深入课程建设。

多元课程相互融合，相互促进，传统课程与创新课程形成体系，融传承红色基因、弘扬民族精神、过好传统节日、地区特色文化等于一体的传统课程，厚植学生爱党爱国爱家情怀。创新 STEAM、科技编程、DIY 小发明、创意美术等创新课程，引导学生树立为实现伟大复兴中国梦而努力的远大理想。

（5）少先队工作。

以“快乐队建”为载体，大力推进各项主题活动，形成自己的品牌与特色。

（6）“家长学校”教育。

发掘、学习、使用先进经验，深入开展家庭教育阶段。承办区级以上家庭教育工作现场会。巩固家庭教育成果。

（7）教育科研工作。

健全教育科研管理机制。指导教师开展以行动研究为主的科研活动，举行不同层面的学术交流、汇报会。

5.2025 年重点项目。

全面优化学校在系统管理、课程建设、教师发展、德育创新、课堂教学等多方面发展项目，形成一套较有实效性的学校系统运行机制、体系，全面提升学校办学品位，“快乐 + 生态教育”办学特色引领全区、全市、全省教育发展。

（1）“快乐红色智慧 +”党建。

形成完善的“快乐红色智慧 +”党建体系，引领学校发展，不忘初心、牢记使命，思想坚定、行动有力，自觉地把思想和行动统一到党中央和上级党委部署上来，用行动诠释“爱党爱国　知行合一”的双语精神。

（2）课程教学体系。

全面实施指向深度学习的学科教学，建立五育融合的校本课程体系，全面提升课程实施的科学性、有效性，为学生全面自主的发展奠基。

（3）校园信息化网络体系。

实现数字教学覆盖全体教师，网络学习覆盖全体学生。

（4）教师队伍体系。

形成一支爱学生、勤学习、乐教学、善育人的高素质教师队伍。

（5）学校治理体系。

形成家、校、社协作、多元共治、多方共育、平等协商、合作共赢的学校治理新格局。

（6）“快乐 + 生态”育人体系。

形成为学生的自主发展、全面发展、终身发展奠基的“快乐 + 生态”育人体系，让每一个孩子得到发展，让每一位教师施展才华，让每一个家长收获希望。

附录二

成艳春：“为学生成长涂上温暖底色”

中国教育报记者　赵准胜

“为孩子们创设均衡普惠的天空，让他们都找到成长的快乐，让每一个孩子都快乐成长！”多年来，成艳春校长带着这样的使命，身体力行，带领团队走出了一条特色发展之路。

2008年3月，成艳春任吉林省吉林市船营区双语实验小学（以下简称“双语实验小学”）党支部书记兼校长。经过仔细调研，她意识到，自卑、怯懦、厌学等心理问题在严重制约着孩子们快乐成长。

双语实验小学在城乡接合部，办学条件相对落后，在籍学生中农民工子女占47%，留守儿童占27%，单亲家庭子女占28%……面对这些情况，成艳春不得不重新思考“办什么教育，怎么办教育，为谁办教育”的问题，因为这些问题直接关系到学校的定位和发展，关系到每一个孩子的成长成才。

为帮助孩子们走出生活困境和心理阴霾，成艳春牵头创立了“快乐双语爱心基金会”。一开始，由学校党支部组织党员教师通过“牵手一帮一”“爱心对对碰”等形式帮助家庭经济困难学生。在党员教师的带动下，其他教师也纷纷加入。很快，学校的善举赢得了社会各界的广泛响应，很多校外人士也主动加入到资助行列中，形成了学校、家庭、社区、社会“四位一体”的联动扶贫机制，确保了“快乐双语爱心基金工程”的稳步实施。“快乐双语爱心基金会”先后帮扶300多个家庭摆脱生活困境。

“物质扶贫只是基础，给孩子们情感上的支撑更为重要。虽然我们无法替代孩子的父母，但我们可以通过实际行动尽可能地弥补孩子们没有父母陪伴的缺憾。”成艳春说。基于此，在做好物质扶贫的同时，双语实验小学又开启了“同享一片蓝天，相伴快乐成长”爱心助学活动。首先由班主任对各自班级学生的家庭情况，尤其对隐性留守儿童情况进行仔细排查和研究。在此基础上，通过自愿申请、学校遴选、师生双向选择，最后结成“亲子关系”。每位老师可以“认养”一至两名留守儿童或单亲家庭学生。

成艳春说：“活动目的很明确，就是为留守儿童、隐性留守儿童寻找‘爱心爸爸’‘爱心妈妈’，解决特殊儿童群体心理缺乏呵护，感情缺乏寄托，学习缺乏帮助，生活缺乏支持，管理缺乏家教的现实问题，帮助他们像正常家庭的孩子一样在良好的环境中健康成长。”

爱心助学活动一经开展，便广受师生及家长欢迎。“爱心爸爸”“爱心妈妈”很快成为双语实验小学人人耳熟能详的称谓。在操场，在走廊，看到自己的“爱心爸爸”“爱心妈妈”，孩子们都会主动跑过来“抱一抱”“唠一唠”，一个温暖的拥抱，一句激励的话语，都让他们感受到父母般的关爱；“爱心爸爸”“爱心妈妈”们也总能听到孩子们的趣闻轶事，看到孩子们点点滴滴的成长与进步。

通过“双向选择”，成艳春成为一名三年级男生的“爱心妈妈”。然而，第一次见面，小男孩一直面无表情，不多说一句话。成艳春想，孩子的冷漠不是偶然的。因此，她增加了和小男孩见面的频率，几乎每天都要见上三四次。渐渐地，她温柔的话语，温暖的怀抱，甜美的笑容打动了小男孩，他告诉成艳春，爸爸经常喝醉酒，还经常用皮带抽打他……成艳春含着泪对他说：“以后有任何事，都来找我，我会像妈妈一样爱护你。”

有一天，成艳春看到几位“爱心爸爸”“爱心妈妈”与孩子们亲切交流的情景，心想：“何不把这些镜头定格，让更多的师生和家长去分享呢？”她当即用手机拍下，还打印出来，当天晚上以海报的形式张贴在楼梯口、走廊上。第二天一早，师生们纷纷在海报前驻足，脸上写满了喜悦和感动……让成艳春始料未及的是，看过海报后很多教师主动到校长办公室报名，争当“爱心爸爸”“爱心妈妈”。青年教师曲闯经过申请，主动担任本班一名小男孩的“爱心妈妈”，她说：“虽然我还没有结婚生子，但在每天的‘抱一抱、说一说、点个赞’中，感受到了为人母的喜悦与责任。”

“这就是最好的以爱育爱。学会了爱别人，自然也就懂得爱自己，爱生活。”成艳春说。在她的倡导下，“双语海报文化”应运而生，在“爱心爸爸”“爱心妈妈”的基础上，逐渐又拓展出“向身边的英雄致敬”“快乐闪亮教学之星” “快乐双语人”等主题的系列海报，人人争做“海报明星”、人人都是“海报明星”，已成为双语实验小学独特的校园文化。

在这所学校，教师、家长、学生代表共同研究，成立了40多个社团，开发出50多门“快乐校本课程”，孩子们自主选择社团，走上了个性发展的道路；在这所学校，师生共同开发了一亩“快乐种植园”，孩子们经常走进大自然的“田字格”，参与春播、夏长、秋收、冬藏，体验着劳动的乐趣，收获的快乐，成长的幸福……

以“爱”为核心的“快乐教育”为双语实验小学的孩子们插上了理想的翅膀。“以爱育爱”在双语实验小学的每一个角落都绽放出艳丽的幸福之花。

参考文献

[1] 楚江亭 . 校长如何规划学校发展 [M]. 北京：北京师范大学出版社，2016.

[2] 张岚 . 学校发展规划 50 问 [M]. 长春：吉林人民出版社，2007.

[3] 褚宏启 . 规划未来：学校发展规划的制定 [J]. 中小学管理，2021（03）:60–61.

[4] 田树林 . 学校发展规划：校长引领学校发展的蓝图 [J]. 中小学管理，2010（11）:12–14.

[5] 陈卫华 . 让学校发展规划成为师生生命成长的动力 [J]. 中小学管理，2021（03）:25.

[6] 陆云泉 . 生态与智慧：未来学校优质发展的关键词 [J]. 中小学管理，2021（01）:5–8.

[7] 陈淑兰 . 学校发展计划如何改变一所学校 [J]. 人民教育，2014（05）:44–45.